유철학과
인간의 미래

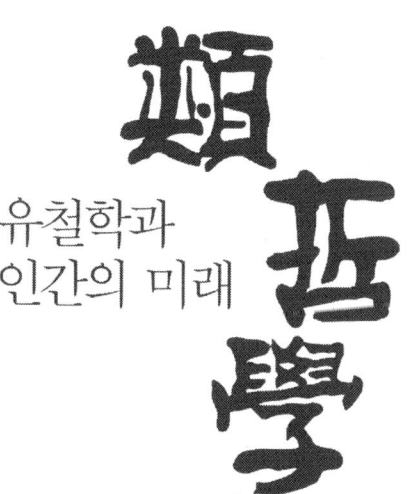

類哲學

유철학과 인간의 미래

가오칭하이 지음

원영호 · 김월선 옮김

한국학술정보(주)

일러두기

이 책은 2004년 8월 중국 헤이룽장교육출판사(黑龍江敎育出版社)에서 출판된 『가오칭하이철학문존·속편(高淸海哲學文存·續編)』(3권) 중 제3권을 중심으로 제1권과 제2권의 일부 내용을 보태어 재편집한 것이다. 번역, 편집 및 출판에 관하여서는 원저자의 동의를 받았고, 지린대학철학기초연구센터연구기금 (吉林大學基礎理論研究中心研究基金)의 지원을 받았음을 밝힌다. 『高淸海哲學文存·續編』(3권), 黑龍江敎育出版社, 2004년 8월 출판.

현대중국철학이라고 하면 대부분의 한국 학자들은 흔히 현대 신유학의 동의어로 이해하고 있을 것이다. 물론 중국이 자고로 유학의 전통을 이어왔고 또 현대에 와서도 계속 이어가고 있다는 점에서 이와 같은 이해에 별 문제가 없을 것이다. 그러나 이는 현대중국철학이라는 방대한 흐름을 간과한 이해가 아닌가 싶다. 특히 중국 대륙의 경우 더욱 그러하다.

알다시피, 현대에 와서 중국 대륙의 사회와 문화는 엄청난 변화를 겪어 왔다. 우선 러시아 '10월 혁명'의 영향으로 사회주의 제도가 건립됐고, '냉전 시대'가 끝난 뒤에는 지금까지 사회주의에 자본주의를 접목시켜 새로운 발전을 이루어 내고 있다. 과거 사회주의 국가들에서 철학은 비록 나라에 따라 다소 차이가 있기는 하겠지만 모두 마르크스주의를 중심으로 연구, 발전해 왔다. 물론 사회주의에서 독재 체제가 강화됨에 따라 하나의 이데올로기였던 마르크스철학은 경직된 형태로 변형될 수밖에 없었다. 그러나 개혁·개방의 시대에 들어서면서 중국 대륙의 철학은 새로운 변화가 일어났다.

우선 중국 대륙의 철학은 이데올로기로부터 탈피되면서 하나의 학문으로 발전되기 시작했다. 아울러 여러 대학의 철학과들에서는 마르크스주의 외에도 그것과 동등한 위치에서 중국철학과 서양철학을 연구하기 시작했다. 그리고 더욱 중요한 문제는 과거 형태의 마르크스주의가 새로운 변화가 없이는 더 이상 개혁·개방을 위한 사상적 기능을 할 수가 없게 된 것이다. 그리하여 1980년대로부터 중국의 마르크스주의 철학은 유물주의로부터 실천주의로의 전환을 이룬다.

가오칭하이(高淸海, 1930~2004) 교수는 개혁·개방 이래 가장 성공적으로 전통적인 마르크스주의철학을 비판하고 그것을 실천철학으로 재해석해낸 유명한 철학자이다. 그러나 가오칭하이 교수가 1980년대 이래 중국 대륙의 가장 위대한 철학자로 평가받는 이유는 마르크스철학에 대한 재해석 때문이 아니라 그의 명철한 문제의식과 심오한 이성적 통찰력 때문이다.

개혁·개방을 거치면서 중국사회는 전현대성과 현대성, 집단주의와 개인주의, 권위주의와 합리주의가 복잡하게 엉켜 공존하는 상태에 처하게 된다. 그리고 중국의 발전은 경제성장과 전 지구적 위기의 극복이라는 이중의 난제에 부딪쳤다. 가오칭하이 교수는 1990년대에 들어서면서 그는 참된 지혜로 시대적인 문제들을 깊이 통찰하고, 동서양 철학의 성과들을 유기적으로 결합시켜 유철학(類哲學) 체계를 구축해낸다. 유철학은 마르크스철학이라는 일종의 서양적 학문이 완전히 중국철학의 형식으로 흡수되었음을 의미하기도 하고, 또한 현대성 극복에 대한 동양적인 출로를 명확하게 제시한 것이기도 하다. 그리하여 가오칭하이 교수는 현대중국철학 계보에서 보기 드문 진정한 철학자, 사상가로 높이 평가받고 있다.

그리고 또 가오칭하이 교수를 진정한 철학자로 평가한 데는 권력의

압력에 굴하지 않고 학자의 양심을 지켜 온 그의 독립적인 인격에 대한 평가도 함께 포함되어 있다고 말할 수 있겠다. 그는 1989년 학생운동에 적극 참여하고 지지한 이유로 교육부로부터 박사 연구생 모집을 중단하는 등의 처분을 받았었다. 또 10년 뒤에는 파룬궁 사태에 연루되어 장기간 정부 제재의 대상이 되기도 했다. 그리고 이 시기 그는 폐암 치료로 많은 신체적 고통을 받아 왔다. 그리하여 그가 유철학의 체계를 구축하고 있던 시기는 심리적으로 많이 암울했던 시기이기도 하다. 하지만 그는 강력한 의지와 노력으로 지린대학에서 학문 자유의 공간을 개척해 놓았고, 또 그의 사상의 매력으로 '지린대학철학학파'를 창립하였다. 2004년 가을의 어느 날, 그는 파란만장한 일생을 마치고 아무 말도 없이 조용히 이 세상을 떠나갔다. 그러나 그의 추도식에는 그의 제자들과 철학을 즐기는 지식인, 대학생들이 자발적으로 모여 인산인해를 이루었다.

나는 2007년에서 2008년까지 한국고등교육재단의 지원으로 1년간 서울대학교에서 객원교수로 있으면서 가오칭하이 교수의 유철학을 한국에 소개해야겠다는 생각이 들어 지금까지 번역 작업을 조금씩 해 왔다. 가오칭하이 교수의 대부분 저술들은 『가오칭하이 철학 문존(高淸海 哲學 文存)』(6권)과 『가오칭하이 철학 문존·속편(高淸海 哲學 文存·續編)』(3권)에 수록되어 있는데, 본 저서는 『속편』의 유철학에 관한 내용들을 선택적으로 재편집하여 구성된 것이다. 본 논문집은 네 부분으로 구성되어 있다. '서론'에서는 유철학의 총체적 사상을 간단명료하게 소개하였고, '인성론' 부분에서는 유철학의 내용을 전면적으로 해석했다. 그리고 '전통철학론' 부분에서는 유철학의 입장에서 동양의 전통적 사유방식의 참된 가치와 의미를 제시하였고, 마지막

'부록'에서는 가오칭하이 교수가 자신이 걸어온 학문의 길이 어떤 것인가에 대해 개괄적으로 소개하였다.

번역하면서 가오칭하이 교수의 사변적인 사유와 언어가 얼마나 이해하기 어려운 것인가를 늘 느꼈다. 그리고 한국어 표현방식에 익숙지 않아 개념의 선택에도 적지 않은 문제와 오류가 있으리라 생각된다. 독자들께서 많이 양해해 주시길 바란다. 그래도 한국의 학자들이 중국현대철학을 연구하는 데 조금이라도 도움이 될 수만 있다면, 옮긴이로서는 그것만으로도 어느 정도는 만족할 것이다. 끝으로 본 번역에 윤문을 해주신 계명대학교 이현지 교수님께 진심으로 감사드리고, 또 학술저서 출판에 많은 어려움이 있음에도 불구하고 본 저서의 출판을 쾌히 승낙해주신 한국학술정보㈜의 담당자 선생님들께도 진심으로 경의를 표한다.

2012년 4월
중국 창춘에서
역자 원영호

차 례

서론

종과 유

인간은 동물로부터 진화해왔다. 그러므로 인간에게는 동물의 종으로서의 규정성을 지니고 있다. 그러나 인간은 이미 인간으로 형성되기만 하면 동물 종의 한계를 벗어나게 되고 인간으로서의 독특한 본질적 규정성을 지니게 되는데, 이 인간의 독특한 본성을 '유적 본질'이라는 고유명사로 명명하여 다른 사물들의 '종적 본질'과 구분 짓는다.

인간의 유적 본질은 인간 특유의 생존 활동방식에서 유래된다. 마르크스의 해석에 따르면, 인간의 실천은 자유자각적인 유적 활동이고, 아울러 실천적 본성을 지닌 인간 또한 유적 본질을 지닌 존재이다. 인간의 유적 본질이 바로 자유자각적인 것인바, 이는 인간이 더 이상 종적 규정의 제약을 받지 않음을 의미한다. 이런 의미에서 볼 때, 유와 종은 성질이 전혀 다른 두 개의 개념이다.

그러나 유는 또한 종의 본성을 포함하고 있는 것으로 볼 수가 있다. 그러므로 유는 종에 대하여 전면적 초월 관계를 이루고 있으면서도 내재적인 통일 관계를 이루고 있다.

동물의 종은 생물의 진화를 토대로 환경의 선택을 거쳐 형성되는 것이다. 동물에게 있어서 종은 대자연으로부터 부여받아 미리 결정되어 있는 성질이다. 그러므로 그것은 선천적인 규정인바, 동물 개체의 후천적인 활동과는 아무런 관계가 없다.

이와는 달리 인간의 유적 본질과 유적인 특징은 인간이 인간으로서의 생활에서 자신의 활동으로 창조해 낸 것이다. 그러므로 그것은 후천적인 자위적인 본질이지 선천적·자연적 규정이 아니다.

종으로서의 사물은 그 자신의 존재 방식, 활동 대상, 생존 영역 등 여러 면에서 모두 일정한 한계를 가지고 있다. 아울러 그들은 그들 외의 모든 존재자들과 보편적이고 직접적인 관계를 맺을 수가 없다. 즉, 그들은 자신들의 자연적인 종적 본성의 규정을 초월한 범위에서 활동할 수가 없다. '물종'이라는 개념은 본래 생물의 종적 성질과 그 한계를 구분 짓는 개념이다.

그러나 인간에게 있어서 유는 종적 한계를 돌파한다는 의미로 사용되는 초월적 개념이다. 오직 인간만이 활동 범위가 제한되지 않아 전반 우주를 대상으로 하는 그런 우주적인 존재이다. 유적 본질은 인간이 오직 타자와의 일체적 관계에서만 존재할 수 있고, 외부세계와도 통일된 일체적 관계에서만 존재할 수 있음을 표현하고 있다. 그리고 또 이와 같은 일체적 관계는 다만 인간의 의식적인 활동의 대상일 뿐만이 아니라, 인간의 자위적인 활동이 지켜야 할 기본원칙이기도 하다.

동물의 종과 그 개체들의 생명은 하나이다. 아울러 개체가 생명을 얻었다는 것은 그가 종의 전체적인 규정을 받아들였다는 것이나 마찬가지이다. 종의 범위 안에서 개체들은 모두 균등하게 종의 특성을 나누어 가지고 있다. 종과 개체와 이런 직접적인 통일의 관계는 한편으로는 개체와 개체를 분리시켜 그들 각자가 모두 종의 자격으로 독립적인 활동을 할 수 있도록 하였지만, 다른 한편으로는 그들 모두가 무차별적이고 보편적인 존재자가 되게 함으로써 개체가 개체로서의 주체성과 다양성을 잃게 하였다.

인간의 유적 본성은 인간의 추상적인 공통성이나 보편성이 아니라, 인간 자신에 의하여 건립된 통일성이고, 충분히 발달된 개성을 토대 위에 형성된 통일성이고, 자신의 한계를 초월하여 이루어진 통일성이고, 부정적인 내용을 포함한 통일성이다. 즉, 그것은 보편화와 다원화를 아우르는 통일성이다.

유적 본질이 종적 본질을 포함하면서도 종적 규정을 초월해있다는 것은 인간으로서의 인간이 이미 형식논리적 사유방식의 범위를 벗어나 있음을 의미한다. 형식논리의 방법은 물종에 속하는 사물들에 대한 경험으로부터 형성된 것인 만큼, 이것이 인간을 제외한 사물을 인식하는 데는 완전히 효과적이겠지만, 인간의 본질을 인식하는 데는 완전히 효과적이지 못하다. 만약 우리가 인간의 본질을 인식함에 있어서도 물종을 인식하듯이 그들의 공통성을 뽑아내는 그런 추상적 사유방식을 취한다면, 우리는 유적 본질을 다시금 단일하고 절대적인 종적 본질로 환원시키게 될 것이고, 더 나가서 인간을 동물과 본질적으로 구분되지 않는 존재로 파악하게 될 것이다. 이것이 바로 인간에 대한 '추상적 관점'이다.

인간의 형성 과정은 아주 특이하다. 인간은 사회적 본능 때문에 집단적 삶을 사는 동물이다. 그러나 인간과 인간은 서로 분리되고 독립되는 발전 단계를 거쳐서만이 내재적이고 본질적인 통일을 이룬다. 인간은 자연에서 왔다. 그러나 만약 인간이 자연으로부터 분화되지 않고 심지어 대립적 관계로 발전되지 않는다면, 결코 진정으로 천인합일을 이루어낼 수가 없는 것이다. 이것이 바로 인간이 유적 존재를 이루어내는 과정이다. 만약 우리가 종의 본질을 주어진 것이라고 말한다면, 유의 본질은 자아생성적이고 역사적인 것이라고 말할 수 있겠다.

인류의 역사는 인간이 인간으로 형성되는 과정이고, 인간이 노동을 통하여 인간으로 태어나는 역사이다. 다시 말하면, 인간이 종적 본질의 한계에서 벗어나 유적 본질을 구성하고 전개하고 실현하는 과정이다.

마르크스는 이미 인류의 성장과정을 세 발전의 단계, 혹은 세 역사적 형태로 파악하였는데, 그것인 ① '인간의 의존 관계'의 형태, ② '물질의 의존성을 토대로 한 인간의 독립성' 형태, ③ 인간의 전면적인 발전을 토대로 한 '자유 개성'의 연합체 형태[1]이다.

이 세 형태를 인간 주체성의 형성 과정으로 본다면, 그것들은 또한 집단 주체, 개인 주체, 유 주체 형태의 인간상이다.

인류의 이와 같은 발전 단계는 인간이 '부정의 부정'을 거쳐 성장하게 되는 본질을 표현하고 있다. 유적 본질은 집단성을 포함하고 있을 뿐만 아니라, 독립적인 개체성도 포함하며, 결국은 '부정의 부정'이라는 통일의 과정을 거쳐 자각적인 유적 존재로 진입한다. 그때가 되어서만이 인간은 비로소 충분히 자각되고 자유를 얻은 인간이라고 말할 수 있겠다.

철학의 유적 본질

인간과 동물의 근본적 구분이 유적 본성에 있는 이상, 유성('유적 본성'의 줄임말)으로부터 착수하여 인간성을 이해하고 또 인간성에서 유성을 해석해야만 인간과 다른 사물의 본질적인 차이를 파악할 수가 있는 것이다. 인간의 특이한 본성은 특이한 인지 방식의 표현인 특이한 이념으로서만이 파악할 수가 있는데, 이것이 바로 인간을 인식하기 위한 특이한 요구이다.

---

1) 『마르크스엥겔스 전집』 제46권(상), 인민출판사, 1979, p. 104.

인간 특유의 본성, 그리고 인간과 세계 간의 특유의 관계를 파악하는 이론이 바로 철학이다.

철학의 이론적 형태와 인간 발전의 형태는 완전히 일치한다. 인간이 변하고, 인간의 존재 방식이 변하고 인간과 세계의 관계가 변하게 되면, 인간이 세상만사를 대하는 태도와 방식, 그리고 인간이 외부 세계에 대한 관념도 그에 따라 변하게 된다. 철학의 관념과 이론이 역사적인 변혁들을 이루어 오게 된 근원과 본질이 바로 여기에 있다. 철학의 역사 또한 인간과 그 유적 본질의 형성, 발전 역사의 이성적 표현방식이다.

철학은 과거에 오랫동안 물질적 본질 혹은 초물질적 본질로 인간을 이해했고, 비인간적인 방식으로 인간을 표현하려고 했다. 즉, 물종의 방식으로 인간과 사물의 차이를 표현하려고 시도해왔다. 물론 이것은 철학 발전의 초급 단계에서 불가피한 상황이었다. 왜냐하면 그 시기 인간의 존재 양태도 그러했기 때문이다.

물종의 규정 방식에 의해 인간을 이해하는 것, 이것이 역사적으로 인간을 추상화하고 인간을 양극 대립의 상태로 분열시키게 된 인식론적 근원이다. 양극 대립의 철학적 관념과 유파가 존재하는 근원도 여기에 있다.

군체적 본위, 그리고 자연경제의 여건에서 인간이 자신들 외의 부정적 힘에 의존하는 상황이 반영되어 절대화된 본체론 사유가 형성되었는데, 그것이 바로 물종의 관점을 표현하는 전형적인 철학 형태였다.

본체는 '물질을 초월한 물질'인바, 이것은 인간의 초월적 본질을 반영해주고 있다. 다시 말하자면, 철학의 탄생은 인간이 자신이 인간임을 의식했고, 또 인간이 인간의 눈으로 모든 것을 바라보고 있음을 의미한다. 그러나 다른 한편으로 본체에 대한 여러 규정 방식들 – 예컨대 본질에 대한 선행성, 기성성, 보편성, 불변성적 규정, 그리고 본체론 철학이 추구하는 종국적인 존재, 영원한 본체, 절대적 정신, 또 개체성에 대한 부정과 비역사적인 진화론 주장 - 은 모두 물종 본질의 규정 방식을 표현하는 것으로 이해할 수가 있다.

철학 발전의 초기 단계의 상황은 이러했다. 마치 인간이 자연이라는 모체로부터 분리되어 나오면 반드시 자연의 성질을 부정하게 되는 것과 마찬가지로, 철학이 진일보로 발전하게 되면 종적 관념과 사유 방식을 극복하게 될 것이고, 인간 특유의 본질을 표현하고 파악하는 인식의 방식을 탐구하게 될 것이다.

인간의 본질적 통일성으로서의 유적 본질은 개체의 차이성, 다양성, 심지어는 대립성을 그의 내용으로 삼고 있을 뿐만 아니라, 오직 무한히 다양한 개체성에서 자신을 표현하고, 자신을 실현하고, 자신을 완성한다. 군체 본위가 개체 본위로 바뀜에 따라 철학의 이론 형태, 사유 방식, 가치 관념도 많이 변하였다. 대상 의식이나 초대상 의식은 반성적 의식으로, 지성적 형식논리의 사유방식은 변증법적 사유방식으로 바뀌었다. 그리고 원초적이고 선천적이고 절대적인 것을 탐구하고 그것으로부터 사람들의 생존의 본능, 행위의 근거, 존재의 가치, 삶의 의미, 전도와 운명을 찾아내려고 했던 것이, 인간의 삶의 세계, 인간의 생존 상황, 인간의 현실적 관계, 인간의 행위 방식을 탐구하는 데로 방향의 전환이 이루어졌다. 그리고 외부의 권위에 대한 고양으로부터 자신 주체의 권위에 대한 고양으로, 일원적 절대론으로부터 다원적 상대론으로, 본체론으로부터 생성론으로, 존재주의로부터 기능주의로, 인과 필연론으로부터 가치 선택론으로의 전환이 이루어졌다. 이런 전환으로 이루어진 것들이 바로 현대철학의 기본 특징들이다.

시대정신과 유 의식

오늘날 우리는 어떠한 발전 단계에 처해 있는가? 현시대의 본질적 특징으로 보면, 인류는 첫 번째 역사적 단계를 넘어 두 번째 발전 단계에 처해 있다. 비록 오늘날 이 세상에는 아직도 군체와 원시적 공동체들이 존재하고 있지만, 인격화된 군체가 모든 것을 지배하는 그런 시대는 이미 지나가 버렸다. 대다수 국가들에서 개인의 주체적 지위를 획립하였을 뿐만 아니라, 세계화와 아울러 개인 주체의 사회에서 많은 문제점들이 폭로되면서 몰락의 조짐들이 보이고 있다. 현재 우리가 부딪힌 인류의 생존을 위협하는 전 지구적인 문제들은 그 대부분이 모나드(단자)식의 인간이 각자의 이익 분할을 추구하면서 조성된 폐단들이다. 그러므로 오늘날 우리는 어떻게 해야 개인 본위로부터 자각적인 유 본위로의 전환을 이루어 나갈 것인가라는 문제에 봉착해 있다.

만약 20세기가 인류 역사의 제1형태로부터 제2형태로의 전환을 위한 최후 겨룸의 시대였다면, 많은 상황들로부터 충분히 단언할 수 있듯이 21세기는 인류가 더욱 높은 유 형태로의 전환과 발전을 이루기 위한 시대의 시작이다. 미래는 마르크스의 예견이 차츰 현실로 이루어지는 시대이다.

유를 본체로 하는 자각적인 유의 존재 상태, 이는 인간과 인간 사이의 완성된 본질의 통일 상태이고, 인간과 외부 세계의 완성된 본질의 통일 상태이며, 인간과 자신의 완성된 통일 상태이다.

이런 존재 상태에서 인간은 더 이상 개체를 초월하여 개인 외에 존재하는 그런 실체로서의 '큰 자아'가 아니고, 또 더 이상 서로 고립되고 서로 분열되어 있는 그런 모나드식으로 존재하는 '작은 자아'도 아니며, 다만 모든 개체 속에 보편적으로 존재하면서 모든 개체를 본질적으로 하나로 통일시키는 그런 유적 존재이다. 여기에서 사람들은 누구나 모두 인격화된 인간이고, 누구나 모두 인간의 인격화된 화신이다. 또 매 개인은 모두 독립적인 인간이고, 모두 보편적인 인간이며, 모두 '작은 자아'와 '큰 자아'의 통일체이다. 그리고 인간과 인간 사이에는 인간으로서의 구분은 없고 개성의 구분만 있으므로 그들은 인격적으로는 아주 평등하고 개성적으로는 충분히 자유롭다.

이런 상황에서 인간과 자연의 관계는 더 이상 약탈하고 점유하고 대항하고 보복하는 그런 대립적 관계가 아니라, 서로 융합하고 화해하고 조화를 이루는 일체적 관계를 구성하게 될 것이다. 원래 인간이 대자연에서 벗어나게 된 진정한 이유는 더욱 깊이 대자연 속으로 들어가고, 더욱 충분히 대자연의 잠재력을 발휘하며, 인간과 자연이 더욱 높은 형식 차원의 통일을 이루기 위해서이다. 인간은 오직 대자연에 고유해 있는 힘에 의거하고 개발해야만 자신을 무장하고, 풍부히 하고, 발전시킬 수 있다. 그리고 대자연의 거대한 잠재력도 인간에 의해서만이 충분히 개발되고, 기능을 발휘할 수가 있을 것이다. 그러나 인간과 자연의 이와 같은 본질적 통일은 오직 인간과 인간 사이에 본질적 통일을 토대로 해야만 이루어낼 수가 있는 것이다.

인간이 '인간 의존 관계'의 속박에서 벗어나는 것, 이는 인류 역사에서의 첫 번째 위대한 해방이었다. 이 해방으로 인하여 인간은 인간으로서의 주체성과 독립적인 인격을 얻게 되었고, 인간이 개성의 잠재력을 발휘하여 인간의 세계를 창조해낼 수가 있었다. 그리고 인간이 자신들이 창조하여 자신들의 손발을 묶는 '물질의 의존성'에서 벗어나는 것, 이는 인류 역사에서의 두 번째 위대한 해방이다. 이 해방으로 인하여 인간은 봉쇄된 자아의 올가미에서 벗어날 수가 있고, 소외된 상태를 극복하고 자연과 하나로 융합될 수가 있다. 또 오직 이

때가 돼야만 인간은 자신의 전면적인 본질을 점유하여 진정한 자유인으로 될 수가 있는데, 이것이 바로 자각적인 유 주체의 상태이다.

유철학의 본질

인류 발전의 총체적 추세는 분화의 과정을 거쳐 본질적 통일을 이루는 것이라고 할 수 있겠다. 유적 본질 발전의 이러한 추세는 오늘날 철학 변혁의 실질과 발전 추세로도 표현되고 있다. 만약 이왕의 철학이 본능적인 물종의 관념을 의식의 원칙으로 한 것이라면, 인간의 자각적인 유 본위의 발전에 상응한 철학은 반드시 유의 이념을 의식의 원칙으로 발달한 이론 형태이다.

우리의 이 시대는 유 의식을 요구하고 있고, 현실에서도 자각적인 유 의식이 생성되고 있다.

유철학은 인간이 자신의 본질에 대하여 충분히 자각된 의식의 이론적 표현이고, 철학의 사상 내용의 실질과 철학 이론의 진실한 성질에 대한 일종의 자각적인 이해이며, 성숙하게 발달된 인간의 성숙된 철학 형태이다.

이왕의 철학은 유적 본질의 본능적 의식이고, 아직 종적 관념 방식과 구분되지 않아 그 의식이 통일적인 관계를 분열시켜 절대적인 양극 대립의 관점에 이르게 된다. 그러나 유철학은 이런 단편적인 관점과 방법을 부정하고, 자각적으로 유의 관점으로 인간성, 철학, 그리고 인간과 철학의 발전 역사를 이해하는 일종의 새로운 철학이다.

새로운 세기[2]의 인간은 새로운 인간 관념과 경지를 요구한다. 유철학은 자각적인 인간의 더욱 넓고 심원한 사상 경지, 사유 방식과 사

---

2) 본 논문은 1998년 11월에 완성되었다(옮긴이).

고 방법이다.

유는 인간의 전면적인 본질의 척도이다. 그것은 차별, 대립과 모순을 포용하면서도 초월한다. 그리고 본질적 통일의 총체성을 추구하면서도 다양한 개체의 독립성을 발휘하도록 한다. 아울러 그것은 다원화 속의 일체성, 다극화 중의 포용성과 개방성 중의 절대성을 표현하는 새로운 가치 척도이고 새로운 관념 지평이다.

유는 종적 관념에 대한 극복과 초월이고, 종으로부터의 '해방'이다. 유가 극복한 것은 인간이 속해 있는 물종뿐만이 아니다. 그것은 또한 생명 자체의 한계를 극복한 '해방'인바, 인간이 자신의 생명 활동으로 기타 물종 간의 한계를 돌파하여 전체 종을 유로 승화한 것이다.

유철학의 의미

유철학의 가치와 의미는 사실상 철학 본질의 가치와 의미를 가리킨다. 철학의 주요 기능은 인간으로 하여금 인간임을 자각하고, 모든 사물을 대함에 있어서 인간의 태도, 인간의 관점, 인간의 작용을 충분히 발휘하며, 더 나아가서는 인간으로 하여금 사상의 경지와 인성의 품격을 높여 진정으로 자유롭고 자각적인 인간이 되게 하는 것이다. 철학의 이와 같은 작용이 과거의 철학에서는 그 내용이 미숙하고 형식이 불완전하여 아주 제한적이었지만 유철학에서는 이 모든 것이 잘 구비되어 그 기능과 작용을 충분히 발휘할 수 있다.

유철학의 현실과 미래는 철학을 위하여 무한한 발전 공간과 심원한 사상 경지를 제공할 것이다. 과거에 철학이 늘 모순과 의혹으로 해결할 수 없었던 난제들, 예컨대 물질과 정신의 경직된 대립, 본체로의 곤경, 변증법의 형식화 그리고 인간과 인간, 인간과 자연의 대항 등등의 문제들은 종의 관념을 타파하고 유의 이념을 확립하게 되면 모두 순조롭게 해결될 것이다.

진실한 인간 관념의 확립은 전반 인문사회과학, 심지어 경제 이론, 정치 이론, 사회 이론, 문학과 예술, 과학기술 발전을 포함한 전반 인류 문화에 중대한 영향을 미치게 되는 것은 의심할 바 없는 것이다. 왜냐하면 이 모든 것은 참된 인간에 대한 이해와 인생에 대한 참된 이해를 필요로 하기 때문이다.

유철학은 또한 동서 문화와 철학의 소통과 융합에도 적극적인 작용을 하게 될 것이다.

사회 발전의 근본은 인간의 발전이다. 그런데 우리는 사회 발전에 관한 문제들을 처리할 때 늘 인간의 주체성을 경시하거나, 심지어는 '물질만 중시하고 인간은 무시'하는 경향들이 있다. 오직 유의 관점에서 출발해야만 인간에 대한 망각을 모면할 수가 있고, 인간과 사회의 관계를 잘 인식하고, 이 양자의 관계를 합리적으로 처리할 수 있다.

오늘날 인류에게 부딪친 제일 중대한 문제는 인류의 생존을 위협하는 전 지구적 문제들이다. 이런 문제들은 인간의 사회구조와 인간 본성과 지위에 대한 인식, 그리고 태도와 밀접한 연관성을 가지고 있다. 이런 문제는 서양의 학자들이 주장한 바와 같이 주체의식을 약화하는 방식으로는 해결할 수가 없다. 문제는 유적 본질이 충분이 발전하지 못하였기 때문에 인간들이 하나하나의 작은 모나드로 분열되면서 서로 이익이 대립되고 대항하는 사회적 결과를 초래한 것이다. 그러므로 오직 인간의 유적 본질을 발전시키고 인간의 유 이시을 제고시켜 개인 본위의 사회가 빨리 유 본위의 사회로 승격되어야만 종국적으로 이런 문제들이 해결될 것이다.

현재는 문제 해결의 조건이 익어가고 있다. 인류에게 있어서 늘 그러하듯이, 사람들이 문제를 의식하고 그것을 해결하지 않으면 안 된다고 여길 때, 이미 문제를 해결할 수 있는 방법을 강구해내고 있음을 의미한다. 그렇지 않으면 인간들은 그것을 심각한 문제로 삼지 않았을 것이다.

의심할 바 없이, 유철학은 인류에게 공동으로 부딪친 문제를 해결하는 데 적극적인 기여를 할 것이다.

현재 우리나라의 주요 과제는 시장경제를 발전시키고, 개인을 해방시키는 것이다. 우리가 오직 유적 관념을 발전의 원칙으로 삼아야만 우리 자신만의 출구를 찾을 수가 있고 서양식의 올가미에서 벗어날 수가 있다.

제1장

인간론 부분

철학에서의 인성 문제

철학과 인성

나는 우선 철학을 인간과 아울러 함께 논의하고자 한다. 그 원인은 철학과 인간 사이에 특별히 밀접한 연관성이 있기 때문이다.

여기서 소위 밀접한 연관성은, 철학에 대한 참된 이해가 인간의 본질, 그리고 인간 본질의 역사적 변화에 대한 파악에서 오는 것이고, 반대로 인간의 본질에 대한 참된 이해는 철학사유의 차원에서 이루어질 수밖에 없기 때문이라는 것이다. 인류발전의 역사로부터 본다면, 사람들이 철학을 이해하는 방식에 따라 인간에 대한 이해도 달라졌고, 반대로 인간은 자신들의 생존과 발전 상황에 따라 철학에 대한 이해도 달리한다. 철학은 인간의 자아의식, 즉 자신의 본질에 대한 자각의식이다. 인간이 자각되어 자신을 인간으로 파악하고 또 인간다운 생활을 추구하면서 인간 존재의 본질이나 가치, 그리고 자신과 타자의 관계를 탐구해 나갈 때, 인간은 철학적 사유와 이론을 창출하게 된다. 이 점에서는 동양이나 서양이나 마찬가지이다.

이렇게 볼 때, 우리가 하나의 이론을 철학으로 취급하느냐 취급하지 않느냐를 판단할 때 그리고 한 민족에게 철학이 있느냐 없느냐를 판단할 때, 그 이론이 어떤 형식을 취하고, 또 철학이라고 명명할 수 있는 언어가 있느냐를 판단의 기준으로 삼아서는 아니 된다.[3] 문제는 그 민족의 생존이 자각적인 수준에 도달했느냐 못했느냐에 있고, 인간성의 자각의식이 있느냐 없느냐에 있는 것이다. 마찬가지로 우리가 오늘날의 철학을 평가할 때도, 과거의 이론형태, 즉 과거 철학의 성질과 형태로 판단하지 말아야 한다. 철학의 과거는 인간의 과거와 마찬가지로 부정의 대상이고 초월의 대상이다. 그렇기 때문에 문제는 인간이 현재의 발전단계에서 무엇이 요구되고 무엇을 추구하는가에 있다.

헤겔은 철학을 철학사라고 규명했었는데 사실 거기에는 일리가 있었다. 즉, 철학은 역사적 성격을 띤 이론으로서, 언제나 생성되고 발전되는 이론이다. 그러므로 철학이론은 고정된 성격과 내용이 존재하지 않는 것이다.

의심할 바 없이, 여러 학문 중에서 철학은 특별하고 심지어 이상한 성질을 띤 학문이다. 즉, "철학이 어떤 성질을 띤 학문인가?"에 대하여, 철학자마다 자신의 의견을 주장할 뿐이지 공통한 인식을 가져 본 적은 없다. 그뿐만 아니라, 여러 철학학파와 철학체계, 그리고 부동한 발전 단계에서 철학의 연구대상과 문제도 완전한 차이점을 보이고 있다. 이런 상황은 철학 외의 다른 학문에서는 도저히 상상도 할 수 없는 상황이다.

우리는 철학의 이와 같은 성격에 대하여 심사숙고해 볼 필요가 있다. 이것을 철학의 미숙 상태로 보는 것은 일종의 오류이다. 나의 견지로 볼 때, 바로 여기에 철학과 인간의 심각한 내재적 관계가 숨어

---

3) 예컨대, 우리는 서양 철학의 이론 형태로 동양사상을 철학이냐 철학이 아니냐를 판단해서는 안 되고, 반대로도 마찬가지다.

있다. 만약 우리가 철학을 인간의 본질과 연결시켜 본다면, 철학의 이와 같은 성질이 이상하다고 여겨지지 않을 것이다. 왜냐하면, 철학의 이런 본질이 인간의 본질을 표현하고 있기 때문이다.

인간의 본질은 어떠한 사물의 본질과도 달리 이미 주어진 것이 아니다. 다시 말하면, 모든 사물과는 달리, 인간의 본질은 결정된 것도, 영원한 것도, 단일한 것도 아니다. 인간의 본질은 자위적이다. 소위 자위적 본질이란, 인간이 자연적 사물의 종적 본질의 한계를 초월하여 여러 차원, 많은 변화와 허다한 양태로 열려 있다는 것이다. 그리고 인간은 모든 사물과 전반 세계와 실질적인 연관을 가지고 있다는 것이다. 그러므로 인간의 본질은 미리 결정된 것이 아니라, 역사적으로 형성되고 발전해 나가게 된다.

철학이 인간의 자아의식에 관한 이론인 이상, 그것은 언제까지나 다양한 형식과 역사적인 내용으로 인간성의 변화과정을 표현하고 있다. 이것이 철학과 과학의 근본적 구분점이다.

인성의 수요와 철학

인간은 자아의식을 가진 존재이다. 자아의식은 인간의 자위적인 본질을 말해주고 있다.

동물은 자신에게 '내가 무엇이고 누구인가?'라는 의문을 제기하지 않는다. 왜냐하면, 동물의 생명은 이미 자연계로부터 단일한 본질을 부여받았기 때문에 '내가 무엇이고 누구인가?'라는 문제는 너무나도 분명하기 때문이다. 즉, 동물의 본질은 이미 종에 의하여 결정된 것이기 때문에 그것에 대한 의문이 전혀 제기될 수가 없다.

그런데 인간은 동물과 완전히 다르다. 인간의 자위적인 본질은 인간이 자신의 존재를 자각하는 가운데서 자신의 본질을 구성해 나감을 의미한다. 동물은 단일한 본질을 가지고 있기 때문에 자신의 한계를 벗어날 수가 없다. 반대로 인간은 이중적 생명을 가지고 있기 때문에 자신의 한계를 스스로 극복할 수가 있다. 모든 존재 가운데서 오직 인간만이 자신의 존재, 자신의 활동, 자신의 생활과 심지어 자신의 본질을 자신 의지와 의식의 대상으로 삼는다. 다시 말하자면, 인간은 의식적인 존재인바, 그 활동은 자신의 목적에 맞는 활동이고, 그 본성은 자신의 생존 과정에서 형성되는 본성이다.

이렇게 볼 때, 인간은 참으로 어떠한 존재자들보다도 고귀한 존재이다. 자연계는 인간에게 자신의 운명을 자체가 결정하도록 자주권을 넘겨주었다. 그리하여 인간의 생활은 동물의 생존과 근본적으로 구분된다. 즉, 인간은 자신에게 소요되는 생활자료를 생산할 뿐만 아니라, 자신의 생활을 안배하고, 자신이 나가야 할 길을 선택하며, 또 자신의 미래를 열어 나간다. 이 세상에서 오로지 인간만이 자연에서 부여받은 동물의 필연적 운명을 벗어나 자신의 운명을 결정하고 자신의 본성을 선택하면서 삶의 자유를 향유한다. 이것이 바로 인간의 우월성이다.

인간에게 왜 철학이 요구되고, 또 왜 인간의 자각에 철학 이론이 요구되는지를 살펴보면, 결국은 인간의 본성이 자유롭고 자각적이기 때문이다. 철학은 다른 학문과 다르고, 사람마다 또 그 이해도 다르다. 철학이 공동의 대상이 없고, 고정적인 본질이 없고, 또 종국적인 결론이 없는 그 진정한 원인도 인간의 자유본성 때문이다.

이렇게 볼 때, 철학은 인간이 자신의 선택성을 자각한 이론적 표현이고, 인간이 세계와 생활에 대해 지녀야 할 인간다운 태도, 관점과 경지이다. 인간에게 인간다운 사유방식, 가치이념과 정신 경지를 제공해주어 인간의 행위가 충분한 자각에 이르게 하는 것이 바로 철학의 참된 기능이다.

인간의 존재 방식과 철학

결국 인간은 모든 존재자 중에서 제일 독특한 존재이다. 인간은 원래 사물의 일종이었지만 사물에 귀결될 수 없는 초월된 존재이고, 원래 생명을 가진 존재이었지만 생명에 귀결될 수 없는 초월된 존재이다. 그리므로 인간은 사물을 초월한 사물, 생명을 초월한 생명, 자연을 초월한 자연이다. 인간은 이중적인 생명과 이중적인 본질을 소유하고 있으므로 마치 두 세상을 사는 듯이 보인다. 인간은 언제든지 이미 주어진 생활에 만족해하지 않고 새로운 생활을 추구하며, 또 이미 얻은 본질에도 만족하지 않고 새로운 본질을 추구하는 그런 초월적인 존재이다. 인간의 자위적인 본질이라는 것도 결국은 자기로 구성하고 자가가 초월하는 본성인바, 이는 다른 어떤 사물에게서 찾아볼 수 없는 인간의 독특한 본질이다.

인간은 인간이 이해하려는 대상 가운데서 제일 이해하기 어려운 대상이므로 수수께끼 속의 수수께끼이다. 여기서 이해하기 어려운 점 또한 인간의 자아 초월적 본질이다. 사람들은 언제나 이원론적 관점으로, 혹자는 인간을 동물의 일종으로 취급하던지, 혹자는 신으로 취급하던지 할 뿐, 이 양자의 통일을 이루지 못한다. 그 원인도 결국은 인간의 자아초월적인 본질을 잘 파악하지 못했기 때문이다.

여기서 알 수 있는 바와 같이, 인간이라는 존재는 사물을 파악하는 방식으로 이해해서도 안 되고, 또 신을 파악하는 방식으로 이해해서도 안 된다. 왜냐하면, 사물로 파악된 것이나 신으로 파악된 것은 모두 인간이 아니기 때문이다. 그러므로 문제는 인간을 무엇으로 파악하는가가 아니라 인간을 어떻게 이해하는가이다. 여기서 강조하고 싶은 것은, 인간은 인간적인 방식으로만이 파악된다는 것이다. 그렇다면 무엇이 진정으로 인간을 파악하는 그런 인간적인 방식일까?

물론 여기서 말하는 인간적인 방식이란, 인간의 특수한 본성을 파악할 수 있는 그런 인식방법을 가리킨다. 구체적으로 말하자면, 그것은 인간을 사물이 아니면서도 아닐 수가 없는 것으로, 생명이 아니면서도 아닐 수가 없는 것으로, 자연적인 것이 아니면서도 아닐 수가 없는 것으로 파악하는 것이고, 이는 또한 인간을 사물이면서도 사물이 아닌 것으로, 생명이면서도 생명이 아닌 것으로, 자연적인 것이면서도 자연적이 아닌 것으로 파악하는 방법이다. 사물, 생명, 자연이면서도 그것들에 초월되어 있다고 말하는 것이 아주 이상하게 여겨질 수도 있겠지만, 이것이 바로 철학적인 사유방식이다.

비록 철학도 하나의 학문이기는 하지만, 그것 또한 인간과 마찬가지로 아주 독특한 성격과 품위를 지닌 학문이라고 봐야겠다.

물론, 철학도 학문의 보편적 성격을 띤 일종의 이론이고, 현실적 생활에서 추상화되어 있고, 또 이성적 논리가 강조된 지식구조를 가지고 있기 때문에 과학적 이론과 비슷해 보이기도 한다. 그러나 다른 한편으로, 철학은 또한 종국적인 가치와 형이상학적 문제를 다스리는 하나의 신념체계이고, 현실적 생활과 이성 및 지식의 한계를 초월하여 상상과 이상으로 향한 것이기 때문에 또한 종교에 근접해 있는 것처럼 보이기도 한다. 철학은 바로 이와 같이 과학과도 유사하고 종교에도 근접한 이론이다. 더 적절하게 표현하자면, 철학은 과학과 종교의 어느 것으로도 환원될 수 없고, 그들 사이에 놓여 이중적인 성격을 가진 그런 이론이다.

철학, 종교와 과학은 모두 인간을 연구하고 인간성을 표현하며 세계를 연구하고 세계를 해석한다. 인간이 이런 학문을 구축해 나가는 근본 원인은 모두 인간을 위해서이고, 인간의 생존과 발전을 위해서이며, 인간성을 실현하고 고양시키기 위해서이다. 그러므로 철학, 종교와 과학은 다만 내용과 대상으로는 구분되지 않고, 연구 각도, 방법과 이론의 성격에 의하여 구분된다.

과학과 종교는 서로 대립을 이루고 있다는 점에서 철학과 구분된다. 이들은 모두 인간의 단일한 기초, 단일한 본질, 단일한 수요로부터 출발하고 인간을 외적인 대상으로 취급한다. 그리고 인간을 자연과 초자연, 악마와 천사라는 위치에 놓고 그의 물리적 성질과 정신적 성질, 생명적 본질과 초생명적 본질, 자연적 속성과 초자연적 속성으로 단순화시킨다. 그러므로 과학과 종교는 그 자체들의 작용도 단순화되어, 전자는 인간에게 현실을 파악할 지식을 제공해 주고, 후자는 인간에게 영원하고 절대적인 가치를 부여한다. 그런데 문제는 인간의 본성이 이런 이중적인 본질, 이중적인 성격과 다양한 속성을 갖고 있는 모순의 종합체라는 것이다. 철학은 반성적인 이론이다. 그러므로 과학과 종교의 이중성을 겸비하고, 여러 차원과 측면을 종합할 수 있는 철학적 사유방식만이 인간과 인간의 본질을 전면적으로 이해하고 파악할 수 있는 것이다. 이런 의미에서 우리는 철학을 인간성의 자각으로 보고, 인간의 자아의식에 관한 이론이라고 말한다.

바로 철학의 이와 같은 이중적 성격으로 말미암아, 중세기에는 종교와 합치되어 신학의 시녀로, 근대에 와서는 과학과 통합되어 과학에 관한 과학으로 작용하여 왔다. 현대에 와서 지금까지 유행되는 관념에 따르면, 철학은 신학, 과학과 구분되는 '세계관에 관한 이론'이다. 어떻게 보면 이 관점에도 일리가 있다. 인간은 본질적으로 세계적인 존재이고 우주의 최고 정화인 동시에 하나의 축소된 우주이므로,

인간의 발전은 결국 우주에 귀결되고 인간의 생명은 결국 자각된 우주생명의 완비한 상태이다. 그러므로 인간을 이해하려면 우주를 이해해야 하고, 우주에 대한 이해는 인간을 이해하는 전제와 토대이다. 이런 의미에서, 우리가 철학을 인간관 혹은 인생관이라고 말할 때, 그것에는 동시에 우주관과 세계관이 포함되어 있으므로, 이 양자는 동일한 의미를 가진다.

여기서 주의해야 할 점은 과거에 우리는 철학을 '세계관에 관한 이론'이라고 규정하면서 인간의 주체성을 부정하였다는 것이다. 이렇게 되면 과학적인 사유방식으로 철학을 이해하는 것이나 다름없으므로 결국 철학은 객관세계의 완비한 지식 형태로 되어 버린다. 그리하여 철학과 과학의 구분은 사라진다. 이 양자를 구분하기 위하여 사람들은 흔히 과학과 철학의 대상을 부분적 세계와 전반적 세계로 갈라 해석하는데, 이는 본질에 어긋나는 해석이다.

철학과 과학의 구분은 대상의 범위와는 무관하고 대상을 대하는 태도와 방식에 달린 것이다. 즉, 과학은 세계를 독립적으로 존재하는 객관 대상으로 취급하고, 철학은 세계를 인간성의 형성이나 전개 과정으로 취급한다. 그러므로 전자는 세계의 구조와 구성요소에 관한 지식을 창출해 내고, 후자는 인간 본질을 대상 속에서 확인한다. 이것이 바로 과학과 철학의 근본적인 구분이다. 여기서 우리는 왜 과학의 세계는 하나지만 철학의 세계는 철학자마다 다른가를 알 수 있는 것이다.

인간의 각성과 조기 철학

과거의 역사를 돌이켜 보면, 인간의 생각과 행위는 언제나 어떤 관념적 가설 위에서 이루어졌다. 평소에는 이 점이 잘 알려지지 않겠지만, 역사가 중대한 전환을 이루는 시기가 되면, 인간의 관념이 문제가 된다. "인간이란 무엇인가?" "인간은 왜 인간이라고 하는가?" "인간은 어떻게 세계와 자신의 관계를 이해해야 하는가?" 사실 이러한 문제를 제기하고 사고한다는 것은 인간 발전이 이미 과거의 관념으로부터 새로운 관념으로의 이행을 의미하며, 인간의 사상과 행위가 근본적인 전환을 이루고 있음을 의미한다.

인간이 자신을 어떻게 이해하고 있는가 하는 것은 인간의 역사적 행위의 농기이기도 하다. 그러므로 인간의 자아의식은 인간 자체 발전에 지표로서의 의미를 가지고 있다. 철학이론의 역할이 여기에 있다. 철학은 인간에게 자신의 본질과 행위를 이해하도록 사유방식, 가치관과 정신경지를 제공해 준다. 이것이 인간의 자각이다.

비인간으로부터 인간으로의 형성 과정은 아주 오랜 세월을 거쳤다. 인간이 도대체 어느 시기부터 자신을 자각하였는지에 대해서는 아직 정확한 결론이 나오지 않고 있다. 그러나 인간이 원시적 신화와 종교를 창출해낼 때, 그들은 이미 자신과 세계를 이해하려 노력하였고 자신을 다른 존재와 구분하려고 시도했다. 대부분의 원시적 신화에는 우주의 형성과 발전, 그리고 인간의 유래와 생성 과정에 대한 내용들이 포함되어 있다. 신화의 세계에서 인간은 자신들에게 신의 피가 흐르고 있기에 신의 후예라고 해석한다. 원시인들은 이렇게 신의 권위로 자신이 동물보다 우월하다는 점을 표현한다. 원시적 신화는 아직 자각하지 못한 원시인들의 모호한 자아의식이다.

인간의 진정한 각성은 자신이 인간임을 확실히 알고 동물과도 같은 생존적 차원에서 벗어나려고 할 때 생기게 된 것이다. 이 시기의 뚜렷한 특징은, 인간들이 본능적인 생존 활동에서 벗어나 의식적으로 자신들의 생활양식을 구성해 보려고 시도하는 것이다. 이 시기에 철학이 탄생되었고, 인간은 야만상태로부터 문명상태로 진입한다.

야만 상태로부터 문명 상태로의 진입, 이것은 인간발전 역사에서의 한 차례 중대한 비전이다. 신화의 시대, 인간들은 자연의 은혜와 신령의 보호로 생존해 나갔으므로 기도, 점, 제사 등의 활동이 인간의 중요한 생존방식이었다. 문명의 시대로 들어오면서, 비록 이런 미신 활동들이 여전히 남아 있기는 하였지만, 인간은 더 이상 신성하고 외적인 권위에 매달리지 않고, 자신의 이성과 능력으로 인간의 요구에 알맞은 인간의 세계를 창조한다. 최초의 철학은 인간의 이런 욕망의 이론적 표현이었다.

고대 그리스철학은 이 점을 잘 표현하고 있다. 좀 이상하게 보일 수도 있겠지만, 그리스철학자들의 작업은 인간의 삶의 세계를 긍정한 것이라기보다는, 인간의 감각에 파악된 현실적 세계를 부정한 것이었다. 즉, 그들은 감각 기관으로 받아들인 존재의 양상을 진실하지 않은 가상으로 이해하고, 그 뒤에 숨어 있어 눈으로 볼 수 없는 사상의 대상(이데아)만이 진실한 존재라고 주장한다. 이것은 마치 본(本)과 말(末)과 시(是)와 비(非)가 바뀐 듯 보인다. 그런데 철학자들이 감성을 부정하고 이성을 긍정한 진정한 원인은, 그들이 본연적 존재와 본능적 생존을 부정하고 인간 자체에 부합되는 합리적인 세계를 구성해내기 위해서였다. 인간의 생산력이 강대해지면서 철학자들의 사상은 이성이라는 인간의 힘으로 세계를 파악하려는 시도로 표현된다. 결국은 이는 인간 자체의 관념에 대한 최초의 확립이다.

그러나 고대의 생산조건에서 인간의 현실적 힘은 아주 제한되어 있었기 때문에 철학자들이 추구하는 이성적 생활이란 관념의 범위 내에서 발생되는 순수한 사상적 충동뿐이었다. 그리하여 서양철학은 첫 시작부터 이상적인 성격을 띠게 되었고, 그 이성은 현실을 초월한 신에 접근된 대안적인 존재였다. 이런 의미에서 볼 때, 그리스철학자들로부터 서양에 도입된 이성적 철학은 신학과 원천적인 인연을 맺고 있었다. 이것은 서양철학의 독특한 역사적 전통이기도 하다. 바로 그리스인들의 이성이 이러한 성질을 가지고 있었기 때문에 그것이 중세기에는 신앙과 합류될 수 있었고, 또 그러므로 중세기의 신학은 근대의 이성을 낳을 수도 있었던 것이다.

고대 철학자들이 이와 같은 입장은 인간을 이해함에 있어서도 짙은 신비주의적 성격을 지니게 했다. 그들은 비록 인간의 본질을 어떤 외재적인 신령으로 귀속시키지는 않았지만, 그것을 역시 이미 선천적으로 주어진 영원한 것으로 해석한다. 즉 인간의 본질은 만물의 본체 안에 존재하는 어떤 최초의 "진실한 인간"에게 주어져 있다는 것이다. 그러므로 그들은 본체를 파악하여 그 비밀을 알아내기만 한다면 인간과 모든 존재의 비밀을 알아낼 수 있다고 여겼다. 이것이 바로 각성하기 시작한 인간의 최초의 자아의식이었다.

본체론은 고대철학의 기본적인 이론 형태였다. 고대에서 본체론 철학은 인간의 마음에 오랫동안 자리 잡고 있던 신화적 관념을 버리고 이성적인 자아의식을 부여함으로써 인간의 성숙과 건강한 발전에 중요한 역할을 해왔다. 그러나 다른 한편으로, 본체론 철학은 현실을 초월한 이상적인 존재를 추구하여 인간들의 현실적인 삶을 허황한 것으로 만들어 버림으로써, 중세기 신학 발전에 이론적 기반을 제공해 준다.

인간의 자아의식과 철학

인간이 자신의 본질을 진정으로 이해한 것은 르네상스로부터 시작해 근대에 이르러서였다.

근대에 들어와 인간의 역사는 빠른 발전을 이루어 나간다. 시장경제의 발전, 신대륙의 발견, 도시의 흥기, 그리고 더욱이 문화, 예술, 철학, 과학의 부흥으로 인하여, 인간은 신속한 생산력을 창출해냈고, 아울러 자신에 대한 진정한 의식이 형성되기 시작했다. 이 시기, 인간은 더 이상 인간성에 대한 종교의 억압을 용서할 수가 없어, 인간 해방과 개성 해방을 주장했으며, 인간의 지위를 높이고 인간의 존엄을 회복하고 인간의 권위를 수립해야 한다고 주장했다. 르네상스는 인간의 재발견으로 새로운 역사를 열었다.

이는 또 한 차례의 중대한 전환점이다. 소위 '인간의 재발견'이란, 인간이 이미 자라나고 성숙되어 모든 존재와 활동의 주체로 등장한 상태에서 자신의 본성을 다시 이해하고 인식한다는 것을 의미한다. 즉 '인간은 종속적인 피조물이 아니라 모든 존재와 대상의 주체이다.'라는 새로운 관념이 세워졌음을 의미한다.

고대철학은 비록 인간의 자각 의식이기는 하나, 자발적인 단계의 이론이었기에 거기에서 인간은 주제도, 주체도 아니었다. 고대 그리스 철학자들이 주목하고자 한 것은 만물의 본체와 본성이었다. 그들의 관념에서 볼 때, 인간은 만물과 공통의 본체와 본성을 가지고 있다. 그러므로 인간의 본질은 자연의 본체에서 이미 결정된 단순하고 영원한 성격을 지니고 있다. 사실 그들은 '사물의 종적인 관점'과 '사물 본성에 따른 사유방식'으로 인간을 이해하려 하였기에 결국은 진정한 인간성을 보지 못한 것이다. 물론 이런 관점이 고대에서는 그래도 합리적인 근거를 가지고 있었지만, 근대에 와서는 합리적 근거를 상실했기에 부정당할 수밖에 없었다.

근대철학은 기독교의 하느님, 그리고 고대철학이 추구해온 초현실적 이론을 비판의 대상으로 삼았다. 근대철학자들은 '하느님의 인간화'와

'하느님의 자연화'의 논리로서, 고대철학에서 절대자의 사상을 인간 개인의 사상(즉, 데카르트의 "나의 사상")으로, 추상화된 이념적 존재를 현실적 자연의 실체로 환원시킨다. 그리하여 철학의 기본 문제는 고대철학에서의 본체의 세계와 감각의 세계(이데아와 영상)의 관계로부터 근대철학에서의 인간과 자연, 사유와 존재의 관계로 전환된다.

인간과 자연, 사유와 존재의 관계가 철학의 기본문제가 되었다는 사실은 결국 인식론이 철학의 주도적 위치를 차지했음을 의미하고, 철학이 본체론으로부터 인식론으로의 전환을 이루었음을 의미한다. 철학이론의 이러한 전환으로 인간은 자연과의 관계에서 스스로가 주체의 성질을 띠게 되었음을 확인하였고, 또 그러므로 인간의 주체성이 철학의 주제로 등장하게 된다. 이것이 바로 근대철학이 고대철학과 구분되는 근본 성격이다.

인간의 본질에 대한 근대철학의 이해는 오랫동안 어려운 탐구를 거쳐 18~19세기 독일 고전철학에서 다음의 관점으로 정립된다. 즉, 만약 인간이 참으로 존재의 주체이고 인식의 주체라면, 그의 본성은 대상의 세계로부터 도출해낼 수 없다는 것이다. 독일철학자들의 논리로 볼 때, 인간은 자신의 활동에 의하여 창조된 존재이므로 그의 본질은 오직 자신의 활동에서만 인식할 수 있다는 것이다. 칸트는 우선 인간이라는 것이 자신을 목적으로 하는 존재[4]라는 명제를 제기한다. 피히테는 인간이 다른 힘에 의해서가 아니라 인간 자신의 힘에 의하여 인간으로 창조되었다[5]고 주장한다. 포이어바흐는 명시적으로 "인간은 인간의 작품이고, 문화와 역사의 산물이다."[6]라고 주장한다. 마르크스

---

4) 『판단력 비판』, 칸트 지음, 웨이쥬민(韋卓民) 역, 상무인서관, 1964, p. 100.

5) 『피히테 저작선집』 제3권, 인간의 사명과 신앙, 상무인서관, 1977.

6) 『포이어바흐저작선집』 제3권, 인민출판사, 1960, p. 20.

는 독일철학의 전통을 계승하면서 인간 형성의 근원과 본질적 속성을 제시한다. 그의 논리에 따르면, 생활자료의 생산, 즉 인간의 생산적 실천활동은 인간이 동물에서 벗어나 인간으로 형성될 수 있는 근원적인 동력이라는 것이다. 그리고 이 주체적인 활동은 인간에게 다른 존재와 구분되는 '자유-자각적' 본성을 부여하여 준다는 것이다.[7] 독일 고전철학은 인간의 이해를 새로운 단계로 끌어올렸다.

인간은 자신을 목적으로 하고, 자신을 근원으로 하며, 자위적 본성을 지닌 자유-자각적 존재이다. 이는 독일 고전철학과 마르크스의 철학의 기본 관점인 동시에 2,000여 년의 서양철학이 거둔 제일 중요한 이론 성과이다. 인간은 독일 고전철학 시기에 와서야 비로소 자신의 본성에 대한 비교적 합리적인 해석을 내놓을 수 있게 된다.

인간에 대한 철학의 이러한 해석은 인간의 자아의식에 획기적인 전환을 가져다준다. 그때로부터 인간은 자신을 순수한 피조물로 보지 않았고, 하나의 생물의 종으로 자신의 본질을 이해하지 않았으며, 우주의 본체에서 자신의 생성 근원을 찾으려 하지 않았다. 그와 반대로 인간은 자신의 활동이 자신의 본성을 구성하고 변형해 나가고 있음을 알게 되었고, 인간이 동물과 구분되는 본질적인 속성도 자유-자각적 활동에 있음을 알게 된다.

인간은 철학이론의 핵심적 주제이고, 철학적 사유에 영혼을 부여할 수 있는 독특한 대상이었다. 인간에 대한 관념이 변화하면서 인간과 세계, 인간과 인간, 인간과 자신의 본질 등 모든 관계에 대한 이해도 새로워졌다. 즉, 인간에 대한 관념의 변화는 전반 철학의 성질과 방법론에 심각한 변화를 가져왔다.

물론 철학 관념의 변화는 인간의 생존 상황과 자아의식 변화의 결

---

7) 『마르크스엥겔스 전집』 제3권, 인민출판사, 1960, p. 24.

과물이다. 그러나 다른 한편으로, 철학에서 확립된 새로운 관념은 인간의 자아의식과 역사를 새로운 단계로 발전시키는 중요한 추동력이 되기도 한다. "인간은 주체이고 자연은 객체이다."라는 철학적 명제는 18세기 이래 인간들의 사상과 행위 방식에 아주 큰 영향을 주었다. 이 사상 관념은 사람들로 하여금 인간이 자연에게 종속되어 있다는 소극적이고 피동적인 과거의 태도를 버리고, 주체의 힘이 충만된 신심을 가지게 함으로써 지혜와 창조력을 발휘하여 짧은 시간 내에 천지개벽의 변화를 가져왔다. 바로 그 고도로 발달된 생산력 덕분에 오늘날 우리들은 극도의 향락을 누리는 현대적인 삶을 살고 있다.

새로운 시대의 인성 논리와 철학

인간의 본성으로 볼 때, 인간의 삶은 언제나 모순으로 가득 차 있다. 과거의 문제가 해결되면 새로운 문제가 나타나기 마련이다. 인간성에 대한 자각이 이루어졌다고 하여 인류의 역사가 평탄한 길로 용왕매진한다는 것은 결코 아니다.

인간의 본질이 주어지고, 단일하고, 영원한 것이 아닌 것만큼 인간의 미래 운명 역시 주어지고, 단일하고, 영원한 것이 아니다. 그러므로 인간의 발전은 어떤 미리 고정되어 있는 궤도 위에서 움직인다는 견해는 그릇된 생각이다.[8] 인간이 미래에 나가야 할 길은 주어진 것이 아니다. 길이란 인간이 개척해 나간 것이므로 인간이 걸어 온 과거의 흔적에 불과하다. 인간의 결정되지 않은 미래는 결국 인간 본성

---

[8] 우리는 과거에 인류역사는 오직 하나의 필연적인 발전의 단계를 거치게 된다는 '역사 법칙론'을 주장해왔다. 그런데 사실 이는 고대철학의 선행 본질론에서 비롯된 관념이므로, 근대의 주체철학에 어긋나는 주장이었다. 오늘날 사회적 관념이 심각한 변화를 겪고 있음에도 불구하고 '역사 법칙론'은 아직도 많은 사람들의 관념을 지배하고 있다. 여기서 우리는 습관과 전통의 힘이 얼마나 심각하게 철학이론의 발전에 영향을 주고 있는지를 알 수 있다.

의 내재적 논리에서 비롯된 것이다. 즉, 인간의 본성이 다원적인 것이므로 그것을 실현하는 방식과 길도 다양하다. 그러므로 인간의 미래는 선택적이고, 인간이 자각하면 할수록 선택의 여지도 커지게 되는 것이다. 이렇게 볼 때, 인간의 발전에는 어떠한 천연적인 보호장치도 없다. 잘못 갈 수도, 곤경에 빠질 수도, 심지어 방향을 잃을 수도 있다는 것이다.

인간은 이성적인 존재이다. 그러므로 인간은 이성의 분별력에 근거하여 자신의 발전에 유리한 길을 선택할 수 있다. 그러나 이성은 선악의 양면성을 가지고 있다. 인간은 본능적으로 욕망을 가지고 있고, 또 이익집단으로 나뉘어져 있기 때문에, 그 이성이 꼭 인간 자신과 타자를 해치는 어리석은 일을 하지 않을 것이라고는 누구도 단언할 수가 없다. 과거 역사의 사실이 증명해주고 있다시피, 이성은 동물계로서 전혀 상상할 수 없는 휘황한 인류사회 문명을 창출했다. 그런 반면에, 인간의 이성은 또한 동물들조차 할 수 없는 사악하고 어리석은 일들도 저질렀었다.

인간의 발전은 바로 이런 것이다. 역사가 진보하면 할수록 인간의 본성은 더욱 자각적이겠지만, 나갈 길은 더 험난해지고, 책임은 더 무거워지며, 선택도 더 조심해야 한다. 현재 우리가 봉착하고 있는 많은 과제들은 사실 자유 - 자각적인 발전에서 초래된 것들이다. 지난 20세기를 회고해 보면, 이 과업이 얼마나 복잡하고, 엄정하고, 어려운 것인지를 충분히 보여 주고 있다.

20세기는 인류역사상에서 제일 놀라운 한 세기였다. 이 100년 동안 인류는 고양된 이성으로 주체의 창조력을 충분히 과시하였다. 경제의 세계화와 생산의 현대화, 그리고 인공위성기술, 클론기술, 인터넷기술 등 생산 - 과학 - 기술이 전례 없는 발전을 가져왔다. 다른 한편으로,

이 100년은 전쟁의 혼란과 위기가 끊임없이 나타났고, 인간의 약점과 악습이 남김없이 잘 드러난 한 세기였다. 세계대전, 종족 차별, 민족 충돌, 핵무기 위협, 환경오염, 생태 위기, 에이즈의 만연, 마약의 범람, 신앙 위기 등 인간이 만들어낸 이런 위기와 곤경은 인간 생존의 뿌리를 뒤흔들 정도였다.

이렇게 많은 어려운 과제를 짊어지고 인간은 도대체 어디로 가야 하는가? 인류의 미래 운명은 어떠할까? 우리는 오늘의 생활을 어떻게 평가해야 할 것인가? 이런 문제점들을 놓고 우리는 다시 인간, 인간성, 인간의 역사를 이해해야 한다.

인간의 자위적 본성은 자아 반성적 이성이기도 하다. 인간은 응당히 자아 반성적 이성, 즉 철학의 기능을 충분히 발휘하여 과거의 역사를 심사하고 잘못을 검토하면서 미래를 개척해 나가야 한다.

인간과 자연의 관계를 볼 때, 인간은 자연에서 왔고, 자연의 한계를 벗어나야 하지만, 또한 자연으로 돌아가야 한다. 인간은 반드시 자연의 한계를 벗어나야 한다. 자연의 한계를 벗어나야만 인간은 인간으로 구성될 수 있고, 또 인간으로 구성되어야만 인간과 자연은 본질적인 차원의 융합을 이루어낼 수가 있다. 그러나 인간은 또한 자연으로 돌아가야 한다. 자연이 인간을 낳은 근본원인은 자신이 고유한 합리적 가치를 실현하기 위해서이다. 인간이 자신의 지혜로운 생명으로 자연의 본질과 융합되어 자연으로 하여금 자각의 경지에 이르게 하는 것, 이것이 바로 인간의 역사적 사명이고 종국적인 가치이다. 그러므로 자연의 한계를 벗어나는 것과 자연으로 되돌아가는 것은 한 과정에서의 두 측면이다.

인간과 인간의 관계 역시 그러하다. 인간은 유적, 공동체적 존재이다. 즉, 인간은 인간 사이의 공동체적 관계에서 생존하고 발전할 수 있다. 이것은 인간의 본성이다. 다른 한편으로, 인간은 그 성숙 과정에서 개인의 독립을 요구한다. 개인의 독립이 있어야만 개성을 가진 자아를 구성해낼 수가 있고, 생명의 창조적인 잠재력을 발휘할 수 있다. 이것 역시 인간의 본성이다. 여기서 명확히 해야 할 점은 인간의 공동체적 성질과 개인의 독립성은 유적 본질의 두 측면이라는 것이다. 인간은 유적 본질을 소유함으로써 자립할 수 있는 능력을 얻을 수 있고, 진정으로 개성을 지닌 자아로 성숙될 수 있다. 그리고 다만 개개인이 개성과 다양성이 충분히 이루어져야만 인간의 유적 본질이 충분히 이루어질 수가 있다. 이렇게 볼 때, 이 양자는 상호 보완적 관계를 가지고 있다.

인간의 본성이 비록 하나의 통일체이기는 하지만 그것의 발전은 점차 이루어지는 것이기 때문에 부동한 발전 단계에 인간성의 어떤 측면이 특별히 부각되고 발전을 이루는 상황은 자연스러운 현상이다. 그러나 인간성의 어떤 특별한 차원의 발전이 철학적 의식과 철학의 원리로 형성될 경우 상황은 달라진다. 철학이론에서는 흔히 인간성의 어떤 측면이 개념을 통하여 유일한 인간성으로 강화되면서 다른 측면과 분리되고 배척되는 경향이 나타난다. 그러므로 철학의 기능도 이중적 성격을 띤다. 근대 이래, 서양의 이성주의 철학은 무한히 팽창된 주체의식을 주장했고, 개인 중점의 자아관념을 내세웠으며, 과학기술 이성이 만능으로 부각됐고, 법제 관념을 사회생활의 유일한 원칙으로 추구했으며, 무한한 경제적 성장을 발전의 목표로 내세웠다. "인간은 인간 자신의 하느님이다." "아는 것이 힘이다(베이컨)." "나는 생각한다, 고로 나는 존재한다(데카르트)." "인간은 자연에 법을 세운다(칸트)." "세계는 나의 표상이다(쇼펜하우어)." 이상의 철학 명제들은 한편으로는 근대의 사상 해방운동을 추진한 반면, 다른 한편으로는 인간성을 단일화하고 그것을 과대평가함으로써 인간과 자연, 나와 타자, 정신적 생활과 물질적 생활을 대립시킨 시대적 결과를 낳았다.

회의할 바 없이, 인간의 역사와 철학의 역사는 심각한 통일성을 구성하고 있다. 오늘날 인류에게 봉착된 난제들은 거의 모두가 근대 이래의 인간들이 주체의식, 개인의식, 집단의식을 과대평가한 근대철학의 역사적 산물이라고 해도 과언이 아니겠다. 그러므로 오늘날 인간이 직면하고 있는 심각한 위기들은 물론 여러 면으로 해법을 구해야 하겠지만, 근본적인 해결 방법은 인간에 대한 전통적인 철학 관념을 버리고 전면적인 인간성의 이해를 구축해 나가는 것이라고 생각된다.

21세기는 인류가 종교혁명, 사상혁명, 경제혁명, 사회혁명, 기술혁명을 완성하고 나서 새로 시작되는 '인성혁명'의 시대가 아닐까 싶다.

우리는 인간이 자체에게 존재하는 문제들을 해결해 나가고, 스스로를 멸망시키지는 않을 것이라고 믿는다. 인간의 반성적 이성은 오늘날의 어려움을 꼭 극복해낼 것이다. 그렇지 않다면, 인간이 철학을 해서 뭘 하겠는가!

전통적인 인간 관념의 문제

대상의식과 자아의식

무엇이 존재인가?

무엇이 세계인가?

무엇이 생명인가?

무엇이 인간인가?

무엇이 자아인가?

······.

이런 것들은 모두 인간이 자신에게 던진 문제들이다. 그리고 인간만이 이런 문제를 제기하고 답할 수 있다.

동물들에게는 이런 문제가 없다. 왜냐하면 그들에게서 이런 문제들은 인간과는 달리 너무나도 자명한 것들이기 때문이다. 즉, 동물에게서 자아라는 것은 물종의 생명 본능에 의해 이미 결정된 것이기 때문에 그것은 생각할 여지도 없다. 존재와 세계라는 것도 동물에게서는 인간에서처럼 그렇게 복잡한 것이 아니라, 간단명료한 지각적인 사실들이다. 동물은 본능적으로 무엇을 지각하면 그대로 받아들인다. 그러므로 그들은 감성에 의문을 던지지 않는다.

그런데 인간은 다르다. 인간이 살고 있는 세계는 대상의 세계이다. 그러므로 인간은 자신과의 관계에서 대상을 인식하고, 인간이 가지는 의미로부터 사물의 성질을 이해하는바, 이것을 주관의식이라고 한다. 그러므로 인간에게 있어서 존재와 세계가 무엇인가 하는 문제도 단순한 지각의 객관성 문제가 아니라 주관과 객관, 의식과 대상, 정신과 사물 사이의 상호관계 문제이다. 그리고 인간이 사물을 어떻게 파악하는가 하는 문제도 사물의 본성에만 달린 것이 아니라, 인간의 생존 상황과 연관되어 있고, 인간과 대상 사이의 관계와도 연계되어 있고, 또 인간 자체의 의식, 관념과도 연계되어 있다. 사물의 본성에 대한 파악 속에는 이미 인간 자체의 본질이 침투되어 있다. 다시 말하자면, 인간이 대상에게서 본 것은 다만 사물뿐만이 아니라 그 속에는 자체의 그림자도 포함되어 있다는 것이다.

이와 같은 사실은 인간이 대상세계를 이해함과 동시에 자신을 이해해야 하고, 대상의식에 선행하여 자아의식이 이루어져야 함을 의미한다. 인간은 언제든지 자신의 입장과 관념으로, 즉 대상을 초월한 인간의 척도로 사물을 바라본다. 그러므로 자아의식은 인간의 자각 여부를 물론하고 언제든지 대상의식의 전제로 선행한다.

그러나 인간의 자아의식은 대상의식을 위한 필수적 조건일 뿐만 아니라, 결국은 인간 자신의 존재를 위한 필수적 조건이다. 인간은 본질적으로 자위적 존재이다. 즉, 인간이 다른 존재와 구분되는 근본 특징의 하나가 바로, 자신의 존재를 의식하고 자신의 행위를 어떤 목적으로 지배하는 것이다. 동물의 행위는 그들의 생명본능과 일치하므로, 그들에게서 눈은 밖의 환경을 적응하며 생존하기 위한 존재이다. 그러나 인간의 눈은 밖으로만 볼 수 있는 것이 아니라 안으로도 볼 수 있다. 인간은 눈길을 자신에게 돌려 자신의 존재와 활동을 심사하고 성찰한다. 그러면서 인간은 자신의 생활을 안배하고, 자신이 나갈 길을 선택하며, 자신의 미래를 창조한다. 오직 인간만이 자신의 의지와 의식을 대상으로 삼을 수 있고, 동물과 같은 자연적 운명에서 벗어나 스스로 자신을 지배하는 자유로운 삶을 누릴 수 있다. 자아의식은 인간의 주체성과 자유성을 의미하기도 한다.

바로 이와 같은 본질로 인하여, 인간은 인간으로 되면서부터 줄곧 자신의 비밀을 탐구해왔다. 즉, 인간은 눈으로 외적인 세계를 주시함과 동시에 자신의 내적인 세계도 주시해왔고, 또 이 양자가 서로 작용하면서 인간의 의식을 증진시켜 왔다.

과거 오랫동안 인간은 본능 의식의 지배 아래 외부세계와 내면세계, 대상의식과 자아의식을 구분하지 않고 혼합시켜 의인화(擬人化)된 세계관과 신화체계를 구성해 왔다. 그 뒤 인간은 자신의 성장과 어울러 자신의 고귀함을 알게 되었고, 차츰 자신과 대상을 구분하면서 대상의식과 자아의식을 갈라놓았다. 이로부터 인간은 자신에게 "인간이란 무엇인가?" "인간은 왜 인간이라고 하는가?" "인간의 삶의 의미는 무엇인가?" "나는 누구인가?" 등의 의문을 제기하였다. 이런 문제들은 사실 인류 사상사에서 제일 중요하고 어려운 문제들이었다. 소위 인간의 문명은 모두 이런 문제들을 주제로 삼으면서 숭고한 인간성을 갈망하고 추구해 왔다.

고대 그리스 문명의 첫 시작에 "너 자신을 알라."라는 선각자의 명문이 찍혀 있는데, 이는 결코 우연한 일이 아니었다. 중세기 암흑을 겪고 각성된 서양인들도 인간의 발견으로 근대로의 역사적 전환을 이룬다. 16세기 프랑스의 인문주의 사상가 몽테뉴(1533~1592) 역시 "세상에서 제일 중요한 일은 바로 자신을 인식하는 것이다."라고 말했다. 사실 중세기 인간들이 하느님에 대한 숭배 역시 인간의 자아의 식이라고 볼 수 있겠다. 다만 그들은 인간의 본질을 인간에서 분리시켜 소외된 외적 실체로, 이상적인 신앙의 대상으로 만들었을 따름이다. 중국철학은 하늘, 땅과 인간을 주요 연구대상으로 삼았는데 그중 인간은 언제나 중심적 위치를 차지했다. 인간의 생활양식과 행위방식, 그리고 삶의 의의와 윤리관계, 이것은 중국철학의 핵심주제였다.

스핑크스의 수수께끼

인간은 세계도 이해해야 하고 자신도 이해해야 한다. 인간은 스스로를 잘 이해하고 있는 것같이 보이지만 사실은 그렇지 않다. 인간에게서 자신은 대상세계보다 이해하기가 더욱 어렵다. 그뿐만 아니라 인간은 제일 독특하고, 파악하기 어려운 존재이다. 현재 "세계가 참 신기하다."라는 말이 유행되고 있다. 세계의 신비로움은 진실이다. 그런데 우리가 만약 세계를 잘 살펴본다면, 그 신비함은 객관적 세계가 아니라 인간 자신임을 알 수가 있다. 심지어 우리는 인간이 있고 또 인간이 감상함으로써 세상이 아름답다고 말할 수 있다.

우리가 인간 세상에 살면서 매일 인간과 접촉한다고 하여 인간을 잘 알고 있는 것은 결코 아니다. 그리고 우리는 늘 인간에 대해 많은 말들을 하고 있지만, 일찍이 헤겔(Georg William Friedrich Hegel)이 말했었던 바와 같이 "익숙한 것이라 해서 참으로 아는 것이 아니다." 지금까지 인간은 외부세계에 대하여 많은 지식을 파악했고 또 깊이 이해하고 있다. 그러나 인간에 대하여 우리는 아직도 파악이 잘 되지 않은 상태이다.

인간을 이해하기 어려운 데는 많은 원인이 있다. 예를 들면, 인간은 사물과 달리 의지와 사유를 갖고 있기 때문에 물리나 생물적 존재자들처럼 대상의식으로 파악할 수가 없고, 또 인간에 대한 인식은 반성적 인식이므로 인간은 예컨대 배우이자 관중이기 때문에 객관적인 입장으로 이해할 수도 없다. 그러나 인간을 파악하기 어려운 더욱 근본적 원인은 모든 대상과 전혀 다른 그의 본질에 있다. 그러므로 인간을 파악하는 방법도 다른 사물과 구분된다.

"X란 무엇인가?" 이는 우리가 일상적인 사물을 인식하기 위해 던지게 되는 질문이다. 이런 질문방식이 비록 외부세계의 탐구에는 적절하지만 인간의 본질을 탐구하는 데는 적절치 못하다. 그럼에도 불구하고 만약 우리가 인간에게 "인간이란 무엇인가?"라는 질문을 던진다면, "인간이란 모든 것임과 동시에 아무것도 아니다."라는 결론을 얻게 된다.

인간은 이러한 존재이다. 그는 모든 것이고, 모든 것이 될 수도 있고, 또 모든 것이었다. 자연계 진화의 최고 산물인 인간은 우주의 정수(精髓)이다. 우주는 저급단계로부터 고급단계로의 진화를 거쳐 마지막 단계에 와서야 인간을 낳았다. 이와 같은 우주 발생학의 관점으로 본다면, 모든 존재는 다 인간의 몸의 일부분이었다. 맹자는 "만물이 모두 나에게 갖추어져 있다."[9]라고 말했다. 맹자의 말을 나의 논리로 끌어들여 말하자면, 인간의 몸에는 자연계의 모든 것들이 구비되어 있기에 인간을 인간이라고 부른다는 것이다. 순자(荀子)도 이렇게 말했다. "물과 불은 기는 있으나 삶은 없고, 풀과 나무는 삶은 있으나 지혜가 없고, 새와 짐승은 지혜는 있으나 의리가 없다. 인간은 기도 있고, 삶도 있고, 지혜도 있고, 의리도 있으니 천하에서 제일 귀한 존재이다.[10] 결국 인간은 모든 존재를 한 몸에 품고 있는 함축된 우주

---

9) 孟子・盡心上: 萬物皆備於我矣.

전체(大全)이다. 심지어 인간은 현실에 존재하지 않지만 상상 가능한 모든 것들마저 실현할 수 있는 잠재적인 존재이기도 하다. 인간은 상상력을 지닌 존재이다. 인간의 상상력이 인간성에서 기인된 것인 만큼 그 존재의 근거는 언제든지 인간에게 있다. 세상에는 신령도 마귀도 없는바, 이런 것들은 오직 상상의 공간에서만 존재한다. 인간이 실제로 존재하지 않는 이런 것들을 상상하게 되는 이유는 인간이 신령일 수도, 마귀일 수도 있기 때문이다.

그러나 우리는 인간이 모든 것이라는 긍정적인 결론을 알아야 함과 동시에 또 인간이 아무것도 아니라는 부정적인 결론도 알아야 한다. 왜냐하면 인간은 비록 모든 것을 다 포함하고 있지만, 그중의 어떤 것에도 귀결될 수 없기 때문이다. 만약 인간이 그중의 어떤 것이라면, 그것이지 인간이 아닐 것이다. 인간은 존재의 전체일 수도 없다. 왜냐하면 존재의 전체가 바로 세계이기 때문이다. 그러므로 인간이 세계일 수도, 세계가 인간일 수도 없다. 인간은 또한 과거 자신의 어떤 것이 아닐 뿐만 아니라, 현재 자신의 어떤 것도 아니다. 인간의 규정성은 현재까지도 완성되지 않았다. 인간에게서 사실상의 무엇은 가능한 무엇과 당연한 무엇에 의해 부정된다.

인간이 모든 것임과 동시에 아무것도 아니라는 이 아이러니한 서술 방식은 인간이 자아모순의 속성을 지닌 존재임을 표현하고 있다. 즉, 인간은 이러한 존재이다. 그는 자신과 부정적인 초월관계를 구성하고 있다는 것이다. 이 특성은 인간이 다른 존재와 구분되는 본질적 속성이다.

인간은 세상만물을 긍정하는 동시에 부정하는 존재이고, 또 자6신도 긍정하는 동시에 부정하는 본성을 가지고 있다. 인간이 부정성과

---

10) 荀子・王制篇: 水火有氣而無生, 草木有生而無知, 禽獸有知而無義. 仁, 有氣, 有生, 有知, 亦且有義, 故最爲天下貴也.

긍정성을 겸비하고 있는 만큼, 단순한 긍정이나 단순한 부정은 인간에 대한 정확한 해답이 될 수 없다. 오직 이 양자를 결합시켜야만, 그리고 긍정성에서 부정성을 파악하고 부정성에서 긍정성을 파악해야만 인간이라는 존재의 본성을 이해할 수 있는 것이다.[11]

우리가 일상적인 사물을 이해하는 방식으로 인간을 이해할 때, 인간은 너무나도 특이하고 비논리적이다.

칸트(Immanuel Kant, 1724~1804)의 표현을 빌리자면, 인간은 '이율배반'적 존재이다. 인간에게서는 진가(眞假), 선악(善惡), 미추(美醜)와 같이 극단적으로 대립되는 성향들이 늘 한데 어울려져 통일체를 이루고 있다. 인간의 이와 같은 본질은 자연만물의 관례를 벗어나 있을 뿐만 아니라, 인간이 사물을 인식하면서 형성된 통상적인 이성의 한계도 벗어나 있다. 그러므로 인간을 대상으로 하는 인식은 늘 논리에 어긋나는 듯이 보이고, 통상적인 이성은 늘 논리적 딜레마라는 곤경에 빠지게 된다. 인간의 신기함과 비밀이 바로 여기에 있다.

세상의 어떠한 사물도 인간과 같은 이런 신비한 성격이 없다. 그래서 "인간이란 무엇인가?"라는 물음을 '스핑크스의 수수께끼'[12]라고 말한다. 인간의 본질은 모든 존재의 본질과 구분되어 있기에 세상에서 제일 어려운 수수께끼라는 것이다.

그렇다면 인간이 도대체 무엇인가? 이 문제에 대한 명쾌하고 긍정

---

11) 다른 사물의 본성도 긍정성과 부정성이 있다. 한 사물이 이것이면 다른 것일 수 없다. 그러나 여기서의 긍정과 부정은 모두 확실한 것이다. 이것이면 이것이고, 이것이 아니면 아니다. 긍정적이면서도 부정적인 것은 인간만 그러하다.

12) 그리스신화에 나오는 스핑크스는 여자의 머리에 사자의 몸통을 가진 괴물이다. 그는 제우스가 가르쳐준 수수께끼로 여행객을 괴롭혔는데, 수수께끼를 풀지 못하는 사람은 그 자리에서 죽어 버렸다. 스핑크스의 수수께끼는 "아침에는 네 다리로, 낮에는 두 다리로, 밤에는 세 다리로 걷는 짐승이 무엇이냐?"라는 물음이다. 많은 사람들이 스핑크스의 수수께끼를 풀지 못하고 목숨을 잃었다. 결국, 오이디푸스가 그 수수께끼를 풀었는데, 답은 인간이었다. 왜냐하면, 인간은 태어나서 기어 다니고, 크면 두 발로 걸어 다니며, 늙으면 지팡이를 짚고 다니기 때문이다. 그러나 오이디푸스는 자신의 의지와 상관없이 아버지를 죽이고 어머니와 결혼하는 비극적인 운명을 맞게 된다.

적인 해답은 아래와 같다. "인간은 곧 인간이다."

"인간은 곧 인간이다." 이 판단은 아무것도 설명하지 않은 것처럼 보인다. 이런 식의 판단을 다른 대상에게 사용할 경우, 예를 들면 "물은 물이다." "광물질은 광물질이다." "동물은 동물이다."라고 말할 경우, 이 말들은 다만 형식적 논리에서 개념의 동일성이 강조될 뿐 아무런 경험적 내용도 담겨 있지 않다. 그런데 "인간은 곧 인간이다."라고 말할 때 상황은 전혀 다르다. 모든 존재와 연관되면서도 그들을 모두 초월해 있는 인간을 놓고, '인간'이라고 말할 수밖에 없지 않은가? 반대로, 이 말속에는 몹시 풍부한 내용이 담겨 있다고 해도 괜찮을 듯싶다.

"인간은 곧 인간이다." 이 말은 다른 사물을 이해하는 방식이 아닌 인간의 방식만이 인간을 이해한다는 의미이기도 하다. 다시 말하면, 인간은 종개념과 속 차를 합하는 식의 논리로는 파악될 수 없고, 오직 인간성의 논리로, 즉 변증법적 논리로만이 파악 가능하다.

천사와 악마

우리의 언어 습관에서는 모든 존재자들을 통틀어 '사물'이라고 부른다. 인간도 존재자라는 의미에서 일종의 사물이다. 의심할 바 없이, 인간은 만물에서 파생되었고 또 생명을 지닌 존재이므로 자연의 법칙에 따라 살고 죽는다. 그러나 인간은 다만 만물과 생명에 귀속되어 있는 존재가 아니다. 즉, 인간은 만물과 자연생명을 초월해 있는 존재[13]이므로 영원한 삶을 추구한다. 인간은 사물이지만 사물을 초월해

---

13) 인간의 초월성은 그의 사상, 의식, 정신 등 속성을 가리킨다. 물질은 시간과 공간적 속성을 지니고 있다. 인간의 정신은 시간성과 공간성을 지니면서도 그것들의 한계를 넘어 존재한다. 그러므로 정신은 또한 물질과 실체를 초월한 존재이다.

있고, 또 생명이지만 생명의 한계를 벗어나 있다. 인간은 이렇게 신비한 존재이기 때문에 '사물을 초월한 사물', 혹은 '생명을 초월한 생명'이라고 부를 수밖에 없다.

인간에 대한 견해는 수없이 다양하고 서로 많은 차이를 보이고 있다. 화학자들은 인간을 어떤 화학적인 원소의 결합으로 이루어진 유기물질로 보고 있고, 생물학자들은 인간을 세포의 집합체인 생명체로 보고 있다. 철학적인 견해들은 더욱 다양하다. 이성적인 동물, 정치적인 동물, 사회적인 동물, 부호적인 존재, 정밀한 기계, 법의 족쇄를 찬 야수, 땅 위의 천사, 자신을 목적으로 하는 존재, 정신적 실체, 지위를 잃은 신 등 다양한 주장이 있다. 그런데 이런 주장들을 종합해 보면, 혹자는 물질적이거나 동물적인 속성으로 인간을 해석하는 것이고, 혹자는 물질 속성의 부정인 영적이거나 혹은 이성적인 속성으로 인간을 해석하는 것이다. 결국 긍정과 부정의 논리로 인간을 파악하게 된다.

우리는 인간의 모순적인 본질은 쉽게 발견할 수가 있다. 위에서 언급한 바와 같이, 사람들은 일찍부터 모순되는 성격의 다른 측면에서 인간을 파악하기 시작했다. 그러나 이 모순되는 두 측면을 하나의 통일체로 이해한다는 것은 결코 쉽지가 않은 일이다. 왜냐하면, 대립되는 두 측면은 서로 대방을 부정하기 때문에 형식논리의 각도나 과학적인 입장으로 본다면 절대 서로 포용되지 않기 때문이다. 인간이 사물이지만 사물을 초월해 있고 생명이지만 생명을 초월해 있다면 그것은 "a이면서도 a가 아니고, a가 아니면서도 a이며, a이면서도 b이다."라는 논리적 혼란에 빠진 것으로 이해된다. 그러므로 과거 사람들의 논리에서는 혹은 긍정적인 측면에서, 혹은 부정적인 입장에서 자신의 견해를 세울 뿐, 긍정과 부정을 통합하려고 시도하지 않았다.

여기서 알 수 있는 바와 같이, 인간이 다른 사물들과 구분되는 그런 신비하고 파악하기 어려운 성질이 바로 통상적인 논리에 배반되는 이중성이다. 만약 우리가 통상적인 논리와 단일한 성질로 인간을 파악한다면, 그것이 물질이든 정신이든, 동물의 종이든 신령의 후예이든 막론하고 파악된 것들은 결코 인간이 아닐 것이다. 인간 외의 존재들은 모두 "a이든가 혹은 a가 아니든가" 단일한 규정성을 가지고 있는데 이것이 바로 '물종'의 규정성이다. 인간이 단일한 본질을 초월해 있다는 것은 인간이 물종의 논리를 초월해 있음을 의미한다. 이것이 바로 앞에서 언급된 "인간은 인간의 방식으로 파악해야 한다."는 말의 참된 의미이다.

인간의 통상적인 인식대상은 외적 사물이다. 그래서 인간들에게 익숙해진 사유방식은 물종의 관점이다. 다시 말하자면, 인간의 눈은 태어나서부터 밖으로 향하기 때문에 인간은 단순한 물종의 규정성에 익숙해 있다. 그러므로 몇 천 년의 시간이 흐르면서 물종을 인식하는 방식은 차츰 보편적인 사유의 법칙으로 취급되었는바, 이것이 바로 우리가 잘 알고 있는 형식논리의 법칙이다. 우리의 사유는 언제나 단일한 규정성으로, '긍정이 아니면 부정'이라는 방식으로 대상을 파악하는 데 습관이 들어 있다. 이런 사유의 습관은 인간을 이해함에 있어서 물질 – 정신, 세속 – 신성의 이원적 논리를 전제로 하기 때문에 언제나 구체적이고 생동한 인간의 본성에 접근하지 못하게 된다. 그리하여 전통적인 철학에서 진실한 인간은 추상화된다. 즉, 물종의 관점으로 이해하는 인간은 추상적일 수밖에 없고 그러므로 현실적인 인간은 망각되어 버린다.

중세기 이래 유럽 민간에서는 인간이 "절반은 천사이고 절반은 악마이다."라는 견해가 유행되었다. 서민들이 워낙 논리의 구애를 별로 받지 않아서인지 인간에 대한 이 견해는 철학자들보다도 인간의 진실한 본질에 더 접근된 견해였다. 이 말은 인간의 모순성을 잘 보여 주고 있다. 다만 이 모순이 어떻게 사람에 의하여 하나의 통일체를 이루게 되는가에 대해서는 아무런 설명도 하지 않았기에 인간 본질에 대한 완전한 해석은 아니었다. 흥미로운 일이라면, 독일의 철학자 포이어바흐가 이 말을 아주 중시했었다는 것이다.

인간 이해의 이중적 지평

현재까지의 과학연구의 성과에 따르면, 인간은 어디선가 갑자기 생겨난 것이 아니라 생물진화의 결과물이다. 생물진화론은 인간 이해를 위해 하나의 사상적 지평을 제시한다. 그러나 인간의 기원과 본질에 대하여 진화론의 설명과 해석이 완벽하고 충분하다는 것은 아니다. 인간 이해에 또 하나의 불가결의 사상적 지평이 있는데 그것이 바로 초월론적 입장이다. 인간의 본원과 본질을 잘 해석하려면 반드시 진화론과 초월론을 결합시켜야 한다. 그렇지 않을 경우, 우리의 사상은 인간의 본성을 제대로 파악하지 못하고 방향을 잃게 될 것이다.

과거에 많은 사람들은 진화론의 입장에서 인간을 어떤 고급동물로 – 예를 들면, 이성적인 동물, 문화적인 동물, 사회적 동물 등으로 – 설명했었는데, 근거가 있는 견해였다. 이와 같은 견해는 인간 구성의 어려운 난제를 쉽게 풀어낸다. 인간이 도대체 어떻게 동물로부터 진화되었는지에 대해서는 아직 많은 추측들이 제기되고 있기는 하지만, 여하튼 물종의 진화법칙이라는 범주의 존재는 간단한 논리로 방향을 제시하고 있다. 그리고 이 해석이 또 하나의 이로운 점은, 거기서 내려시는 정의(예를 들자면 "인간은 이성적 동물이다.")가 '유개념과 종차'

라는 형식논리에 잘 맞는다는 것이다. 그러므로 많은 사람들이 이런 방식으로 인간을 이해하고 있다. 아울러 '동물+X(인간의 특점)'라는 공식이 인간에 대해 정의를 내리는 전형적인 사유방식으로 고착되었다.

그러나 반면에 이 인식방식은 또한 근본적인 문제점을 안고 있는데, 거기서는 인간의 우월함과 신성함 등 본질적 속성이 드러나지 않고 있다는 것이다. 왜냐하면, '동물+X'라는 공식에서 그 X를 무엇으로 설정하든지 간에 인간은 결국 특수한 동물에 귀결되기 때문이다. 그리하여 쇼펜하우어(Arthur Schopenhauer, 1788~1860)도 인간은 "문명이라는 옷을 입고 법이라는 족쇄를 찬 야수이다."라고 말했다. 언젠가 애들이 즐겨 보는 만화영화에서 안경을 착용하고 담뱃대를 물고 학자 모양을 한 침팬지 박사를 본 적이 있다. 좀 지나친 표현이기는 하지만, '동물+X(인간의 특점)'라는 공식은 인간을 침팬지 박사로 표현한 것이나 다름없다.

원시인이 자신과 동물을 구분하지 않고 심지어 동물을 친척으로 여기는 것은, 그들이 아직도 자신이 인간이라는 점을 자각하지 못 했기 때문이고, 그들의 생활과 동물의 생존이 무차별시되면서 자신의 우월성을 체험하지 못 했기 때문이다. 그런데 현대인들은 다르다. 물론 그들의 몸에도 동물의 혈기가 남아 있고 또 야성이 발작되면 야수보다 더 야만적이다. 그렇지만, 아무리 특이한 물종, 고귀한 품종으로 규정짓는다고 해도 만약 결국 인간을 동물로 귀결한다면, 이는 인간의 현실과 생존 본질에 어긋나는 것이고, 또 우리의 의지와 감정에도 받아들여지지 않는 것이다.[14]

---

14) 이 점에 대해 하이데거(Martin Heidegger, 1889~1976)는 아래의 논의를 펼친다. "만약 우리가 인간을 일종의 생물로 취급하고 나서 다시 그것으로 식물, 동물, 하느님과 구분하려고 시도한다면, 우리는 진정 인간의 본질로 향한 길에 올랐다고 말할 수 있겠는가? 어쩌면 사람들은 이렇게 할 수도 있다. 즉, 위의 방법으로 인간을 존재자의 범위 내에서 다른 존재자들 중의 한 존재자로 취급할 수도 있다. 이렇게 할 때, 사람들은 인간에 대하여 뭔가 정확한 것들을 말하고 있다. 그러나 꼭 알아둬야 할 것은, 이렇게 할

인간의 생성은 저급적인 존재에서 기인한 것인가? 아니면 고급적인 존재에서 기인한 것인가? 이는 인간의 본질을 이해함에 있어서 서로 다르면서도 서로 연관을 갖고 있는 두 가지 부동한 입장이다.

인간이 자신과 동물을 근본적으로 구분하려고 시도했으나 다른 근거를 찾지 못할 경우, 신학적 관점으로 인간의 기원과 본질을 설명할 수밖에 없다. 이 견해에 따르면, 인간은 비록 동물과 자연계 내에서 함께 살고 있지만 그들의 혈관에서 흐르는 것은 하느님의 피다. 신학적인 해석은 인간의 고귀한 특점을 잘 드러내놓고 있다. 물론 이런 해석은 그 근거가 상상에서 비롯된 것인 만큼 참된 이론이라고 보기는 어렵다. 그러나 "참된 이론이라고 보기는 어렵다."는 말은 결코 그것이 이론이 아니므로 열심히 사고해볼 필요가 없다는 말이 아니다. 신학이론은 신의 자격으로 행해지는 인간의 말인바, 거기에는 인간이 장기간 생존하고 생활하면서 누적된 참된 지혜가 담겨 있다. 인간의 본질에 대한 이해로 볼 때, 신학이론은 종적 진화론에 대한 불만이고 부정이다. 즉, 신학이론이 우리에게 제시하고 있는 중요한 관점은, 다만 물종의 관점으로 인간의 근원과 본질을 이해해서는 안 된다는 것이다.

사실 단지 신학자들뿐만 아니라 많은 철학자들도 이러한 입장을 가지고 있었다. 근대의 철학자들은 신에 대한 억측으로 인간의 초월성을 설명하려 시도한 것이 아니라, 그 신의 속성을 인간의 추상적인 이성으로 흡수하여 인간의 초월성을 설명하려 시도했던 것이다. 17세기 프랑스의 데카르트(Rene Descartes, 1596~1650)와 18세기 독일의 칸트 등 많은 철학자들이 그러했다. 그들은 인간을 자연 물종인 동물

때 인간은 어디까지나 생물적 본질의 범위를 벗어날 수가 없다. 인간을 동물과 같은 존재로 보지 않고 어떤 특별한 차이를 지닌 존재로 취급할지라도 마찬가지다. 사람들은 원칙이라는 차원에서부터 생물적인 인간을 염두에 두고 있다. 인간의 생명력을 정신이나 사상으로 가정하고 다시 그것을 주체와 인격으로 가정하였다 치더라도 염두에 둔 것은 역시 생물적 인간이었다." 쑨저우씽 편, 『하이데거선집』, 上海三聯書店, 1996, pp. 367-368.

과 구분하기 위하여 그 본질을 사상과 이성으로 해석했고, 심지어는 인간을 이성적 본체로 내세우면서 자연의 물질적 본체와 대립시켰다.[15] 비록 그들도 이성의 근원은 밝힐 방법이 없었지만, 이 문제를 제쳐놓고라도 인간 이성의 독립적인 가치와 주체적 성질을 수립하려고 노력했던 것이다. 철학사에서는 이와 같은 관점을 이원론이라고 한다. 사람들은 흔히 이원론을 확실한 신념이 없어 흔들리고, 타협적이고, 철저하지 않고, 과도적인 철학이론으로 낮추어 평가하기도 한다. 그러나 사상내용을 볼 때, 이원론 철학자들은 흔히 일원론 철학자들보다 더 훌륭하다. 그들은 두 극단적인 일원론의 한계와 폐단을 잘 알고 있기 때문에 확실한 해답을 얻지 못한 상황에서 부득이하게 이원론적 입장을 세운 것이다. 그러므로 데카르트, 칸트 등 이원론 철학자들은 모두 철학의 역사적 전환에 중대한 역할들을 했었다.

우리는 진화론이나 신학이론이나 모두 인간의 자아의식 발전에 중요한 역할을 했다는 점을 명기해야 한다. 그러나 인간의 본질에 관한 학설은 칸트, 헤겔, 포이어바흐 등 독일고전철학자들에 의하여 획기적인 전환을 이룬다.

진화론은 진화의 법칙과 물종의 본성으로 인간의 생성과정과 본성을 해석하고, 그와 반대로 신학은 영적인 차원에서 인간의 생성과정과 본질을 해석한다. 그러나 이 두 이론은 모두 비인간의 척도로, 그러므로 또한 인간 자체의 역사 외에서 인간의 생성과 본질을 탐구한다는 점에서 일치한다. 18~19세기에 와서, 인간의 성숙과 문명의 진보는 이러한 간단한 논리를 포기하도록 요구한다. 독일 고전철학들은 이와 같은 시대적 상황과 요구에 순응하여, 외적인 척도에 의뢰하는

---

15) 니체는 신도 이성도 아닌 의지로써 인간의 본질을 해석했다. 그의 견해에 따르면 "인간은 응당히 초월적인 것이어야 하며", "영원히 자아를 초월한 존재여야 한다."

사유방식을 버린다. 그리고 인간 자체의 적도로 인간을 이해하고, 또 인간의 활동으로 인간의 생성과 본질을 이해하는 사상원칙을 수립한다. 칸트는 이성의 주체성을 강조하면서 인간을 자연과 인간 자신의 목적이라고 주장한다. 그의 표현을 빌리자면, "인간은 창조물의 최후의 목적"이므로 "인간이 무엇을 위한 존재인가?"라는 물음은 의미를 상실한다. 즉 "그(인간)의 존재 속에는 이미 최고의 목표를 자신에게로 설정해 놓고 있다."[16] 더 나가서 헤겔은 그의 변증법에서 인간이란 자위적인 본성을 가진 존재이고, 자신 활동의 소산이라고 주장한다.[17] 그뿐만 아니라 포이어바흐도 "인간은 자신의 작품이고 문화적, 역사적 산물"[18]이라고 주장한다.

이런 주장들은 인류의 인식발전 역사에서 한 차례 중요한 비전을 제시한다. 물론 독일 고전철학자들도 인간의 본질과 기원 문제에 대하여 정확한 해답을 주지는 못했다. 그러나 그들이 확립해 놓은 자아목적, 자위본성, 자기원인의 원칙은 사람들에게 물종 관념에서 오는 인간 본질의 선행적이고 고정불변한 관점을 넘어서는 사유방식을 열어 주었고, 인간의 방식으로 인간을 이해하는 새롭고 참된 인간의 자아의식에 사상적 기반을 제공해 주었다. 바로 독일 고전철학의 기반에서 마르크스(Karl Marx, 1818~1883)는 후세에 중대한 영향력을 과시한 인류역사 발전의 이론을 제기하였다.

---

16) 『판단력 비판』, 칸트 지음, 웨이줘민(韋卓民) 역, 상무인서관(商務印書館), 1964, P. 100.

17) 마르크스는 헤겔 변증법의 참된 의의를 아래와 같이 평가한다. "헤겔의 정신현상학과 그의 최종결과 — 즉, 추진의 원칙과 창조의 원칙인 부정성의 변증법 — 의 훌륭한 점은 우선 헤겔이 인간의 자아 생산을 하나의 과정으로 보았다. …… 그는 노동의 본질을 파악하고, 대상성적 인간, 즉 현실적이고 진정한 인간을 자신 노동의 결과로 이해했다." 『마르크스엥겔스 전집』 제42권, 인민출판사, 1979, p. 100.

18) 『포이어바흐 저작선집』(상권), 생활·독서·신지 삼련서점, 1959, p. 47.

인성 이해의 두 가지 방식

근대로부터 사람들은 인간과 동물의 구분이 본성의 차이로부터 유래된 것임을 알게 되었는데, 사실 이는 인간 자아의식의 한 차례 비약이다. 그러나 문제는 여전히 남아 있다. 즉, 인간의 본성은 무엇이고, 그 근거는 무엇이며, 또 어떻게 인간과 동물의 본성 차이를 이해할 것인가? 이런 문제에 대한 해답은 사람들로 하여금 다시 전통적인 관념으로 돌아가도록 한다. 그러므로 여기서 본성과 본질이라는 개념에 대한 철학적 검토가 요구된다.

전통적인 철학 관념에 따르면, 사물의 존재는 그 본질에 의해 결정된다. 다시 말하자면, 사물은 모두 본질이 있고, 본질 없는 사물은 존재하지 않는다. 그리고 존재 속에는 언제나 본질이 있고, 그 본질은 언제나 존재를 규정하며, 존재는 또한 언제나 본질을 표현한다는 것이다. 그리하여 본질은 논리적으로 존재에 선행하고, 모든 사물은 존재하기 전에 이미 그의 본질(자연)에 의하여 규정되어 있으므로 그 본질을 벗어날 수도, 개변시킬 수도 없다는 것이다. 심지어 어떤 철학자들은 본질 선험론으로부터 사물을 떠난 본질이 개념이나 이념이 독립적으로 존재한다고 주장한다. 서양철학에서 본체라는 개념은 여기서 유래된다. 플라톤(Platon)의 이데아는 사물에 선험적 본질이면서도 독립된 실제이고, 헤겔의 '절대적 이념' 역시 선험적 본질의 성격을 띠고 있다. 이것이 서양 전통철학에서 주장해온 "본질이 존재에 선행한다."는 본질주의 이념이다.

본질은 존재를 규명하고, 존재는 본질을 표현하며, 본질이 존재에 선행한다는 관념이 근 삼천 년간 사람들의 머리를 지배해 왔다. 이 관념이 그렇게도 완고하게 유지될 수 있었던 원인은 그것이 자연만물을 이해함에 아무런 장애도 없었기 때문이다. 자연만물은 그것이 유기물이든지 아니면 무기물이든 막론하고 모두 무의식적인 존재이며 자연의 지배를 받기 때문에 그 물종의 본질이 언제든지 구체적 사물에 선행한다. 바로 이렇게 효과적이기 때문에 본질주의가 보편적인 사유의 법칙으로 고착되었고, 거기서 다시 형식논리가 추상화되었다.

우리가 잘 알고 있다시피, 자연만물은 무의식적인 자재(自在)적 본질을 갖고 있지만 인간은 의식적인 자위(自爲)적 본질을 갖고 있고, 자재적 본질은 물종에 의해 결정되지만 자위적 본질은 물종의 한계를 초월해 있다. 즉, 인간의 자위적 본질은 인간의 후천적인 활동과 밀접한 연관을 가지고 있다. 과거의 사람들은 자신의 자위적 본질을 이해하지 못한 상황에서 물종의 관점으로 자신의 본질을 이해하고, 인간의 본질과 사물의 본질을 구분하지 못했는데, 이 또한 아주 자연스러운 일이다.

독일 고전철학은 우리에게 인간을 파악하는 새로운 이해의 지평을 제공해 주었다. 사실 인간의 본질 문제는 철학 관념의 문제이기도 하다. 오직 전통철학의 본질, 본원 등 개념에 대하여 새로운 해석이 이루어져야만 인간의 방식으로 인간을 이해할 수가 있고, 본질적인 차원에서 인간과 동물을 구분할 수 있으며, 인간을 진정한 인간으로 파악할 수가 있다. 철학 관념의 변혁에서 우선 해결해야 할 문제가 바로 대상의식과 자연 진화의 관점에서 형성된 물종의 사유방식이다. 물종의 사유방식은 인간의 본질이 자신을 떠난 어떤 선행적인 요소로 파악하기 때문에 인간의 자위적 본성을 부정하게 된다.

인간관념의 변화와 철학 관념의 변화는 동일한 과정이다. 그리고 이 양자의 변화는 모두 인간의 생존 상황의 변화에서 비롯된 것이므로, 결국 이는 인간성 역시 역사의 소신임을 말해주고 있다.

과거 인간은 '신화된 인간'으로부터 '물화된 인간'으로의 역사적인 변화를 겪어 왔고, 그와 더불어 신학적인 인간 관념으로부터 진화론적 인간 관념의 교체를 경험했다. 신화된 인간과 물화된 인간의 단계를 거쳐 현재 우리는 '인간화된 인간'으로 향하는 역사 발전의 새로운 단계에 들어섰다. 이 새로운 역사적 단계에서 인간과 철학의 관념은 근본적인 전환을 이루어야 한다. 즉, 인간의 자아의식의 차원에서 볼 때, 전통철학의 진화론적 사유방식과 선행 본질이론은 이미 때가 지난 것으로 취급되어야 한다. 이것이 바로 내가 인간과 철학을 다시 이해해야 한다고 주장하는 근거와 이유이다.

인간 생명의 이해

인간의 자위적 본질을 이해함에 있어서 우리가 극복해야 할 또 하나의 어려운 점이 바로 생물학적 관점으로 생명을 이해하는 습관적 관념이다.

인간과 기타 존재 사이의 본질적 구분은 생명의 본질을 새롭게 이해함으로써 가능하다. 왜냐하면 인간의 본성은 우선 그의 생명 본질에서 표현되기 때문이다. 과거에 우리가 인간을 이해함에 있어서 '악마 아니면 천사'라는 두 개의 극단적인 견해에서 벗어나지 못했던 주요 원인은 생명에 대한 전통적 생물학의 관념을 벗어나지 못했기 때문이고, '단일한 생명의 본성'이라는 고비를 넘지 못했기 때문이다.

생물학적 관념에 따르면, 생명은 단 한 가지 형태인데, 그것이 바로 생물유기체로서의 생명이다. 생물의 생명은 종류가 아무리 많다 해도 그것들은 결국 대자연이 만들고 지배하는 물종들이다. 그러므로 '단일한 생명의 본성'이라는 견지에서 볼 때, 인간의 생명 역시 기타 생물의 생명과 마찬가지로 물종의 규정성을 가질 수밖에 없다. 이렇게 되면 인간은 생물의 종으로 귀결되고 본질상에서 다른 동물과 구분이 없게 된다. 이 명제에 대한 부정적인 입장은 아래의 논리에 의해 세워진다. 즉, 우리가 만약 인간이 동물과 본질적으로 구분되는 고귀함과 우월성을 긍정하려면 반드시 육체적 생명이라는 한계를 넘어서서 자신의 본성을 천사나 이성으로 규명해야 하는 것이다. 그런데 문제는 이런 논리로 나가게 되면 인간은 세속의 음식물을 먹지 않는 그런 고독한 영혼이나 유령으로 되어 버린다는 것이다. 생명체에 대한 긍정이나 부정의 논리로 인간을 이해한다는 것은 단일한 동물의 생명에서 인간을 바라보려는 그런 편협한 입장이다.

이런 입장은 극복할 수 없는 논리적 딜레마에 빠지게 된다. 한편, 생명은 인간의 현실성과 실존성의 기초이다. 그러므로 인간은 생명을 떠나 존재할 수 없다. 다른 한편, 인간은 생명의 한계를 벗어나야만 동물과 구분되는 고귀한 본성을 지니게 된다. 그러므로 인간 또한 생명을 초월하지 않으면 안 된다. 인간은 혹자는 생명체로서 동물에 귀속되든지, 혹자는 생명체를 초월하여 천사에 귀속되든지 이 둘 사이에서 선택해야 한다. 그 외에 또 다른 이해가 가능할까? "절반은 천사이고 절반은 악마이다."라는 견해가 이 딜레마를 극복하는 일종의 대안이기도 하다. 그러나 문제는 여전히 남아 있다. 천사와 악마의 본질이 어떻게 인간에게서 공존할 수 있느냐이다.

그러나 이 딜레마를 벗어날 출로가 없는 것은 아니다. 만약 우리가 이 편협한 사유방식을 버린다면, 막다른 골목에서 길이 열릴 것이다. 여기서 말하는 편협한 사유방식이란 생명을 이해하는 방식을 가리키는데, 그것을 벗어난다는 것은 결국 생물의 각도에서 생명을 이해하는 한계를 벗어나야 한다는 것이다.

생명은 아주 복잡한 현상인바, 그에 대해 사람들의 이해는 아직 투철하지 못하고 많은 의혹을 남겨 놓고 있기 때문에 일종의 블랙박스와도 같은 존재이기도 하다. 여기서 말하는 복잡성은 다양성을 가리키는데, 저급적인 생명과 고급적인 생명 그리고 지혜적인 생명, 이런 것들 사이에는 차이가 너무나 커서 통합적 파악이 너무 어렵다. 지금까지 우리가 익숙한 것은 생물 유기체라는 저급적인 생명현상이다. 그리고 우리는 고급적인 생명현상을 저급적인 생명현상으로 환원시켜 이해하려고 시도해 왔다. 그렇기 때문에 우리는 아직도 생명에 대한 보편적인 정의를 내리지 못하고 있고, 또 그것들에 대한 분류도 명확하지 못한 상황이다. 바로 생물 개념으로 생명 개념을 대체한 탓으로 인간들의 머리에는 단 한 가지의 단일한 생명 개념이 자리 잡게 된 것이다.

이런 상황을 고려해 볼 때, 우리는 더 이상 생물유기체라는 협소한 범위에서 생명을 이해하지 말아야만 인간을 생물의 종으로 귀결시키는 과거의 사유방식에서 벗어날 수 있다. 사실상 사람들이 일상생활에서 사용하고 있는 생명 개념은 이미 생물이라는 한계를 벗어나 있다. 예를 들면 우리가 민족의 생명, 국가의 생명, 사회의 생명, 문화의 생명, 정치적 생명, 직업적 생명, 심리적 생명 등 개념을 사용할 때, 그 함의는 대상의 차이에 따라 다양하게 해석된다. 생명 개념에 대한 이런 다양한 해석은 모두 합리성을 가지고 있는바, 꼭 생물체라는 단일한 해석으로 환원시킬 필요가 없다. 그러므로 인간의 생명도 인간이라는 각도에서 동물이라는 개념보다 더 고차원적인 의미를 부여할 수도 있다.

물론 우리가 인간의 본성을 이해함에 있어서 반드시 생물학적 의미의 생명 개념을 초월해야 된다고는 주장하지만, 그렇다고 하여 동물과 동등한 의미에서의 생명을 갖고 있다는 점을 부인하는 것은 결코 아니다. 만약 인간이 동물로부터 진화되어 왔다면, 인간의 생명은 당연히 동물의 생명으로부터 온 것이고, 동물과 혈연적인 연관 혹은 동일한 성질을 가지고 있기 마련이다. 그러나 더욱 고급적인 본질을 가진 생명으로 발전된 이상, 인간은 더 이상 동물적인 생명의 통제를 받지 않고, 자신의 생명활동으로 더욱 고급적인 생명을 구성해 나갈 것이다. 이런 의미에서 인간의 생명을 '생명을 주재하는 생명', 혹은 '자주적 생명'이라고 해석할 수 있겠다. 인간의 생명은 동물의 생명을 초월한 생명이고 생물의 생명이 더 높은 새로운 단계로 발전, 승화, 초월되어 있음을 의미한다.

이것이 초월론적 견해이다. 초월이라는 개념은 '넘어서다.' '앞지르다.' '뛰어넘다.' '초탈하다.' '승화되다.' 등 의미를 가지고 있다. 그러므로 인간의 생명에 대한 초월론적 견해는 인간이 '이중적 자아'라는 성질을 가지고 있기 때문에 자아의 성질과 능력을 넘어설 수 있다는 의미이다.[19] 인간의 많은 성질들은 원래 자연으로부터 왔다. 그러나 그것들은 인간의 활동에 의하여 인간의 성질로 변화되어 간다. 그리고 이런 성질들의 변화는 완전히 다른 형태로 되어 버리는 것이기 때문에 원초적인 것으로 환원될 수 없다. 그러므로 인간의 생명에 대한 인식은 환원론이 아니라 초월론의 입장에서만이 본질적 접근이 가능하다.

인간의 참된 본질과 특성은 인간의 초월적인 생명으로부터 비롯된 것이다. 인간의 생명은 본래 동물의 생명과 일치했었다. 그런데 어찌하여 동물은 자신의 생명을 초월할 수 없지만 인간은 자신의 생명을

---

19) '초월'이라는 개념은 원래 사물의 존재와 성질을 '부정한다.'는 의미를 담고 있다. 여기서 부정이란 버리고, 없애고, 무너뜨린다는 의미가 아니라, 원래의 기초에서 더 발전하고 창조해 나간다는 의미이다. 초월은 인간의 형이상학적인 성질을 가리킨다. 형이상학(metaphysics)이라는 희랍어에서 meta는 초월이라는 의미다. 즉, 형이상학은 일종의 초월적인 활동이다. 자연을 초월한다는 말은 꼭 자연에서 멀리 떠난다는 의미만은 아니다. 자연의 깊은 본질로 들어가 그것과 융합되는 것, 그것도 역시 초월의 일종이다.

초월할 수 있게 되었을까? 이는 참으로 대답하기도 상상하기도 어려운 문제이다. 그렇지만 바로 이 문제에 대한 정확한 해답이 인간을 이해하는 관건이다.

초월성은 인간만이 지니고 있는 형이상학적 본성이다. 이것은 또한 인간과 동물의 근본적인 차이이기도 하다. 인간은 형이하적 존재임에도 불구하고 언제나 형이상적 본질을 추구하고 창조한다. 이상적 세계에 대한 추구와 갈망, 이것은 인간 본성에 잠재되어 있는 영원한 충동이다.

과거의 인식 수준에서, 인간생명의 초월적인 본질 문제는 이해뿐만 아니라 상상할 수조차 없었다. 인간의 모순적 본질이 충분히 드러난 후에, 그리고 더욱이 칸트와 헤겔이 인간의 자아 근원적·자위적 본성을 제시한 뒤에야 비로소 이 문제의 해결이 철학의 주제로 드러나게 된다. 어찌 보면, 이 문제에 대한 해답은 독일 고전철학에서 필연적으로 나타나게 된 철학의 흐름이다.

03

인간 생명의 본성

종적 생명에 대한 초월

인간이 자기 근원적이고 자위적 본질을 가진 존재라는 것은 인간이 자신의 작품이고 자유, 자각적인 본질을 가지고 있음을 의미한다. 인간은 하느님이 만든 것도 아니고, 자연의 진화로 완성된 것도 아니며, 진화의 토대 위에 자신의 활동에 의하여 창조된 것이다.

그러나 자신의 활동에 의하여 창조된 인간은 동물과도 같은 자연적 속성도 있고, 천사와 신령과도 같은 초월적인 속성도 있다. 그렇다면 인간은 어떤 활동으로 그리고 어떻게 이런 모순적인 인간을 창출해 냈는가? 혹은 전통철학의 개념으로 표현하자면, 인간은 어떻게 물질과 이성의 모순을 해결해 냈는가? 이에 대한 해답은 인간 문제를 해결하는 관건이다.

독일 고전철학자들은 인간에 대한 물화(物化)적 관념에서 벗어나기 위하여 인간적인 방식과 초월적인 관점으로 인간을 이해하려 시도했는데, 이는 그들 사상의 탁월한 창조력을 의미한다. 물론 그들도 양극 대립의 전통적 사유 습관을 버리지 못하여 인간을 양극 중의 하나의 극으로 보았다. 그러나 독일 철학은 이원론에서 유심론으로 그리고 다시 신학유심론에서 감성유물론으로 변해 가면서 대립적인 견해의 합리성을 흡수하려고 노력해 왔다. 그리하여 문제를 해결하지는 못했으나 해결을 위한 토대를 마련해 주었다.

헤겔은 인간에 대한 물화를 부정하면서 이성적 형식으로 인간에 대한 신화(神化)를 부활시킨다. 이 점에서 포이어바흐가 그의 철학을 '이성신학'이라고 비판한 데는 일리가 있다. 헤겔 철학에서의 인간은 하느님을 이성화하여 형성된 개념이고, 탈물질적 혹은 반물질적 정신 실체이므로 그 실체를 '의식된 절대적 정신'이라고도 불렀다. 물론 헤겔은 완전히 자각되어 있는 철두철미한 유심론자이다. 그는 하느님을 인간화하면서 자아창조라는 하느님의 본성을 인간의 본성으로 전화시킨다. 인간을 하느님과 같이 자아창조의 본질을 가지고 있고, 또 이 점이 동물과 구분되는 근본 특성이라는 것이다. 헤겔의 이 관점은 인간에게 새로운 자아의식을 부여하는 데 매우 중요한 공헌을 했다. 자신의 활동으로 자신을 실현할 수 있고 실체이면서도 주체인 '절대적 정신'은 본래 하느님의 상징이었다. 그것이 인간화되면서 인간의 창조적 본질이 제시되었다.

여기서 헤겔은 인간 이해에 자아 근원적, 자위적 본성이라는 원칙을 확립함으로써 인간을 자신의 작품으로 이해하기 위한 방법론을 제시해 준다. 심지어 그는 자아창조의 형식도 탐구하였는바, 마르크스는 그가 이미 "노동의 본질을 파악했다."고 높이 평가한다. 이미 문제 해결의 단서를 제공해주고 있다는 것이다. 그러나 아직도 문제는 해결되지 않은 채로 남아 있다. 즉, 정신적 실체는 반드시 현실적 인간으로 대체되어야 하고, 인간의 창조성도 인간의 현실과 역사에서 발견되어야 한다. 정신적 실체와 정신적 노동이라는 헤겔의 관점으로는 실제적으로 인간의 생성과 창조 과정을 해석할 수가 없다.

이 문제를 해결함에 있어서 포이어바흐의 역할이 독특했다. 그는 인간의 본질이 헤겔이 말하는 정신적 실체가 아니라 '감성적 실체'라고 주장하면서 현실적 세계로 돌아와 인간을 해석한다. 그러나 그의 공헌 또한 여기에서 머문다. 그는 인간의 신적인 본질을 포기하고 동물적인 본질을 회복시킨다. 그러면서 신적인 본질을 포기함과 동시에 인간의 창조성도 함께 부정한다. 이렇게 볼 때 포이어바흐는 약간의 진보와 동반된 것이 상당한 정도의 후퇴였다.[20]

문제 해결의 진정한 전환은 마르크스에게서 이루어진다. 그는 독일 철학의 성과들을 모두 섭취함과 동시에 전통철학의 사유방식에 근본적인 전환을 추진한다. 마르크스는 포이어바흐와 같은 시대의 사람이었지만 이성주의 철학의 본질에 대한 이해가 더욱 투철했다. 그리고 그는 선행 본질 개념과 양극 대립의 사유방식을 버림으로써 인간의 본질과 근원 문제의 해결에 이론적 기초를 제공하였고, 전통철학에서 현대철학으로의 전환을 위한 새로운 사상의 지평을 개척한다.[21]

전통적인 사유의 한계에서 벗어나 현실적 삶의 세계로 돌아와 살아

---

20) 만약 헤겔의 인간학이 "인간은 기계이다."라는 프랑스 유물론에 대한 반동이라면, 포이어바흐의 인간학은 "인간은 정신적 실체이다."라는 헤겔의 유심론에 대한 반동이다. 그의 견해에 따르면, "인간의 본질은 감성이지 허상적 추상물이나 '정신'이 아니다." 그리고 아래의 말들도 인간의 본질에 대한 포이어바흐의 심각한 견해가 담겨 있다. "하느님은 인간 자신의 본질이다." "인간은 인간의 하느님이다." "직접 자연계에서 생성된 인간은 다만 순수한 자연의 본질이지 인간이 아니다. 인간은 인간의 작품이고 문화와 역사의 산물이다." "인간의 존재는 감성 때문이다. 이성과 정신은 저서는 낳을 수 있지만 인간은 낳을 수 없다." 『포이어바흐 저작선집』(상권), 생활 · 독서 · 신지 삼련서점, 1959, p. 213, p. 247, 하권, 1962, p. 113, p. 189. 그러나 포이어바흐의 전반 견해는 생물적인 각도에서 인간을 이해했다는 점에서 아주 비극적이다.

21) 마르크스가 위대한 사상가임은 이미 잘 알려져 있다. 그러나 그에게도 위인으로서의 '비극'이 있다. 그는 평생 노력하여 추상적 이성의 원칙을 교조로 삼는 철학 전통을 청산해 버렸다. 그런데 그가 세상을 떠난 뒤, 그의 충실한 '학생'들이 '정치적 권위'로, 최고의 '신명'으로, 숭배의 '우상'으로 등장되고, 또 그의 저작도 그런 정치가들의 성서로 악용되었다. 마르크스의 명예는 이로부터 훼손받게 되었다. 용의 종자를 뿌리고 벼룩을 수확한 격으로 된 셈이다. 현재 우리는 사상가와 학자로서의 마르크스의 참된 모습을 되찾아야 할 책임과 의무가 있다.

있는 인간들의 모습을 잘 관찰해 보고, 또 역사발전의 안광으로 인간의 기원과 본질을 잘 살펴본다면 문제의 답안은 아무런 신비도 없이 명백해진다. 인간의 특유의 생존방식이 바로 창조적인 감성활동, 즉 생산적인 실천활동인바, 인간은 이 생산적 실천활동을 통하여 자신을 낳고 자신의 본질을 구성해 나간다는 것이다. 이점에 대하여 마르크스는 『독일 이데올로기』라는 저서에서 아래의 관점으로 서술한다.

"인간과 동물은 의식, 종교나 다른 것들로도 구분이 될 수 있지만, 일단 인간들이 자신이 수요되는 생활자료를 생산할 때(이는 그들의 육체 조직에 의하여 결정된다), 그들은 자신과 동물을 구분해 냈다. 인간은 그들의 필수적인 생활자료를 생산함과 동시에 간접적으로 그들의 물질적 생활을 생산한다."[22]

이 말은 관점이 간결하고 명쾌하며 확실하여 이해에 어려움이 없을 듯싶다. 그러나 바로 그러하기에 많은 사람들은 흔히 이 말을 "노동이 인간을 창조했다."는 간단한 상식으로 이해했을 뿐, 그것에 이론적 사유방식의 중대한 전환을 가져왔다는 점을 간과하고 있다. 사실 이 말은 다만 인간의 근원에 대한 간단한 해답이 아니라 우리가 인간, 인간의 본질, 인간의 생활과 인간의 세계를 이해하는 데 새로운 이론적 기초를 제공해주고 있다. 그러므로 만약 우리가 그 안에 담긴 깊은 뜻을 잘 파악하고 그 의미를 살려서 더 발전시킨다면 아주 새로운 인식과 아주 활발한 사상 경지에 이를 수가 있다.

내가 볼 때, 마르크스의 인간과 동물의 구분에 관한 사상을 잘 파악하자면 '생명'에 대한 정확한 이해로부터 착수해야 할 것이다 인간은 자신에게 있어서 동물 생명의 존재방식을 완전히 개변시켰다. 아울러 생명체 사이의 관계, 생명과 세계의 관계, 그리고 생명의 가치와

---

22) 『마르크스 엥겔스 전집』 제3권, 인민출판사, 1960, p. 24.

의미 등 생명의 본질이 근본적으로 변화된다. 바로 이렇기 때문에 인간의 본성은 더 이상 자연 물종의 본질이 아니라 스스로를 목적으로 한 자각적이고 탈생명적인 본질로 변화된 것이다.

생명은 흔히 강한 자아 조직력과 정연한 질서를 가진 유기체로 정의되고 있다. 생명유기체가 무기물과 다른 점은, 그것들이 모두 자연스레 자기중심의 결집력을 가지고 있으면서 주위 환경과 분명한 분계선을 구성하고 있을 뿐만 아니라, 또 주동적으로 그리고 생존에 유리하게 선택하면서 외계 사물과 에너지 교환을 하게 된다. 바로 이렇기 때문에 모든 생명체는 자아 조절(자신의 기능 그리고 외부환경과의 관계 조절), 자아 복제(세포의 분열과 번식 그리고 DNA의 합성), 독립적인 선택성 반응 등 생물학적 특성을 가지고 있다. 통상적인 견해에 따르면 생명은 일종의 생기, 활력과 삶을 의미한다. 그런데 이런 견해는 생명체가 무기물과 비교할 때 나타나는 일부의 특성일 뿐 생명체 전부의 특성이 아니다.

생명체의 다른 한 가지 특성은 그것들이 스스로 자신의 운명을 장악하지 못한다는 것이다. 물론 생명체도 외계 사물과 에너지 교환을 할 때 주동성과 선택성이 있는 것만은 사실이다. 그러나 그것은 다만 환경이 그들이 직접 소요되는 물질이나 에너지를 현 실태로 제공해 줄 때만 가능한 것이다. 만약 그렇지 않을 경우라면 어떠한 주동성과 선택성도 있을 수 없다. 생명체가 환경에 의존하면서 환경의 일부를 구성하고 있는 특징은 그들의 운명이 자신에게 달린 것이 아니라 자연계에 통제를 받고 있다는 것을 의미한다. 자연계가 일종의 생명체를 창조할 때는 언제나 그 생명체와 환경을 통합적으로 창조한다. 그리고는 그 물종과 환경을 통하여 생명체의 운명을 좌우한다.

생명체는 바로 주동성과 피동성, 자율성과 타율성의 모순으로 구성되어 있다. 생명체의 이 기본 모순을 '자재 자위'라는 철학 용어로 표현하자면, 자연의 생명체는 자재성을 가지고 있지만 자위성이 없다는 것이다. 생명의 이러한 본질을 파악한 뒤 다시 인간을 살펴보면 문제가 명료해진다.

위에서 인용한 바와 같이, 마르크스는 인간은 "자신이 필요로 하는 생산자료를 생산"한다고 말하고 있다. 그렇다면 인간의 생활방식의 변화, 즉 "자신이 필요로 하는 생활자료를 생산"한다는 말의 의미가 무엇일까?

(1) 이런 생존방식의 변화는 우선 생명체와 환경 사이 천연적 관계의 성질이 변화되었음을 의미한다. 원래 생명의 존재는 천연적인 환경조건에 의존했었는데, 인간에게서는 오히려 환경이 인간의 생명활동에 의존한다. 그리고 원래의 생명은 환경의 구성부분이었으나 인간에게서는 반대로 인간이 환경을 지배한다. 마치 마르크스가 말한 바와 같이 환경은 인간의 '유기적인 신체', 혹은 연장된 인간의 기관, 즉 인간의 생명체의 일부분으로 재구성된다.

(2) 생명과 환경 사이의 이런 변화는 생명과 물종 사이 관계의 변화를 의미한다. "자신의 소요되는 생활자료를 생산"한다는 말은 인간이 이미 생명으로 하여금 자연의 통제와 물종의 한계를 벗어나 자주적 본성을 갖게 하였다는 것이다. 물론 인간 생명의 생사 대권은 결국 자연의 손에 쥐어 있으므로 인간의 생존 활동도 자연의 본질을 어겨서는 안 된다. 그러나 인간의 생명이 존재하는 이상, 왜 살고, 어떤 방식으로 살 것인가라는 문제는 인간 자신의 선택에 달렸다. 인간이 기본적인 생활 여건이 지어진 뒤, 어떤 생활을 선택할 것이냐 하는 문제는 어떻게 '생활자료를 생산'하는가라는 문제와 직접적인 연관을 가지고 있다.

(3) "자신이 필요로 하는 생활자료를 생산"한다는 말은 생명이 이미 자신이 고유한 자재 - 자위의 모순을 극복했음을 의미한다. 생명의 자재성과 자위성 사이의 통일은 이 양자가 모두 질적인 변화를 가져오도록 했다. 한편, 생명은 환경의 직접적인 복종과 물종의 절대적인 통제에서 벗어나 독립성과 자유성을 얻게 된다. 다른 한편, 생명 자체도 자각적인 중심이 형성된다. 그리고 생명이 이중화되면서 본능적인 생명(자연이 지배하는 생명) 위에 더욱 높은 목표를 향한 생명, 즉 생명을 지배하는 생명이 형성되는바, 이것이 바로 인간이 자아 생명 행위에 대한 통제와 지배이다. 동물의 행위는 완전히 물종과 환경의 지배를 받는 본능적인 생명 활동이다. 만약 인간의 몸에서 발생된 생명과 환경 사이의 관계 변화를 생명의 '해방'이라고 본다면, 인간이 물종의 한계를 벗어나 자아생명의 주인과 지배자로 된 것은 인간이 물종으로부터의 '해방'이다. 인간은 생명을 해방시키는 동시에 자신을 해방시켜 자유를 얻는다.

(4) 상술한 변화들은 결국 '생명 본성'의 근본적인 변화를 의미한다. 원래의 생명은 다만 물종의 생존, 즉 생명 자체의 생존과 계승을 목적으로 했다. 그러나 자재성과 자위성이 통일을 이룬 뒤, 생명은 물종의 한계를 벗어남으로 하여 생명에 잠재되어 있었던 창조성을 발휘하게 되고, 자신의 활동이 더 높은 목표를 실현하도록 끌고 나가며, 또 그럼으로 하여 생명 존재에 새로운 가치와 의미를 부여한다.

(5) '자신이 필요로 하는 생활자료를 생산'하는 인간의 활동은 생명 자체를 이중화시킬 뿐만 아니라 외부의 세계도 이중화시킨다. 다시 말하자면, 인간의 출현으로 물질세계의 질서는 재구성된다. 여기서 인간 생명 활동의 참된 의미는, 자신의 활동으로 인하여 생명과 비생명 간의 장벽이 허물어진다는 것이다. 즉, 깊이 잠든 대자연을 불러일으

켜 그 속에 매장된 에너지와 가치를 실현하여 물질의 세계가 활력을 얻도록 한다. 이런 의미에서 우리는 인간이 우주생명의 화신(化神)이고, 인간의 생명이 우주생명의 인격적 표징(表徵)이라고 말할 수 있겠다.

결국 인간의 출현은 모든 존재에 획기적인 변화를 일으킨다. 원래 동물은 자신의 생명에 귀속되었고, 생명은 환경에 귀속되었으며, 환경은 자연이 지배했다. 그러나 지금은 인간이 자신의 생명 활동을 지배하고, 생명 활동이 자신에 어울리는 환경을 창조하며, 환경은 대자연과 인산의 이중적 지배를 받는다. 여기서 생명과 연관되는 모든 것들이 근본적인 변화를 가져온다. 그러므로 인간의 출현은 단지 생명의 본성, 가치, 의의를 바꾸어 버렸을 뿐만 아니라 전반 세계를 완전히 바꾸어 버렸다는 것이다.

인간 생명의 이중적 본질

상술한 바에서 아래의 결론을 끌어낼 수 있다. 즉, 인간으로서의 인간은 이미 본능적 생명을 초월해 있으므로 그 본능적 생명의 완전한 통제를 받지 않는다. 아울러, 인간은 자신의 생명활동을 통제하면서 생명과 탈생명적 가치, 목적을 실현해 나간다. 이런 의미에서 볼 때, 인간과 동물의 구분은 그들이 본능 생명에 대한 부동한 관계를 가리키는바, 동물은 그 생명이 완전히 본능의 지배를 받고, 인간은 자주적 생명으로 본능적 생명을 지배한다. 여기서 알 수 있다시피, 인간으로서의 인간은 이미 단일한 생명을 지닌 존재가 아니라, 본능 생명에다 물종 생명을 초월한 생명마저 겹쳐진 그런 이중 생명을 지닌 존재이다. 그러므로 우리는 인간을 본능적 물종 생명의 차원에서가 아니라 본능 생명을 지배하는 생명의 차원으로 보아야 한다. 그래야 인간과 동물의 구분이 명확해진다.

마르크스는 그의 초기 저서에서 인간과 동물의 구분은 그들이 본능 생명에 대한 부동한 관계로부터 이해할 수 있다는 점을 아래의 말로 표현한다.

> "동물은 자신의 생명 활동과 직접적으로 하나이다. 동물은 자신의 생명 활동과 구별되지 않는다. 동물은 자신의 생명 활동인 것이다. 인간은 자신의 생명 활동 자체를 자신의 의지와 의식의 대상으로 삼는다. 인간은 의식적 생명 활동을 가진다. 인간이 직접적으로 그것에 융합되는 규정성이란 없다. 의식적 생명 활동은 인간을 동물적 생활 활동으로부터 직접적으로 구별 짓는다. 바로 이 때문에 인간은 하나의 유적 존재인 것이다. 혹은 인간이 바로 유적 존재이기 때문에, 그는 의식적 존재이며, 다시 말해서 그 자신의 생활이 그에게 있어 대상인 것이다. 바로 이 때문에 그의 활동은 자유로운 활동인 것이다."23)

마르크스의 이 논술에 대해서도 적지 않은 오해가 있다. 『1844년 경제학 철학 수고』는 그가 살았을 때 발표되지 않은 조기의 작품이므로 사상이 미숙했다는 평가가 많았다. 그러므로 오랫동안 이 논술은 별로 중시를 받지 못했는바, 지금도 이 논술의 참된 의미를 이해하는 학자는 아주 드물다. 사실 여기에 인용된 마르크스의 견해는 "자신이 소요되는 생활자료를 생산"한다는 견해와 서로 맞물려 있을 뿐만 아니라 인간의 본성을 이해하는 데 더욱 중요한 의미를 가진다.

여기서 마르크스가 강조하고자 하는 관점은, 인간이란 존재는 자신의 생명 활동을 의지와 의식의 대상으로 삼기 때문에 그 생명활동은 '의식적 생명 활동'이고, 또 이 점이 동물과 구분된다는 것이다. 비록 마르크스가 '이중 생명'이라는 개념을 사용하지 않았지만, '의식적 생

---

23) 『마르크스 엥겔스 전집』 42권, 인민출판사, 1979, p. 96.

명 활동'이라는 말은 이미 이 개념에 접근되어 있다. 오직 이중 생명의 입장에서 보아야만 인간이 어떻게 자신의 생명을 의지와 의식의 대상으로 삼게 되었는지를 이해할 수 있고, 또 인간이 어떻게 물종 생명을 초월하여 이중적 모순의 본성을 지니고 그에 상응하게 행동하는지를 이해할 수 있다.

동물은 그의 생명 활동과 직접 하나이므로 그 존재는 생명 자체이다. 동물이 생명 활동과 구분이 없다는 점에서 그들은 단일한 생명으로 분류된다. 그러나 인간은 다르다. 즉, 인간은 자신의 생명 활동을 지배하고, 더 나아가서 그것을 의식적 생명으로 전환시켜 더욱 높은 목표를 실현하도록 한다. 그러므로 인간은 자신과 자연이 부여한 본능적 생명을 갈라놓는다. '자아'는 생명 본능과 일치하지 않고, 그것들을 초월하여 그것들을 통제하는 존재이다. 물론 그렇다고 해서 나의 몸이 두 개의 생명체로 갈라져 있다는 말은 아니다. 다만 하나의 생명체가 이중화되어 본능 생명 위에 '생명을 주재하는 생명' 혹은 '탈생명적 생명'이 형성되었다는 것이다. 이것이 바로 내가 말하는 '이중적 생명'이라는 말의 의미이다.

인간의 생명은 하나의 완전한 통일체이다. 소위 이중적 생명이라는 말은 생명 자체가 이중적 성질을 띤 상태, 즉 생명이 스스로 자신을 초월하여 자신을 주재하는 상황을 가리킨다. 그렇지만 이중화되었다는 사실은 생명과 탈생명이 성질상으로 구분되면서 때로는 서로 모순적 충돌을 일으키고 있다는 점을 시사하고 있다. 바로 이런 점에서 이해와 분석의 편리를 위하여 이중적 생명이라는 개념을 사용하고, 그것들을 형성된 시간의 순서에 따라 '제1생명'과 '제2생명'으로 구분하여 부른다.

여기서 소위 '제1생명'이란 자연계가 인간에게 부여한 자재적 생명,

즉 인간과 동물이 공유하고 있는 물종 생명, 본능 생명, 육체 생명을 가리킨다. 소위 '제2생명'이란 인간이 물종 생명의 기초에서 자신이 창조해낸 '자위적 생명', 즉 지혜의 생명, 사회의 생명, 의미의 생명, 영원한 생명 등을 가리킨다. 만약 우리가 전자를 자연에게서 얻어 가진 '종의 생명'이라고 부른다면, 후자를 인간 자체가 창조한 '유적 생명'이라고 부를 수 있겠다.

인간의 종적 생명은 인간의 육체의 본능적 수요와 거기서 생산되는 행위방식으로 표현되는 것이므로, 이것은 눈과 감각으로 직접 감수할 수 있다. 그러나 유적 생명은 인간의 감각에서 은폐된 그런 본질적 존재이고, 생명에 대한 통제와 지배적 역할을 말하는 것인 만큼, 결국은 인간의 전반 생명 활동의 성질, 방식, 특징, 의미로 표현된다. 그러므로 유적 생명은 비록 눈에 보이는 그런 직접적인 양태는 아니지만, 역시 육체적 생명 활동에서 그의 존재와 성질을 감수하고 이해할 수 있는 것이다.

인간 생명의 이중화는 인간의 존재, 인간의 본질, 인간의 생활, 인간의 세계를 모두 이중화시킨다. 여기서 소위 이중화란 양극의 장력 관계로 형성된, 동물에게서는 상상도 못할, 무한히 넓은 생활의 세계와 무한히 풍부한 생활의 내용을 의미한다. 인간은 무형의 존재임과 동시에 유형의 존재이고, 외부세계에 살면서 동시에 내부세계에서 살고 있고, 타인과 공동체적 삶을 유지하면서도 독립적인 개성이 있는 삶을 산다. 인간은 이와 같이 다원성과 다양성을 지닌 생명체이다.

사람들은 흔히 육체적 생명을 중히 여긴다. 왜냐하면, 육체적 생명은 한 번밖에 없는 현실적 존재이기 때문이다. 그러나 인간에게 있어서 그의 종적 생명은 자체만으로는 별 의미가 없고 다만 그것이 제2생명의 기초로 될 때만이 의미와 가치가 있다. 다시 말하자면, 인간의 종적 생명의 가치는 자신에게 있는 것이 아니라 제2생명에 있다.

인간의 무형의 존재는 그의 의미의 존재를 가리키고, 인간의 제2생명은 그의 가치적 생명을 가리킨다. 인간은 무의미한 삶을 살 수 없고, 또 자신의 무형의 본질을 무시할 수도 없다. 그러므로 많은 사람들은 자신의 무형의 생명을 육체적 생명보다 더 중히 여긴다. 만약 친구 모임에서 어떤 사람을 한구석에 내버려 두고 그의 존재를 무시한다면, 그는 자신의 존재 가치가 무시되어 버렸다는 고통을 겪게 될 것이다. 그리하여 많은 사람들은 다른 사람들이 자신의 무형적 가치를 승인하게 하기 위하여 분투와 노력을 다하고, 심지어는 그것을 위하여 육체적 생명마저 바치고 있다. 소위 '삶은 존엄하다'는 말의 참된 의미도 여기에 있다. 이것 역시 인간의 진정한 본질이다.

인간의 제2생명을 생명을 초월한 생명이라고 부르는 이유는, 인간의 제2생명은 다만 물종 생명을 초월하여 제1생명을 지배하고 주재할 뿐만 아니라 물종 생명의 한계를 넘어서서 인간의 유한한 생명을 무한한 경지로 끌고 나간다. 마치 노자가 말한 바와 같이 인간은 '죽지만 영원하다.'[24] 인간의 제2생명의 가치와 의의가 바로 여기에 있다.

어떤 문학자인가 이런 말을 했었다. "생명은 우주에 피어난 제일 아름다운 꽃이다." 생명은 우주에 생기와 활력을 가져다주었고, 또 우주를 아름답게 단장해 주고 있다. 만약 생명이 없었다면 우주는 얼마나 적막하고 쓸쓸했을까? 이것은 우리가 생명의 관점에서 생각하는 우주의 상황이다. 물론 여기서 말하는 생명이란 인간의 제1생명을 가리킨다. 그러나 만약 우리가 생명을 초월한 생명의 각도, 즉 제2생명의 관점에서 본나면, 물종 생명에도 부족한 점이 있는 것이다.

생물의 생명은 자체로 말하면 만족스럽다 말할 수 있다. 그들은 자

---

24) 『도덕경』 33장.

체 순환의 범위에서는 언제나 자신을 위한 존재이고, 또 그것에 만족한다. 그들이 한평생 바삐 서두르며 분투하게 되는 원인은 단 두 가지 일을 하기 위해서이다. 즉, 하나는 배부르게 살기 위해서이고, 다른 하나는 후대를 낳아 생명을 연장하기 위해서이다. 이것 외에 동물은 다른 아무런 목적이 없다. 그러므로 이 두 가지 일을 끝내면 동물들은 모든 일을 끝낸 셈이므로 여유롭게 만족해한다. 소위 적자생존과 약육강식의 진화의 원리도 결국은 동물의 이와 같은 생물 사슬을 유지하기 위해서이다. 그런데 생명은 다만 우주를 '장식'하기 위해 존재하는 것일까? 초생명 혹은 우주 생명의 견지에서 볼 때, 생명의 가치는 그것에 그치는 것이 아니다.

생명은 진화 과정에서 인간 생명을 낳았고, 인간은 자신의 생명 활동으로 생명을 초월한 생명을 창조한다. 이는 인간의 생명이 원래 생명의 폐쇄된 순환 체계를 돌파하여 유적 생명을 구성함으로써 생명으로 하여금 한없이 넓은 무생명의 세계로 끌고 나간다. 유적 생명의 참된 의의가 바로 여기에 있다. 즉, 그것의 인솔과 지배하에 종적 생명은 생명과 무생명 간의 한계를 넘게 되고, 또 그러므로 무생명의 세계는 그들의 잠재적 에너지를 활성화하여 그들로서는 실현할 수 없는 가치를 실현하도록 한다. 이것이 바로 인간의 유적 생명이 짊어진 사명이고, 생명을 초월한 생명이 지니고 있는 참된 의의이다. 이렇게 보면, 인간의 유적 생명은 인격화된 '우주 생명'의 화신이다.

종적 생명은 단일한 생명을 가진 동물에게서는 스스로 생명을 유지하고 번식해 나가는 것만으로도 만족스러워할 일이겠지만 이중적 생명을 가진 인간에게서는 그것만으로는 만족할 수가 없다. 즉, 인간은 끊임없이 자신을 초월하여 유한한 생명으로 무한한 가치를 추구한다. 이것이 곧 인간의 형이상학적 본질인바, 동물을 초월한 인간의 모든 특성과 성질은 바로 여기에서 생겨나게 된 것이다. 동물은 생명 자체를 최종의 목표로 하지만, 인간은 생명에 대한 초월을 최종의 목표로 삼는다. 육체 생명의 수요는 제한되어 있기 때문에 쉽게 만족을 이룰 수 있으나 탈생명적 수요는 무한한 것이기 때문에 언제나 만족할 수가 없다. 그러므로 인간의 발전은 자아에 의한 소멸이나 자연재해가 아니면 영원할 것이다.

인간으로 태어났다면 반드시 탈생명의 의미를 알아야 한다. 만약 우리가 단일한 생명에 입각하여 인간을 이해한다면, 그에게 이성적 동물, 문화적 동물, 부호적 동물 등 특징을 부여할지라도, 그것들은 모두 종적 생명에 대한 장식에 불과하고, 또 인간이 유한한 생명을 초월할 수가 없기 때문에 동물과도 본질적으로 구분될 수 없다. 만약 인간이 현실 생활에서 다만 종적 생명만을 유지하고 장식하고 향수한다면, 탈생명의 영원한 가치를 상실하게 되고 삶의 의미를 잃게 될 것이다. 의미를 잃은 인생은 인간의 본능적 수요가 만족되지 않은 상황이나 자아의식이 결여된 상황에서는 그래도 참고 견딜 수가 있겠지만, 일단 인간이 본능적 수요가 만족되고 자아의식이 형성된 상황에서는 참지 못하게 되고[25] 심지어 살아 나갈 수조차 없을 것이다.[26]

---

25) 정상적인 상황에서 인간 '생명'의 거대한 잠재력은 유한한 것으로서 무한한 것을 창조해내는 데서 표현된다. 인간이 만약 영원한 목표가 없고, 또 정상적인 도경으로 자신의 잠재력을 실현하지 못할 경우, 그들은 다른 도경으로도 잠재성을 표현하게 될 것이다. 그리하여 현재 아무리 단속이 심할지라도 사람들에게 무료함을 풀게끔 하는 불법적인 장소가 많이 생겨나고 있다.

26) 삶의 의미를 잃으면 살아나갈 수 없다는 말은 결코 과장된 표현이 아니다. 1979년, 『중국청년』 제9기에 아래의 보도가 실렸다. 한 텔레비전 방송기자가 깊은 산골에서 가서 어린 소몰이꾼과 인터뷰를 하고 그 내용을 텔레비전 방송에 냈다. 그런데 심각한 것은 이 방송이 14살 나는 어린애의 자살을 초래했다는 것이다.
기자와 어린 소몰이꾼과의 인터뷰 내용은 대략 이러와 같다.
물음: "왜 소를 먹이죠?"
답변: "소를 키우려고요."
물음: "소를 키워선 뭘 할 거예요?"
답변: "돈을 벌어 집을 지어야지요."
물음: "집을 지은 다음에 뭘 할 거예요?"
답변: "장가가서 애를 낳아야지요."

이렇게 뛰어난 존재가 바로 인간이다.

생명의 해방과 인간의 해방

앞에서 이미 언급했던 바와 같이, 동물은 단일한 생명, 즉 물종 생명이다. 그러므로 동물의 본성, 생존 방식과 생활 습성은 모두 자연법칙에 의해 동물로 태어나기 전에 이미 그들이 속하는 종적 생명에 새겨져 있는데, 이것이 바로 유전자이다. 동물은 생명을 얻는 즉시로 그에 상응한 자신의 본질을 얻기 때문에 자신에 대한 디자인이 필요 없다. 고양이를 예로 들면, 그는 태어나자마자 고양이이고 고양이의 본성을 가지고 있다. 그의 행위는 언제나 자체의 선천적 본성을 표현하고 있기 때문에 그에게서는 "고양이로 되는" 문제가 없다.

그러나 인간은 고양이와 달리 이중적 생명을 가지고 있다. 제1생명, 즉 종적 생명은 인간에게 인간이 되기 위한 조건을 지어주고, 또 인간이 될 가능성만 열어준 것일 뿐 인간이 되었음을 의미하는 것이 아니다.[27) 인간이 인간으로 되려면 '두 번째의 생성' 과정을 거쳐 두

물음: "애를 낳아선 뭘 할 거예요?"
답: "애가 커서 소를 키우도록 해야지요."
이 인터뷰 내용은 한 중학교 3학년 학생의 사색을 자아낸다. 그는 어린 소몰이꾼의 생활을 반성해 보면서 자신도 어쩐지 그와 비슷한 인생을 살고 있는 듯 느낀다. 그는 학습 성적이 아주 우월했지만 자신의 미래가 막막했고 삶의 가치가 무엇인지 알 수가 없었다. 결국 그는 자살하며, 부모에게 아래의 유서를 남겼다. "그날 나는 텔레비전에서 기자와 산골의 어린 소몰이꾼의 대화를 보았다. 나는 자신에게 물음을 던졌다. 나는 왜 공부를 하나? 물론 대학 가기 위해서다. 대학 가선 뭘 하나? 좋은 일자리를 찾기 위해서다. 좋은 일자리를 찾아선 뭘 하나? 좋은 아내를 얻기 위해서다. 좋은 아내를 얻은 뒤에는? 그리고 나면 또 아이를 낳고, 공부시키고, 일자리 찾게 하고, 결혼시켜 주고, 늘 이렇게 순환되는 생명뿐이다." 아주 총명한 학생이다. 그는 텔레비전을 보고 동물적인 생명 순환이 인간에게 의미가 없다는 것을 알게 된다. 유감스러운 것은 그 학생은 초월적인 인생의 가치를 자각하지 못했다. 그래서 너무 어린 나이에 본능 생명의 희생이 되었다.

27) 많은 곳에서 발견된 늑대가 키운 애들의 상황은 이 점을 잘 설명해 주고 있다. 이 애들은 비록 인간의 모양(제1생명의 기질)을 가졌지만 늑대들의 습성을 따라 배워 인간성이 없다. 다만 그들이 인간 사회로 돌아와 오랜 기간 개조, 교육, 배양을 거쳐야만 차츰 인간성이 형성된다. 그러나 많은 사례들이 증명하고 있다시피, 그 개조 과정은 너무 어려워서 성공률이 극히 낮다. 보도에 따르면, 1920년과 1932년에 인도에서 늑대가 키운 애와 표범이 키운 애를 발견했고, 1961년에는 유럽에서 곰이 키운 애를 발견했으며, 1975년에는 아프리카에서 사슴이 키운 애를 발견했다고 한다. 그러나 그중 극소수만이 교육을 통해 사람

번째 생명을 얻고 개성과 인격이 형성되어야 진정한 인간으로 등장할 수 있다. 그러므로 고양이는 '고양이가 되는 도(道)'가 없지만, 인간에게는 '인간이 되는 도(道)'가 있다. 즉, 인간은 배우며 노력하면서 인간이 되는 것이다. 이런 의미로 볼 때, 인간이 되는 것은 고양이가 되는 것보다 더 복잡하고 어렵다. 그러나 바로 여기에서 인간의 숭고함과 고귀함이 생겨난다.

피상적으로 보면 어린 고양이도 자라나면서 학습과 비슷한 과정을 겪는다. 그러나 그들의 학습은 고양이가 되고 고양이의 본질을 얻기 위한 과정이 아니라, 이미 지니고 있는 고양이의 본성과 생존 기능을 익숙하게 파악하는 것일 따름이다. 그들은 단일한 생명체로서 생존도구 역시 그들의 몸에 달린 자연적인 기관들이다. 고양이의 학습은 다만 물종이 부여한 날카로운 이빨과 발톱으로 쥐를 잡는 현장에서 익숙하게 사용할 수 있도록 본능을 연마할 뿐이다. 이렇게 볼 때 고양이의 학습은 곧 게임이다. 그는 놀면서 이런 것들을 익숙히 할 뿐 전문적인 학교의 훈련이 필요 없다. 그와 달리, 인간은 이중적 생명을 가지고 있고, 또 생존 도구도 종적 생명으로부터 물려받지 못했고, 생존 기능도 타고난 것이 없다.[28] 인간의 생존 기능에는 인간과 인간, 사물과 사물, 인간과 사물 사이의 관계를 포함한 여러 면의 합리적인 기능들이 종합되어 있는데, 이런 것들은 모두 인간의 본성, 즉 유적 생명에서 파생된다. 그러므로 인간은 오직 유적 생명을 얻어 인간이 되어야만 그 유적 본질에서 그의 생존 기능을 얻어 낼 수 있다. 그러므로 인간에게서는 인간이 되는 방법(道), 일을 하는 방법(道), 생활의 방식

으로 살아남게 되었다고 한다.

28) 종적 생명이 인간에게 부여한 도구(즉, 사지를 포함한 기관들)는 동물적인 것들이다. 물론 인간에게도 이런 것들이 필요하다. 그러나 이런 것들은 인간의 유적 생명의 지배로 그 기능이 발휘된다. 그리고 인간에게 더욱 중요한 생존 도구는 인간이 만들어 낸 몸 외의 도구들이다.

(道), 생존의 방식(道)이 서로 불가분리의 통일적 관계를 가지고 있다.[29]

인간은 반드시 사람됨의 방식을 지켜야 하는데, 이는 또한 인간의 본질이 자각적인 상태에서만이 가능한 자위적 본질임을 말해주고 있다. 인간이 본질은 자연이 부여한 것이 아니기 때문에 그것을 얻으려면 반드시 스스로 추구하고, 배우고, 노력하고, 창조해야 한다. 전통 철학자들의 견지에서 볼 때, 인간은 노력해야만 자신의 본질을 얻을 수 있다는 견해는 이해하기가 어렵고 심지어는 황당한 것일 수도 있다. 그들에게서 인간이라면 응당 본질을 가지고 있어야 하는 것이므로 추구의 대상이 될 수 없다. 즉, 존재 자체가 본질을 의미하기 때문에 본질 없는 존재가 있을 수 없고, 존재하지 않는 것을 추구할 수도 없다. 그러므로 그들에게서 본질을 추구한다는 것은 논리적 딜레마에 빠지는 것이다.[30]

물론 일반적 사물의 경우 그들의 주장은 옳다. 그런데 문제는 인간의 속성이 일반적 사물의 속성과 본질적으로 구분되기 때문이다. 사물의 속성은 물종의 속성이고 물종의 속성이 동물 개체에게서는 이미 선천적으로 규정되어 있다. 즉, 동물 개체가 무엇인가라는 물종의 문제는 이미 자연의 법칙에 의하여 규정되어 있으므로 동물 스스로가 개변시킬 수 있는 것이 아니다. 그러나 인간은 이미 자연으로부터 스스로 결정할 수 있는 권한을 얻었다. 그래서 인간은 자신이 스스로 자신에게 소요되는 생활자료를 생산한다. 이로부터 인간은 물종의 초

---

29) 이 점에서 현재 우리 교육은 많은 문제점들을 안고 있다. 현재 학교 교육이나 가정교육에서 나는 물론이고 모두 인간을 첫 자리에 놓던 우리의 전통에서의 인성 교육을 무시하고 있다. 그 대신 지식, 기능, 기술, 직업 등 방면의 공리성적 도구교육을 우선시하고 있다. 본질적으로 말하자면, 살아나가는 방법만 가르치고 왜 살아 나가는가를 가르치지 않는 것은 물종의 관점으로 인간을 대하고, 인간을 이해하고, 인간을 교육하는 방식이다. 지금 비록 인성 교육이 강조되고는 있지만, 만약 이 중 생명이라는 관점으로 인간을 이해하지 않는다면 그것도 인간 교화라는 교육목적에 도달할 수 없을 것이다.

30) 전통 철학은 아래와 같이 본질을 이해한다. 본질이란 한 사물이 다른 사물과 구분되는 본질적 속성을 가리킨다. 그러므로 어떤 사물이든지 존재하면 꼭 본질이 있게 되고, 심지어 본질은 논리적으로 존재에 선행한다.

월하여 자위성을 가진 자유적인 존재로 등장한다. 인간이 이중적 생명을 가진 존재라는 말은 인간이 우선은 가능성으로 존재하고, 그다음에 자신의 노력으로 참된 본질을 얻는다는 의미이기도 하다.

인간 전체를 대상으로 보면, 인간이 인간으로 되기까지는 상당히 긴 역사 과정을 거쳤다. 상당히 긴 과거의 역사 발전단계에서 인간성은 현재와 같이 충분하고 선명하게 드러나 있지 않았다. 그러므로 물종의 관점 위에 세워진 선행 본질론도 역사적 근거가 없는 것은 아니다. 그러나 인간이 발달하여 물종을 초월한 본질이 충분히 과시되고 있는 현재, 선행 본질론은 이미 낡은 관념이 되어 버렸으므로 그것을 부정할 충분한 조건이 주어져 있다.

그렇기 때문에 현대의 철학 관념은 전통적 철학 관념과 완전히 구분된다. 현대에 와서 많은 철학학파들이 비록 인간에 대한 주장들이 서로 다르지만, 그 어느 학파든지 더 이상은 인간을 사물과 동질적인 것으로 보지 않는다. 그중 대표적인 사례가 실존주의철학인바, 선행 본질론에 대한 부정을 논리적 전제로 삼는다. 사르트르(Jean-Paul Sartre, 1905~1980)는 전통관념을 부정하면서 아예 "존재가 본질에 선행한다."는 명제를 제기한다. 그는 인간은 먼저 존재하고, 출현하고, 등장하고 난 뒤에 자신에게 정의를 내린다고 주장한다. 그의 논리에 따르면 인성과 물성은 완전히 다른바, 인간성은 자연에서 부여받은 것이 아니라 매 개인이 자유로 선택하여 스스로 결정하는 것이기 때문에 매 개인은 응당히 자신의 행위에 완전히 책임져야 한다는 것이다. 현대인의 이념을 담은 이런 주장들은 한때 중국의 젊은이들에게 많은 영향을 미쳤다.[31]

---

31) 사르트르의 학설이 중국의 청년들에게 그렇게 큰 충격을 주었던 원인은, 오랫동안 중국인의 관념은 '선행 본질론'이라는 전통철학에 머물러 있었기 때문이다. 사람을 평가할 때나 관리 집단을 모집할 때, 먼저 혈통과 가족사를 보고 그에 따라 판정한다. 즉, 한 사람의 본질이 마치 자신과 관계없이 출신, 즉 할아버지

사르트르는 비록 인간과 사물의 구분을 명확히 알고 있었지만, 인간의 이중 생명 본질을 이해하지 못했기 때문에 "존재가 본질에 선행한다."라는 명제를 내놓고도 합리적으로 해석하지 못했다. 즉, 그는 본질에 선행하는 존재를 허무로, 개인의 주관적인 것으로, 말할 수 없는 것으로 해석한다. 그리고 그는 인간의 보편적인 본질이란 존재하지 않고, 매 개인이 자신의 독특한 선택성과 자유성에 의해 그가 원하고 바라는 것에 의하여 본질이 형성된다고 본다. 여기서 그는 개인의 자유는 과대평가되고 사회와 역사의 제약성에 대해서는 너무나 부정적인 의미만 강조한다.[32]

이중 생명의 입장으로 볼 때, 존재가 본질에 선행한다는 것은 아주 자연스러운 일이다. 그러나 사르트르가 이해하는 바와 같이 선행하는 존재에 아무런 본질도 없는 상황은 결코 있을 수가 없다. 다만 그것이 인간의 완전한 본질이 아니라 종적 생명의 본질일 따름이다. 물론 종적 생명과 그 본질은 인간 생명과 본질의 일부를 구성하고 있고, 또 인간의 전면적 본질 형성에 기초와 전제로 되어 있다. 그리고 인간의 개성은 종적 생명 위에 유적 생명이 이루어져야만 형성될 수가 있다. 헤겔의 이해에 따르면, 인간은 영혼으로부터 본질을 얻어 인간이 된다. 그런데 사실 인간이 인간 자신을 창조하는 과정에서 실체적 육

와 아버지의 신분에 의해 결정된다는 것이다. 우리 사회에 다음과 같은 말이 유행한다. "용은 용을 낳고, 봉황은 봉황을 낳고, 쥐의 새끼는 구멍을 뚫을 줄 안다." 이 관념은 1960~1970년대 문화대혁명 시기에 절정을 이룬다. 그때, 사람들은 모두 신분에 의하여 노동자, 농민 등 '붉은 다섯 종류(紅五類)'와 지주, 부농 등 '검은 다섯 종류(黑五類)'로 나뉘었다. '붉은 다섯 종류'의 자녀들은 '혁명의 계승자'로서 '홍위병 전투부대'를 조직했지만, '검은 다섯 종류'의 자녀들은 보지도 못한 할아버지가 지주나 부농이라서 '개자식'으로 불렸고 연루되어 차별받아야만 했다. 수십 년간 출신이 나쁘다는 이유 때문에 재능이 있고 똑똑해도 인재로 등용되지 못한 사람이 부지기수이다. 현재, 우리는 이미 사람을 평가하는 척도가 달라졌다. 그러나 전통 철학 관념은 아직 그 뿌리가 남아 있다. 예를 들자면 고급관리의 자녀들은 아직도 특권을 향유하고 있다. 이런 것들이 사르트르의 철학이 유행될 수 있었던 사회문화적 배경이다. 사르트르의 학설은 아직도 정통적 철학자의 긍정적인 평가를 받지 못하고 있다. 중국의 주류 철학은 "존재가 본질에 선행한다."는 관점을 부정하고 있다.

32) 『사르트르, 휴머니즘으로서의 실존주의』, 상해역문출판사, 1988 참조.

체 생명은 기본적인 조건이다. 이것이 바로 본질에 선행하는 존재이다.

선행적 존재에도 그에 상응하는 종적인 본질이 있다는 것은 결코 본질이 존재에 선행한다는 전통적 관념을 반복하는 것이 아니다. 여기서 참된 인간의 본질은 그의 자위적 본질을 가리키는데, 이 자위적 본질은 갑자기 하늘에서 떨어진 것이 아니라 종적 본질이 발전되어 형성된 것이다. 그런데 문제는 종적 본질이 자위적 본질로 발전하고 변화하면서 원래 물종의 본질과 전혀 다른 본질을 창출하기 때문이다. 전통적 관점의 문제는 인간의 본질을 다만 한 가지 양식, 즉 물종의 본질만을 주장하는 데 있다. 그리고 본질은 영원히 불변하는 것으로 이해하기 때문에 물종의 본질이 자위적인 본질로 변화되었다는 점을 전혀 이해하지 못하고 있다.

본질 선행론의 근본은 경직된 본질 관념이다. 우리가 종적 본질로부터 자위적 본질로 관념을 바꾸는 것은 결코 본질이라는 관념을 부정하려는 것이 아니라 경직된 본질 관념에서 벗어나려는 것이다. 그렇다면 자재적 본질로부터 자위적 본질로의 변화는 도대체 무엇을 의미하는 것일까?

자위적 본질은 생명체의 자아창조의 결과물이므로 그것은 물종 본질의 고정된 틀을 타개하고 생명 활동을 자신의 주체성과 자유성을 발휘하는 과정으로 전환시켜 놓는다. 다른 한편 자위적 본질은 또한 생명 활동에 목적성을 부여하고, 자신의 본질을 추구하는 가치성을 확립하게 된다. 그러므로 이러한 변화는 사실상 물성으로부터 인성으로의 비전을 의미한다.

철학에서의 주체, 자유, 목적, 가치 등 개념들은 최초에 모두 인간의 생명 활동의 자위적 본질을 표현하기 위해 사용되었던 것들이다. 이른바 주체란 인간이 스스로 자신의 생명을 주재한다는 의미이다.

즉, 인간은 생명의 본능에 끌려 다니는 동물과는 달리, 자신 생명의 주인이 되어 스스로의 삶을 지배하는데, 이것이 바로 인간 주체성의 최초의 의미이다. 이런 의미에서 볼 때, 주체성이 바로 자위성이다. 인간이 본능 생명의 지배에서 벗어날 경우, 그의 생명 활동은 그가 주재하는 의식적인 활동으로 되고, 물성을 초월한 가치를 추구하게 되는데 그것이 바로 인간의 목적성이다.

인간이 생명활동을 주재하는 직접적 목적은 생존의 욕구를 만족시키는 것이다. 그러나 인간의 생존은 이미 동물식의 본능적 생존이 아니라 물종을 초월한 자위적 생존인바, 이것을 인간의 '삶'이라고 부른다. 물론 생활은 생존을 토대로 하지만 단순한 생존과는 달리 삶의 의의를 목적으로 삼아 추구한다. 그렇다면 인생의 종국적인 의의와 목표는 무엇인가? 물론 인간의 욕구와 추구는 다양하다. 그러나 결국에 가서 인간이 인간으로서의 욕구는 하나의 목표로 귀결되는바, 그것이 바로 인간이 되고, 인간의 본질을 완성하고 인간다운 삶을 사는 것이다. 이것이 인간의 최고의 욕구와 추구이고 또 최고의 의미와 가치 목표이다. 가치라는 개념은 인간이 인간으로서 추구해야 할 의의와 본질을 가리킨다. 그러므로 가치관은 언제나 인간 생활에 지배적 역할을 한다.

가치 목표가 있으므로 하여 인간의 생명활동은 동물의 생존활동과 근본적으로 구별되고, 스스로의 본질을 창조하고 완성하는 그런 자각적인 생존활동으로 변화된다. 스스로 자신의 본질을 창조하고 완성하고 자신의 목적을 실현해 나가는 이것이 바로 동물의 필연성과 구분되는 인간의 자유성이다.

이상에서 볼 수 있듯이 위 개념들의 최초의 의미는 모두 인간 본질의 창조와 연관된 것들이다.

자아 개성의 창조

생명은 모두 개체의 형태로 존재하고 생명체는 모두 독립된 실체로 표현된다. 생명의 실존 형태로 볼 때, 인간은 동물과 마찬가지로 하나 하나의 부동한 생명체로 표현된다. 그러나 인간과 동물은 생명 본질 이 근본적으로 구분되기 때문에 그 개체의 성질과 형식도 근본적으로 구분된다.

동물의 생명 개체는 물종 본성의 개별적 존재 형태인바, 부동한 개 체 사이에는 실체 차이가 있을 뿐이고 개성 차이는 없다. 반대로, 인 간은 개성을 가진 존재로서, 개인 사이에 실체 차이뿐만 아니라 성질, 재질, 성격, 특성의 차이도 있다. 다시 말하자면, 개체로서의 인간은 서로가 모두 구분되는데, 개체에게서 표현되는 인간성의 내용과 형식 도 아주 큰 차이를 보여 주는데, 이것이 바로 인간의 개성이다.

개성에는 개체 생명으로서의 독특한 창조성이 포함되어 있는데, 그 것 또한 자위적인 본질을 지닌 생명체만이 갖고 있는 것이다. 예컨대 고양이를 동물 일반으로 볼 경우, 고양이도 개체로서 서로 구분되기 는 하겠지만, 그것은 다만 이 고양이와 저 고양이, 검은 고양이와 흰 고양이, 큰 고양이와 작은 고양이, 건장한 고양이와 나약한 고양이로 구분될 뿐, 고양이라는 종적 본질의 개별적 차이, 창조나 발전이라는 것도 있을 수 없기 때문에 근본적 차이가 존재하지 않는다. 이와 같 은 실체의 형태적 구분은 개체의 차별이지 개성의 차별이 아니다.

그러므로 인간에게 개성이 있다는 것은 인간의 자위적 본질이 인간 의 유석 본질임을 시사하고, 인간의 유적 본질은 모든 개체에서 표현 되고 결국에는 개체 생명의 창조적 활동에서 생겨나게 됨을 의미한 다. 이런 의미에서 볼 때, 인간의 개성은 인간의 유직 본질을 결성한다. 인간의 개체 생명이 창조성을 발휘하면 할수록 인간의 개성은 더욱 다양하게 전개되고 인간의 유적 본질도 더욱 풍부해지고 충실해진다.

인간성과 물성(즉, 종의 본질)의 구분도 여기에 있다. 종적 본질은 자연에 의해 이미 결정되어 있는 것이기에 상대적으로 변화 없는 고정성, 보편성과 동일성을 띠고 있다. 반대로, 인간성은 인간의 자위적인 것이므로 역사적인 변화와 내적 차별의 다양성을 띠고 있다.

인간성과 물성의 구분은 그것들이 개체와의 관계에서도 근본적인 차이를 초래한다.

종의 본성과 그것이 귀속되어 있는 개체생명은 완전히 하나의 통일체를 이루고 있다. 동물의 종의 본성은 독립된 존재가 아니고 자체로의 독특한 형태도 없으며 다만 그것이 귀속되어 있는 개체 생명에 존재하고 표현된다. 다시 말하자면, 종의 본성은 그의 개체 생명들에게 골고루 분포되어 있고, 또 모든 개체들은 모두 그것들이 속하는 종의 본성을 전부 표현하고 있다. 그리하여 동물계의 상황은 아래와 같다. 즉 한편으로 개체로서의 동물은 완전히 종의 본성의 통제를 받으므로 스스로의 독특한 개성이 없고, 다른 한편으로는 또 그러므로 그들은 종적 활동을 할 수 있는 독립적인 능력을 가지고 있다. 즉, 동물은 개성의 자유는 없으나 개체 생명의 독립성은 지니고 있다는 것이다.

그러나 사람은 동물과 다르다. 인간의 본질은 그의 개체 생명과 직접 통일되는 것이 아니라, 통일되면서도 분리된 상태를 이루고 있다. 이 점으로 볼 때, 인간성의 핵심을 이루면서 그것을 표징하는 유적 본질은 종적 본질과 전혀 다르다. 종적 본성은 자연계가 개체 생명에게 부여해 준 존재의 성질이므로, 그것은 개체 생명을 떠나 존재할 수 없다. 그러나 인간의 유적 본질은 인간의 생명 활동에 의해 후천적으로 창조된 것이므로 개체 생명을 떠나 존재할 수 있을 뿐만 아니라, 사회문화 시스템으로 작동되어 자신만이 고유하고 있는 존재형태, 즉 사회적 유전자 시스템을 구성한다. 그러므로 인간의 유적 본질은 생명 개체에 내재해 있으면서도 외재해 있고, 또 그러므로 개체 생명으로 체현되면서도 그것에 초월되어 있다.

바로 이렇기 때문에 인간 개체는 종적 생명을 가진 뒤에도 다시금 태어나야 하는데, 그것이 바로 스스로 노력하여 사회문화 시스템에서 인류 역사로 축적되어 온 유적 본질을 흡수하여 원만한 인간성을 이루어 내는 것이다. 이런 방식으로 개인이 유적 본질을 성취할 경우, 그 결과가 매 개인에게 모두 꼭 같을 수는 없을 것이다. 다시 말하면, 개체 동물은 그의 종적 본질을 완전히 점유하지만, 인간은 그의 유적 본질을 전부 점유할 수 없다는 것이다. 개체 생명과 유적 본질이 분리되어 있으므로 인간은 개성을 창조할 수 있는 자유의 공간을 갖게 되고, 또 그러므로 하여 개체와 개체, 개체와 유 사이의 의뢰적 관계가 강화된다. 인간과 동물을 비교해 볼 때, 동물은 개체의 독립적 생존 능력이 강한 반면 개성의 자유가 없지만, 인간은 개성의 자유가 충분히 강화되는 반면 개체의 독립성이 약화된다. 그러므로 인간은 동물과는 달리, 개체의 생명들이 서로 융합되어 공동체를 구성해야 한다. 인간은 선천적으로 유적 존재인데, 이를 습관적인 말로 사회적 존재[33]라고도 한다.

인간은 이중적 생명, 이중적 본질을 가지고 있는데, 동물의 종적 본성이 유전성을 가지고 있는 것과 비슷하게, 인간의 유적 본성도 계승적 관계를 가지고 있다. 이렇게 볼 때 인간의 본성은 두 개의 시스템으로 구성되어 있는데, 그 하나는 종적인 생명과 종적 본성을 이어받는 시스템이고, 다른 하나는 유적 생명과 유적 본질을 이어받는 시

---

33) 뒤에서도 언급하겠지만, 동물들도 '무리'로 생존하는 경우가 있다. 그러나 이 '무리'는 '유'와 전혀 다르다.

스템이다. 그러나 이 두 계승의 시스템은 같지 않은 성질과 메커니즘을 가지고 있다.

인간에게서 종 생명의 계승은 동물의 유전과 마찬가지로 물종의 법칙을 따르는 것인데, 이 법칙은 인간에게 고정되고 보편적인 성질을 부여한다. 그러나 인간의 유적 본질은 역사적 창조의 축적으로 이루어져 사회문화의 시스템으로 계승의 역할을 이루어낸다. 이 시스템은 인류사회발전의 법칙을 따르는데 그 규정성은 가변적, 역사적, 민족적 성격을 띠고 있으므로 부동한 시대에 부동한 민족이 창조해낸 유적 본질도 부동한 성격을 띠게 된다. 그런데 문제는 인간이 이 두 가지 시스템의 계승에 의하여 인간성이 이루어지기 때문에, 이 두 유전자의 독특한 결합이 인간과 동물, 인성과 물성의 구분을 결정지어 주고, 인간과 인간 사이 개성 차이의 역사적 원인과 현실적 근거를 제공해준다.

종 생명과 유 생명의 계승 방식은 고인 물과 흐르는 물로 비유될 만큼 그 차이가 크다. 인간의 종적 본질의 공통성과 안정성은 다른 동물과 마찬가지이고, 그 차이는 다만 선천적 유전자에 의해 결정되는 것이므로 인간은 선택의 여지가 없이 자연의 통제를 받는다. 유적 본질은 이와 다르다. 즉, 개별적 인간들에게서 유적 본질의 내용과 표현방식은 상당한 차이가 있는바, 심지어 그 차이는 하늘과 땅 차이만큼 크다고 말할 수 있겠다.

유적 본질이 인간성의 역사적인 축적으로 이루어지는 이상, 인간과 인간의 구분은 우선 유적 본질의 역사성에서 비롯된 것이라고 말할 수 있겠다. 예를 들어 원시인, 고대인과 현대인은 모두 인간이기에 마땅히 사람이라고 불러야 하지만, 이들 사이의 차이는 매우 크다. 이것이 바로 역사적 축적의 차이이다. 헤겔이 이미 언급했었던 바와 같이, 현대인과 고대인의 차이는, 우리는 고대인의 역사를 가지고 있지만 고대인들은 우리의 역사를 가지고 있지 않다는 데 있다.

　인간과 인간 사이의 중요한 구분은 또한 민족 문화전통의 차이에서 유래된다. 인간은 자고로 여러 지역에 갈라져 집단생활을 해왔고, 또 여러 원인으로 문화전통의 지역적 차이가 형성되면서 민족에 따른 인간성의 차이를 구성하고 있다. 예를 들어 중국인들은 어디 가나 조금만 접촉하면 중국인임을 알 수가 있다. 왜 그럴까? 그것은 우리의 언행, 습관, 품성, 소질, 풍격 등 이런 것들 속에 이미 서양과 다른 중화민족의 문화전통으로 규정된 사람됨의 원칙과 행위 규범이 담겨 있기 때문이다. 중국인에게 전통적 문화는 이미 피와 뼈 속까지 스며들어 있기 때문에 중국인이라면 그 문화 전통의 영향을 벗어날 수가 없는 것이다.

　이렇게 볼 때, 개인의 선택은 많은 여건의 제한을 받게 된다. 한 사람이 어떠한 역사시기에 어떠한 민족 지역에서 사느냐에 따라 그에 상응한 문화전통의 영향을 받게 되고, 또 그로써 인간성의 양태가 결정되는 만큼 여기에는 개인이 선택할 여지가 없다. 누구나 가정환경, 교육환경, 사회환경, 기회와 같은 것들은 마음대로 선택하거나 통제할 수가 없다. 특정한 사회환경과 유적 생활 조건의 제약을 받으면서 우리들은 자신의 자유를 누리고 있다. 인간은 유적, 사회적 존재이기 때문에 유적, 사회적 제약을 받지 않을 수가 없다.

　그러나 다른 한편으로, 일단 우리가 개체 생명의 각도로 문제를 볼 경우, 한 사람이 어떤 사람이 되느냐에는 선택 자유의 공간이 매우 크다. 위에서 언급했었던 바와 같이, 개인의 생명과 유적 본질은 서로 떨어져 있는 관계이다. 그러므로 인간은 자신의 본질(유적 본성과 개성)을 선택할 자유가 있다. 필경 인간에게서 유적 본질은 종적 본질과는 달리 일방적이고 강제적인 규정이 아니라 서로 선택의 관계이므로 개인에게 선택의 주동권이 있다. 동등한 유적 본질을 전제로 하지만 개인이 얻어 가지게 되는 인간성은 성질이나 양의 정도가 많이 다른데, 이는 개인이 받은 교육의 정도(가정교육, 환경교육, 학교교육, 사회교육), 그리고 자발성의 발휘(개인의 노력 정도, 태도와 창조성의 발휘)와 밀접한 연관을 가지고 있다. 다시 말하자면, 한 사람의 개성이 형성되는 과정에서 그가 어떤 사람으로 되느냐 하는 문제는 상당한 정도로 개인의 자유적 공간이 있으므로 그 주요 책임도 결국은 자신에게 있다는 것이다.

그뿐만 아니라, 우리가 한층 더 깊이 연구해 보면 알 수 있는 바와 같이, 인간의 유적 본성은 개인 생명의 창조적 활동에서 생겨나는데, 사실 흐르는 물의 원천인 개인 생명의 자유성도 결국은 유적 본질의 내적 규정성과 본질적 요구에서 비롯되는 것이다. 유적 본질은 개체의 다양성을 기초로 하고, 또 근본적으로 개체들의 개성 있는 창조를 요구한다. 개체의 자유성과 창조성은 인간의 본성이므로, 본질 속에 고유한 것이지, 어딘가 밖에서 얻어 오게 되는 것이 아니다.[34]

결국 인간의 모든 것은 근원적으로는 개체 생명의 창조적 활동에서 생겨나게 되고, 또 그 결과도 개체 생명의 활동으로 귀결된다. 우리가 늘 말하는 인간의 발전, 인류사회의 변화, 인류역사의 진보는 결국 마르크스가 말한 바와 같이 "그들이 의식하고 있든 없든

---

34) 이런 의미에서 볼 때, 자유는 인간의 본성에 있는 것이지 어느 '권위'가 인간에게 은혜를 베풀어 내려 준 것이 아니다. 인간의 자위성이라는 것도 결국은 자유성의 별명이다. 물론 자유의 구체적 함의는 역사적인 것이어서 인간성이 승화되고 완성되어 감에 따라 확충되는 것이다. 인간의 본성은 언제나 부정적인 방식으로 자신을 긍정하고 있기 때문에 인간성도 소외될 수 있고, 그 소외의 상태에서는 인간의 자유가 잠시 박탈될 수도 있다. 그러나 박탈당한 것은 박탈당한 것일 뿐이고 인간성이 유린당한 상태일 뿐인 만큼, 박탈당한 것은 되돌려 받아야 하는 것이므로 인간에게는 언제든지 자유를 찾을 권리가 있다. '구세주'로 자청하는 어떤 자들은 백성에게서의 자유라는 것은 자신이 베풀어 주는 것이라고 여긴다. 그러므로 그들은 자신에게 백성들에게 뭔가를 빼앗거나, 제한하거나, 주거나 하는 권리가 있다고 생각했고, 자유의 권리는 다만 자신들에게만 있어 마음대로 쥐고 흔들 수 있다고 여겼다. 현대 문명인으로서의 우리는 응당히 이런 관념들이 특정한 역사 시기에 형성된 노예주와 봉건주의 낮은 의식임을 명백하게 알아야 한다.

모두 그들 개체의 역사이다."35)

이런 맥락에서 볼 때, 사르트르의 견해는 기본상 옳은 것이다. 인간과 동물, 그리고 유적 본질과 종적 본질의 구분으로부터 볼 때, 인간은 자신이 무엇으로 되겠는가를 선택할 자유가 있다. 특히 오늘날 이 관점을 강조하는 것은 숙명론을 벗어나기 위해서나 개인 생명의 창조성을 발휘하기 위해서나 모두 의미 있고 필요한 것이다. 바로 그렇기 때문에 새로운 청년 세대들이 사르트르를 좋아했던 것이다.

이른바 개체 생명이 개성을 창출해낸다는 것은 구체적으로 말하자면 매 개인이 자아를 창출한다는 의미이다.

자아와 자아의 실현

인간에게서 자아는 아주 간단해 보인다. 주지하고 있는 바와 같이, 누구나 모두 '나'이고, 그의 자아이다. 그러나 사실 자아는 아주 복잡하고 해석하기 어려운 개념 중 하나이다. 다시 말하자면, '나'는 우리의 생활 경험에서 명확히 의식되어 있는 것이기도 하지만, 또 제일 불확실하고 파악하기 힘든 것이기도 하다.

오늘의 나와 어제의 내가 다르고, 또 내일의 나 역시 변화되어 갈

---

35) 『마르크스 엥겔스 전집』 27권, 인민출판사, 1972, p. 478. 사람들은 흔히 마르크스가 사회만 중시하고 인간을 중시하지 않고 특히 개인을 무시하는 것으로 여기고 있다. 그래서 마르크스가 인간에 대한 논술이라면 우선 『포이어바흐에 관한 테제』에서 말한 "사회적 관계의 총합"이라는 관점을 끌어낸다. 그런데 사실 이는 옛 소련과 중국의 철학 교과서가 사람들에게 남긴 인상 때문이다. 사실 전통적 교과서에서 '사회'로 '개인'의 작용을 대체한 데는 정치적 의도가 들어 있었다. 왜냐하면 이래야 인격화된 권력의지와 강권 정치를 앞세울 수 있기 때문이었다. 그런데 마르크스의 저서를 잘 읽어 보면 이것이 마르크스에 대한 오해임을 알 수가 있다. 물론 마르크스가 '사회'를 강조하는 것만은 사실이다. 그러나 마르크스에서의 사회는 인간이 주체인 사회이고, 그에게서의 인간은 살아 움직이고 있는 현실적인 개인들이다. 마르크스는 이 점을 많이 강조했다. 아래의 말은 그의 사상을 더욱 명쾌하게 표현해 주고 있다. "역사는 아무 일도 하지 않았다. …… 이 모든 것을 창조하고, 이 모든 것을 소유하고, 이 모든 것을 위해 싸우는 것은 '역사'가 아니라 인간, 즉 현실적으로 살아서 움직이는 인간이다. '역사'라는 것은 자신이 목적을 달성하기 위하여 인간을 도구로 삼는 그런 특수한 인격이 아니다. 역사는 자신의 목적을 추구하는 인간들의 활동에 불과한 것이다." 『마르크스 엥겔스 전집』 2권, 인민출판사, 1957, pp. 118-119.

것이다. 그렇다면 어느 내가 참된 나일까? 그릇되고 어리석은 일을 하고 난 뒤에 나는 늘 자신을 후회하고 미워한다. 그러나 어떤 일에 성공할 때면 나는 언제나 자신을 칭찬해주고 격려해준다. 그렇다면 이 중에서 어느 것이 참된 '나'인가? 사회학적 관점에서 볼 때, 나라는 것은 일종의 배역인데, 그것도 하루에 수차례 변경되는 배역이다. 집 문을 나서 버스를 타면 승객이고, 회사 문을 들어서면 사장이나 직원이고, 집으로 돌아와 겨우 이런 탈들을 벗어 버리고 나면 또 가족의 탈을 써 부모, 자식, 부부의 책임과 의무를 져야 한다. 그렇다면 참된 '나'라는 것이 있는가? 있다면 어디에 있는가? 사람들은 이런 문제에 부딪치면 늘 사색의 단서를 잡지 못하면서 곤혹을 느끼게 되고, 심지어 많은 사상가들조차도 머리를 조아렸지만 확실한 답안들을 찾기 어려워한다. 자아의 문제가 바로 인간의 문제이고 스핑크스의 비밀이다.

나라는 개념은 이중적 의미를 가지고 있다. 우선 그것은 육체적 생명의 본체를 가리키는데, 무릇 생명 유기체는 모두 자기중심적 존재이다. 이런 의미로 볼 때, 모든 독립적인 생명체는 모두 실체로서의 '나'이고, 모든 동물체들은 그들의 행위를 지배하는 결집 중심이 있는데 그것을 생명의 '자아성(自我性)'이라 한다. 이런 자아성은 사실상 생명의 본능이고, 동물에게서 본능은 완전히 무의식적인 것이기 때문에 그 나를 '본능적인 나'라고도 한다. 우리가 일상적으로 사용하고 있는 '나'는 이런 무의식적인 본능을 가리키는 것이 아니라 인간만이 소유하고 있는 자각적인 의식을 가리킨다. 인간과 동물 사이의 근본적 구분의 하나가 바로 인간에게 자아의식이 있다는 것이다. 인간에게서의 자아성은 의식된 자아이고, 그리고 의식된 자아성은 생명 본능을 초월해 있기에 자아라고 한다.

과거에 사람들은 흔히 이 파악하기 어려운 '나'를 설대적 일원론 철학으로 사고해 왔다. 즉, 자아의식 가운데서 절대적 동일성과 확정성을 지닌 '나'를 사고해 왔다. 그들의 견해에 따르면, 나와 나는 언제나 자아동일성을 유지해야 한다. 나라는 존재가 아무리 다양하고 변화가 많다 하더라도 그 모든 것이 동일한 나의 차이와 변화라고 의식하면서 결국은 나를 자아의식의 동일성으로 귀결시킨다. 이것이 바로 19세기 전에 많은 사람들이 나를 이해했던 방식이었다.[36] 그 뒤 철학 관념의 변혁과 아울러 사람들은 자아라는 것이 동일성과 비동일성을 겸비해 있다는 점을 차츰 이해하게 된다. 즉, 모순의 관점으로 '나는 내가 아닌 나이다.'라는 이해가 보편화되면서 나를 더 이상 단순히 변화 없는 동일성으로 이해하지 않고 있다.

현대 철학자들은 나의 추상적 통일성을 부정하면서 내가 복잡한 구조를 가지고 있다는 점을 지적한다. 현대 심리분석학파의 창시자인 프로이트(Sigmund Freud, 1865~1939)는 자아를 "본능적 자아 − 자아 − 초월적 자아"라는 삼중적 모순 구조의 이론을 제시했었다.[37] 프로이트의 학설은 자아에 대한 현대 철학자들의 기본 입장을 잘 보여 주고 있다.

나에 대한 이해는 인간에 대한 이해와 마찬가지로 그 어려움이 인간 생명의 초월적 본질을 이해하는 데 있다. 단일한 생명을 가진 동물에게서는 이러한 문제가 존재하지 않는다. 왜냐하면 그들의 생명에는 단 하나의 중심만이 존재하는데 그것이 바로 본능적 자아이다. 그들

---

36) 자아를 단일하고 변함없는 하나의 동일성으로 보는 이런 견해는 물종의 관점으로 사람을 이해하는 철학 사유방식의 결과라고도 할 수 있다. 물론 과거 철학자들이 자아의식을 긍정한 데는 문제가 없는 것이다. 그러나 그들은 인간에게서의 '나'라는 것이 생명 본능을 초월해 있기 때문에 절대적인 동일성이 이루어질 수가 없다는 점을 이해할 수 없었다. '비통일성'도 '아성'에 속해 있고, 인간성으로서의 나의 근본이기도 하다.

37) 프로이트의 견해에 따르면, 자아는 세 개의 부분으로 구성되어 있다. 첫째 부분은 '본래의 자아'이다. '본래의 자아'는 가장 원시적이고 무의식적인 심리 요소로서 유전적 본능과 욕망으로 구성되어 있다. 둘째 부분은 '자아'이다. '자아'는 외부의 세계가 지각 의식을 매개로 직접 영향을 주는 '본래의 자아' 부분을 가리키는데 이성과 상식을 가리키기도 한다. 셋째 부분은 '초월적 자아'이다. '초월적 자아'는 인간성에서 고급적이고 초월적인 요소, 즉 이상이나 양심적인 부분을 가리킨다. 프로이트는 이 세 부분이 늘 모순되는데 그중 '본능적 자아'의 역할이 가장 기본이라고 여긴다.

에게서는 자아와 자아 사이에는 모순이 없다. 그러므로 인간에게서 자아의 비밀은 이 중 생명의 초월적 관점에서만이 이해되고 파악될 수 있다.

앞에서 언급되었던 이중적 생명 혹은 이중적 본성이라는 것은 사실 현실 속에서는 주로 인간의 자아적 본성으로 표현된다. 그러므로 현실에서의 모든 인간은 이중의 자아를 경험한다. 그중 하나는 본능적 자아(동물의 종적 생명 활동의 본능 중심)이고, 다른 하나는 유적 자아(개인이 유적 존재로서의 인간성을 구성하고 있는 중심)이다. 인간은 이중 생명을 가지고 있기 때문에 이중의 자아가 있다는 것이다. 그리고 이 이중의 자아는 성질이나 수요가 다르기 때문에 늘 모순 충돌을 일으킨다. 이 모순 충돌은 아동의 성장기에 아주 심화되고, 성인이 된 뒤에도 다소 완화되긴 하였지만 완전히 사라지지 않고 존재한다. 그러나 개인에게 있어서 모순과 충돌 가운데 있는 이중적 자아는 진정한 자아가 아니다. 그에게서 진정한 자아란 이 모순되는 이중적 자아가 차츰 화합을 이루어 형성된 자아이고, 자체의 생명활동을 주재하면서 개성을 창조해내는 그 자아이다. 그러므로 이 진정한 자아는 인격적 자아 혹은 개성적 자아라고도 한다. 여기서 볼 수 있는 바와 같이, 인간에게서 자아는 모순성과 동일성을 겸비한 삼위일체의 복잡한 구조를 가지고 있다.

인간에게서 생명의 본능적 욕구와 유적 본성의 욕구는 모두 필수적인 것이기에 꼭 만족시켜야 한다. 물론 이 양자 사이에는 모순도 있다. 그러나 정상적인 사람은 누구나 이 모순의 해결 방안을 모색해낸다. 만약 그렇지 않을 경우 인간의 정신은 무너지게 될 것이다. 소위 인격적 자아란 본능적 자아와 유적 자아의 모순갈등이 잘 조절되어 형성된 안정된 행위방식이고 목적 중심이다. 자아 모순의 구조는 아주 다양하다. 그러므로 사람마다 모순을 해결하는 방식도 많이 다르고 개성적 자아의 차이가 생기는 것이다.

사람은 태어나 종적 생명을 얻음으로부터 시작하여 자아 인격을 확립할 때까지 학습과 성장의 기나긴 과정을 거치게 된다. 그리고 인간은 인격이 확립된 후에도 생명의 창조성을 발휘하여 자아의 내포를 더욱 풍부히 하고 자아의 가치를 실현함으로써, 제한된 생명으로 영원한 의미를 추구해 나간다. 바로 이렇게 배움을 통하여, 풍부한 자아를 창조해 나가는 과정이 인간의 인생인 것이다. 사람마다 인생은 완전히 같을 수가 없고, 누구나 삶의 방식이 있다. 그러나 모든 인간이 상이한 방식으로 완벽한 자아를 추구하고 창조한다는 점에서는 누구나 마찬가지이다.

우리나라 고대 위대한 사상가인 공자는 『논어·위정편』에서 자신의 일생을 총결했었다. 물론 그가 언급한 것은 다만 자신의 발전 단계이지만, 그것 또한 인간이 성장되어 가면서 거쳐야 할 필요한 발전단계가 무엇인가를 잘 말해주고 있기에, 오늘날 우리가 인생을 이해하는 데 많은 도움이 될 것이다. 그의 말은 아래와 같다.

> "나는 나이 열다섯에 학문에 뜻을 두었고, 서른에 뜻을 확고하게 세웠으며, 마흔에는 미혹되지 않았고, 쉰에는 하늘의 명을 깨달아 알게 되었으며, 예순에는 남의 말을 듣기만 하면 곧 그 이치를 깨달아 이해하게 되었고, 일흔이 되어서는 무엇이든 하고 싶은 대로 하여도 법도에 어긋나지 않았다(吾十有五而志于學, 三十而立, 四十而不惑, 五十而知天命, 六十而耳順, 七十而從心所欲不踰矩)."

물론 공자에게는 자아라는 개념이 없었고, 또 그의 인생 발전단계에 대한 이해도 그 시대적 함의가 들어 있어 오늘날 우리가 이해하는 것과는 다르다. 그러나 그 속에는 또한 시대를 초월한 사상 내용이 담겨 있다. 우리가 현대의 관점에서 공자의 말씀을 해석하면 아래와 같다.

"나는 나이 열다섯에 학문에 뜻을 두었고"라는 말은, 인간이 되려면 반드시 도덕 수양과 사람됨을 배워야 한다는 의미이다. 물론 공자 말의 원래 의미는 이 나이부터는 도를 닦았다는 의미이다. 현대적 의미에서 이해한다면, 인간이 유적 생명을 얻는 일정한 시기가 되면 응당히 학습과 수양을 통하여 인간의 유적 본질을 습득해야 한다는 의미이다.

"서른에 뜻을 확고하게 세웠다."는 말은, 그가 서른에 예의 바른 삶의 방식을 정립했다는 의미이다. 우리의 의미로 말하자면, 이 인생의 단계에 들어서면 응당히 자신의 본능 생명을 주재하고 통제할 수 있는 자각적인 생명이 형성되어야 한다는 것이다. 이때가 되면 사람은 인간성으로 자신을 단속할 줄 알게 되고 완전한 인간으로 성장된다.

"마흔에는 미혹되지 않았다."라는 말은, 이 나이가 되면 자아의 여러 형태가 서로 잘 어울려져 하나의 온전된 형태를 구성하고, 일관된 견해와 행위 방식이 형성되었다는 것인바, 이는 자아 인격이 이미 확립되었음을 의미한다.

"쉰에는 하늘의 명을 깨달아 알게 되었다."는 말은, 이 나이에 공자는 인간으로서의 본성과 천직(天職)을 이해함으로써 무슨 일을 하나 모두 자연과 인간의 도리를 어기지 않게 되었다는 의미이다.

"예순에는 남의 말을 듣기만 하면 곧 그 이치를 깨달아 이해하게 되었다."는 말은, 공자가 환갑이 되어서는 이미 작은 자아의 한계를 벗어나 큰 자아의 무한한 경지에 도달하고, 더 나가서 자각적인 유적 의식에 도달했다는 것이다. 이와 같은 경지에 도달하면 남들의 어떠한 말이나 다 받아들일 수 있다는 의미에서 '이순(耳順)'이라고 한다.

"일흔이 되어서는 무엇이든 하고 싶은 대로 하여도 법도에 어긋나지 않았다."라는 말은, 공자가 칠십에 인생의 목표를 실현한 최고의 발전단계에 이르렀다는 것이다. 이 단계에 들어서게 되면 인간은 자아의 창조가 완성되고 개성적 자아가 완벽한 상황에 이르게 되며 인생의 가치가 실현되고 자각적인 자유인의 경지에 이르게 된다.

인간의 일생은 결국 자아를 추구하고, 자아를 창조하고, 자아를 완성하고, 자아를 실현하는 과정이다. 여기서 우리는 자아와 '이기적 자아'를 혼동하지 말아야 하고, 창조적인 자아와 개인주의적이고 개인 이익만 따지는 그런 자아를 구분해야 한다.[38] 인간이 완벽한 자아를 추구하고 스스로의 개성을 창조해 나가는 것은 아주 정당한 행위이며, 인간이 삶을 살아가면서 응당히 짊어져야 할 천직이고, 응당 완수해야 할 사명이다. 왜냐하면 인간의 창조성은 매 개인의 개체적 생명에 잠재되어 있고, 또 그 잠재력의 진정한 발휘는 인간이 개성을 창조해 나가는 과정에서만 가능하기 때문이다.

창조는 본래 자아의 개체적 생명활동이다. 그러므로 진정한 의미에서의 창조는 모두 개체의 자아를 통해서 가능하고, 개성 있는 자아를 창출해내는 것을 의미한다. 이렇게 볼 때, 인간이 독특한 개성을 가진

---

38) '이기적 자아'는 특정한 역사적 조건에서 나타난 자아의식이고, 타인과의 관계에서 너무나 자신의 이익만을 챙기려는 그런 인격적 특징을 가지고 있는바, 사실 이는 욕망이 과분하게 팽창되어 있지만 이성이라는 탈을 쓰면서 합리적인 것으로 보이는 종적 본능의 욕망이다. '이기적 자아'는 자아와도 다르고 인간의 정상적 존존 욕망과도 다르다. 생명체에게서 생존 욕구 만족을 위한 본능적 욕망은 정상적이고 합리적인 것이다. 그러므로 우리는 늑대가 양을 잡아먹는다고 해서 이기적인 존재라고 이해해서는 안 된다. 늑대가 약한 동물들을 잡아먹지 않고서는 생명을 유지할 수가 없기 때문이다. 일상적으로 보면 생존의 욕구를 만족하기란 어렵지 않고 또 그 과정에서 자신이 귀속되어 있는 무리를 해치지도 않는다. 다만 이런 욕망이 이성의 지지를 받아 지혜롭게 팽창되고, 심지어 자심의 욕망을 만족시키기 위해 타인의 이익을 해치게 되면 그것이 이미 이기적인 자아로 전락되었음을 의미한다. 누군가가 자신의 이익만을 따지게 되면, 그의 도덕 품성에 문제가 있다고 필책을 받게 된다. 그러나 자이 발전, 자이 완성, 자이실천을 추구하는 것은 인간성의 정당한 요구이고, 또 창조성이라는 의미로 볼 때 그것은 숭고한 요구라고 말할 수도 있다. 그런데 과거에 우리는 어떤 정치적 목적으로 '이기적 자아'와 정상적인 자아를 혼동시켰고, 자신을 잊고 자신을 버려야 한다고 주장했었다. 그래서 "사적인 것과 싸우고 수정주의를 비판하자." "영혼에서부터 혁명하여 '사'라는 일념이 스쳐지나 가지 않도록 해야 한다."라는 식의 황당한 구호들을 외쳤었다. 이와 같은 형편에서 사람들은 정상적인 생존과 생활의 욕구마저 억제해야 했고, 어떠한 의미에서의 '자아'도 이야기할 수가 없게 되었다. 그래서 '자아 분투'나 '자아실현'이라는 말만 나오면 개인주의나 이기주의라는 모자를 씌웠었고, 심지어 '나'라는 말의 사용마저 주의해야 했었다.

자아를 창출해 내는 것 또한 그 개인이 인간의 유적 본질에 대한 진정한 공헌이라고도 말할 수 있겠다. 20세기 가장 창조적인 자질을 가졌던 에스파냐의 예술가 피카소(Pablo Picasso, 1881~1973)는 "내가 태어난 원인은 다른 사람과 구분되기 위해서였다."라고 말했었다.[39) 다른 사람과 다르기에 피카소는 피카소가 되었고, 인류 문명에 공헌할 수가 있었다. 만약 모든 인간이 다 하나의 모양이라면 인류의 문명과 발전이란 상상할 수조차 없었을 것이다.

개성이라는 점에서 자아는 '다른 자아'와 구분되는 개념이다. 즉, 개성은 일종의 독특성과 특이성을 의미하기 때문에, 개성으로서의 자아 개념에는 배타성이 내포되어 있다. 그러나 여기서 한 가지 오해만은 풀어야겠다. 즉, 개성으로서의 자아 개념이 다른 자아와 구분되고 배타성이 내포되어 있다고 하여 개성으로서의 자아를 배타적인 존재로만 이해하고, 다른 자아와 대립된다고 보아서는 결코 안 된다. 내용과 본질로부터 볼 때, 자아는 다른 자아를 배척하지 않을 뿐만 아니라 오히려 그들을 자신 내용의 근원과 본질적 규정으로 삼는다. 그러므로 진정한 자아는 유적 본질에 속하는 것이고, 또 그러므로 결코 개체 생명이 타자로부터 격리되어 은폐하는 그런 껍질이 아니다.

인간은 태어나서부터 자아가 있는 것이 아니라, 태어난 뒤에 다른 자아의 요소들을 흡수하면서 형성되는 것이다. 인간은 오직 인류가 창조해낸 유적 본질, 그리고 수많은 다른 자아들이 창조해낸 성과물들을 공유해야만, 그에 기초하여 가치 있는 삶을 살아나갈 수가 있고, 개성이 있는 참된 자아를 구성해 낼 수가 있다. 그러므로 본질적인

---

39) 우리 과거의 입장에서 볼 때, 피카소의 견해는 극단적인 개인주의이다. 과거에 우리는 모든 사람이 같아야 된다고 주장해 왔다. 중국 전통에 "먼저 머리를 둥지 밖으로 내민 새가 총에 맞는다" "빨리 머리를 내민 도토리가 먼저 썩는다."라는 속담이 있다. 이런 관념이 중국 사회의 발전을 방해하는 중요한 원인의 하나라고 해도 과언이 아닐 것이다.

차원에서 볼 때, 이러한 자아는 개체의 독특한 형태로 존재하고 있는 인간의 유적 본질, 혹은 개성화된 유적 본질이다.

자아의 본성은 폐쇄적인 것이 아니라 개방적인 것이다. 즉, 자아는 타아를 배척하는 골뱅이 껍질도 아니고, 하나의 철판과도 같은 그런 절대적 자신의 통일성도 아니다. '나'는 늘 나이면서도 내가 아닌 상태에 처하게 되므로, 그것은 결국 자아와 비아(非我), 자아에 대한 긍정과 부정의 통일체이다. 그러므로 우리가 참된 개성이 있는 자아를 구성하려면, 자기중심적 폐쇄된 생활양식이나 입장을 고수할 것이 아니라, 개방된 모습으로 늘 타인들에게 배워야만 자아의 내용을 충실히 키울 수가 있다. "강물을 모두 받아들인 바다와 같은 포용함이 있어야 커진다(海納百川, 有容乃大)."라는 말의 의미도 여기에 있다. 오직 활짝 열려 있어야 자아가 완성되지, 꼭 닫혀 있다면 자아가 사라진다.[40]

여기서 우리는 '자아실현'의 참된 내용을 알 수가 있다. 인간이 자아를 추구하고 창조한다는 말은 다만 자신에게 도취된 상태에 빠져 버린다는 것이 아니라, 자신을 어떤 영원한 의의가 있는 존재 상태로 끌고 간다는 의미이다. 자아 창조의 근본 목표가 바로 자아실현이다.

사실상 자아실현이라는 인생 목표 자체가 부정의 형식으로 긍정되는 자아의 초월성이 잘 드러나 있다. 자아 인격의 확립과 자아 개성의 형

---

40) 우리나라 경극 예술가 위안스하이(袁世海)가 하오서우천(郝壽臣)을 스승으로 모시면서 서로 나눈 대화는 진정한 자아가 무엇인가를 잘 시사해 주고 있다.
  하오: 당신이 이미 유명한 배우가 되었을에두 나를 스승으로 모시려고 하는데, 도대체 웬일입니까? 니를 당신으로 만들 생각인가요? 아니면 당신을 나로 만들 생각인가요?
  위안: 제가 스승을 모시려고 하는 것이니, 당연히 제가 스승과 같이 되는 것이지요.
  하오: 아니네. 자네가 변한다면 위안스하이가 하오서우천이 되는 것이니, 내가 자네로 변해야 되네. 나뿐만 아니라 배워야 할 모든 것들을 다 자네의 것으로 변하게 해야 하네. 그래야 자네가 위안스하이를 이루어 낼 수 있지.
  위안: 스승님의 가르침을 잘 기억해 두겠습니다.
  이 대화는 어떻게 해야 자아를 완성할 수 있는지를 잘 설명해 주고 있다.

성, 이런 것들은 다만 내재되고 유한한 자아를 가리킨다. 그러나 인간은 내재되고 유한하고 이상적인 자아로서의 존재에 만족하지 않는다. 그러므로 더 나가서 자아실현을 추구하게 되는데, 이는 '내'가 다른 존재로 변화되었음을 의미한다. 즉, 내재적인 무형의 자아가 외적인 유형의 실체로 변화되고, 이상적인 자아가 현실적 가치 존재로 실현되며, 유한한 생명을 가진 소아가 인류 생명의 영원한 대아에 합류된다.

결국 인간은 어디에서 왔으면 어디로 가게 된다. 물론 인간의 육체적 생명도 아주 귀하겠지만 그것은 다만 한 번밖에 없는 유한한 것이다. 그것과는 달리 인간의 유적 생명은 영원하고 무한한 가치와 의의를 지니고 있다. 인간이 개성 있는 자아를 창조하게 되는 근본 원인도 오직 독특한 개성을 창조해 냄으로써 개체적 생명이 영원한 유적 생명을 얻을 수 있기 때문이다. 이런 의미로 보면, 개성을 창조한다는 것은 영원함을 창조한다는 것이나 마찬가지이다. 노자, 공자, 맹자, 플라톤, 아리스토텔레스, 칸트, 헤겔, 뉴턴, 다빈치, 베토벤, 셰익스피어, 조설근, 노신, 아인슈타인, 마르크스 등 이러한 역사적 인물들은 비록 그들의 육체가 이미 이 세상을 떠났지만 그들의 생명은 인류라는 대아에 동화되어 인류와 함께 살아 있다.

인간은 자연에서 와서 결국은 자연으로 돌아간다. 그러나 이 자연으로의 돌아감은 그저 간단히 돌아가는 것이 아니라 인생에서 거둔 성과와 영광을 안고 돌아가는 것이다. 여기서 말하는 성과란, 인간이 자신의 창조적 생존 활동을 통하여 자연에 잠재되어 있는 능력들을 실현함으로써 자연이 '해방'을 얻도록 하는 것이다. 개인의 유한한 생명이 우주의 영원한 생명으로 흘러드는 것, 이것이 바로 자아실현의 참된 의미이고 인생의 참된 가치이다.

04

인간의 유적 본질의
역사적 형성 과정

유적 군체와 종적 군체

개체 생명으로서의 인간은 그 생존 능력이 별로 우수하지 못할 뿐만 아니라, 도리어 다른 동물들에게 뒤지고 있다. 즉, 이와 손톱은 범만큼 예리하지 못하고, 발과 다리는 사슴이나 토끼만큼 빨리 움직이지 못하며, 심지어 물건을 옮기는 데도 개미만 못하다. 그러나 인간은 모든 동물이 비길 바 없는 놀라운 힘으로 환경에 도전하고 자연과 싸운다. 이렇게 볼 때, 우리 인간의 힘은 세상에서 무엇보다도 강대하다.

왜 그럴까? 인간에게 무슨 능력이 있어, 그리고 또 어떤 힘으로 모든 동물들을 이기고 자연과 싸울 수 있는가? 인간에게 있는 강대한 힘은 어디서 오는 것일까?

통상적인 해석에 따르면, 인간의 힘은 주로 두 개의 요소로 구성되었다고 한다. 즉, 그 하나는 인간의 집단적 능력인데 흔히 '사회성'이라고 불리는 생명의 합력이고, 다른 하나는 인간에게만 고유하고 있는 이성과 지혜의 힘이라는 것이다.

물론 이와 같은 주장도 일리가 있다. 한 사람의 힘은 미약하지만, 개인이 사회적 분업과 협동으로 한데 뭉쳐 대아라는 합성 생명체를 구성한다면 그 힘은 강대해진다. 그래서 중국 고대의 사상가 순자는 "힘에 소만 못하고 달리기에 말만 못하지만 인간이 그것들을 부려 먹는 원인은 인간이 군체 동물이기 때문이다."[41]라고 말했다. 이성, 지혜, 정신은 과학과 지식을 구성해내고 기계나 차와 같은 도구들을 만들어 냄으로 하여 인간에게 자연에 대항하고 심지어 자연을 통제하고 정복할 만한 강대한 힘을 준다. 그러므로 사회성과 이성은 인간이 약자로부터 강자로 되는 데 중요한 역할을 한 요소들이라고 말할 수 있겠다.

그러나 사실 무리 혹은 사회, 이성 혹은 지혜라는 것은 결코 인간들이 사용하고 있는 "힘 자체"가 아니다. 즉, 이런 것들은 직접 일할 수 있는 에너지가 아니라, 우리의 힘을 구성하는 요소와 조건일 따름이다. 다시 말하자면 우리가 의존하고 사용하고 있고 진정으로 현실성이 있는 강대한 힘의 원천은 이런 것들이 아니라는 것이다.

그렇다면 그 힘의 원천이 도대체 무엇일까?

진정으로 신기한 일은 인간이 자연과 대항할 수 있는 그 힘이 자연으로부터 온다는 점이다. 즉, 인간은 자연력으로 자연과 대항하고 있다는 것이다. 대자연의 힘, 이것이 바로 인간이 강대하게 되는 진정한 힘의 원천이다.

엄격히 말하자면, 세상에 존재하는 모든 힘은 다 자연력이다. 군체의 결성에서 오는 에너지도 사실은 자연력인바, 동물들도 이런 군체적 힘을 사용할 줄 안다. 이성과 지혜의 작용도 결국은 자연의 자재적인 존재를 자위적인 존재로, 자재적인 힘을 자위적인 힘으로 바꾸

---

41) 荀子·王制篇: 力不如牛, 走不如馬, 而牛馬爲用, 何也? 曰: 人能群, 彼不能郡也.

어 놓았을 따름이다. 어찌 보면 이성이나 정신도 에너지를 가지고 있고, 일을 해낼 수 있는 것으로 보인다. 그런데 사실 그들이 가지고 있는 에너지는 정신적인 에너지에 불과하고, 그들이 할 수 있는 일도 정신적인 일에 불과하다. 그리고 정신적인 에너지와 정신적인 일은 물질적인 에너지와 물질적인 일을 전환시키는 그런 에너지이고 일이다. 전환작용, 이것은 이성, 지혜와 정신만이 고유한 재주이고 본성이다. 인간은 정신의 이러한 작용에 의하여, 자연물과 자연력을 인간 생명의 외적인 구성 부분으로 만들고, 인체의 연장선상에 있는 외적인 기관, 즉 마르크스가 말한 '인간의 무기적 신체'로 만든다. 예를 들자면, 기계는 연장된 인간의 손이고, 차는 연장된 인간의 다리이며, 전기통신설비는 연장된 인간의 귀이고, 컴퓨터는 연장된 인간의 머리이다.

이렇게 보면 물질은 물질로서의 에너지와 작용이 있고, 정신은 정신으로시의 에너지와 작용이 있다. 물질이 할 수 있는 일을 정신만으로는 해낼 수 없고, 심지어 물질을 떠나서 정신은 아무 일도 해낼 수 없는 것이다. 물론 정신이 할 수 있는 전환작용을 물질이 대체 할 수도 없는 것이다. 단순한 물질은 다만 물질 자체에 국한된 천연적 변화만 가능하다. 그러므로 물질과 정신은 꼭 함께 결합되어야 인간의 강대한 힘을 낳게 된다(사실상 이 양자는 언제나 불가분리의 관계 속에서 존재한다). 인간의 작용과 인간이 인간으로서의 특징이 바로 여기에 있다. 즉, 인간의 몸에서 물질과 정신이 고도의 자각에 의하여 결합되어 있기 때문에 세상에서 제일 강대한 힘을 가지게 된다.

인간은 자연력을 자신의 힘으로 전화시킨다는 점에서 보면, 인간의 힘은 무한하다. 왜냐하면 자연에게 얼마만 한 힘이 있으면 인간에게도 얼마만큼의 힘이 있을 수 있기 때문이다. 여기에는 많은 변수들이 있다. 인간이 얼마만큼의 자연력을 자신의 힘으로 전환시킬 수 있는가 하는 것은 인간이 어떻게 정신의 전환작용을 활용하는가에 달렸고, 또 인간이 어떻게 자신과 자연의 이런 통합적 관계를 이해하고 처리하느냐에 달렸다.

자연력으로 자신을 강대하게 할 수 있다는 점은 인간이 본질상에서 유적인 존재임을 의미하고 있다. 다시 말하자면, 인간 개체의 생명이 서로 본질교환을 통하여 인간 공동체를 이루고(인간의 이성, 정신의 본질이 여기서 온다), 인간이 자연과의 본질교환을 통해 하나로 통합되는데(인간의 현실적인 힘이 여기서 온다), 이로부터 인간은 유적인 본질을 가지게 된다. 바로 이와 같이 하나로 통합된 유적 존재를 이룬다는 것은 또한 진정으로 현실적인 인간을 구성하였음을 의미한다.

군체의 문제도 마찬가지이다. 인간에게서 군체는 유적인 무리이지 단순한 종적인 무리가 아니다. 개인과 개인이 결합되어 군체를 이루는 것은 인간 생명의 존재 방식과 직접적으로 관계되어 있다. 순자가 무리는 인간만이 가능하다고 말했지만, 사실은 많은 종유의 동물들도 군체 생활을 하고 있다.[42] 인간의 무리는 동물의 무리와 같은 점도 있지만, 인간의 유적 군체와 동물의 종적 군체는 근본적으로 구분된다. 즉, 동물의 종적 군체는 생물의 본능으로 비롯된 것이지만, 인간의 유적 군체는 인간의 유적 본질과 유적 생명에서 비롯된 것이다.

인간의 생존은 인간 자체 외의 도구(즉, 인공적 기관)에 의존하는데 이 도구는 동물 개체가 태어나면서부터 가지고 있는 신체 기관과는 달리 인간의 활동에 의하여 자연력으로부터 전화되어 온 것이기 때문에 개체의 시공을 초월해 있다. 신체 외의 도구가 지닌 이런 초월적

---

42) 군체란 본래 생물학적 개념이었다. 생물계에는 벌이며 개미 따위들과 마찬가지로 군체 생활을 하는 동물들이 많다. 생물학적 통계에 따르면, 세상의 오십만 종의 곤충들 가운데서 약 만오천 종의 곤충들이 모두 군체로 살고 있는데, 그 무리는 분업과 협조 관계로 이루어져 있다고 한다. 물론 동물계에서 군체 생활을 하고 있는 동물들로는 곤충 외에 새나 짐승들도 있다.

성격으로 인하여, 인간은 반드시 연합하여 사회를 구성해야 한다. 그리고 인간은 동시대의 생명력을 통합해야 할 뿐만 아니라, 과거 역사에서 누적되어온 모든 생명력을 계승해야만 모든 가능한 자연력을 인간의 현실적 생활요소와 생산능력으로 변화시킬 수가 있다. 이것이 바로 인간이 결합되어 사회를 구성해야 하는 기본 근거이다. 여기서 쉽게 알 수 있다시피, 이렇게 형성된 사회 혹은 인간 공동체는 사실상 인간과 인간, 인간과 자연이 본질적 통합을 이룬 "유적인 결집"이다. 인간이 사회라는 공동체를 구성하는 원인은 다만 개체생명체들 사이의 집합적 힘을 발휘하기 위해서가 아니라, 더 중요한 것은 인간의 생명에 자연력을 불어넣어 자연계에서의 인간의 본질을 완성하기 위해서이다. 그래서 마르크스는 아래와 같이 말한다. "오직 사회에서만이 자연계가 인간으로서 인간의 존재 기초이다. 오직 사회에서만이 인간의 자연적 존재가 그에게 있어서 인간적인 존재이고, 자연계가 그에게 있어서 인간적인 것이다."[43)

그러므로 사회라는 것은 결코 통상적으로 이해하고 논의하는 것과는 다른 것이다. 사람들은 흔히 사회를 무리로서의 집합이라고 말하고 있는데, 사실 이는 인간의 사회공동체와 동물의 종적 무리를 혼동해서 하는 말이다.[44) 마르크스의 견해에 따르면, "사회는 인간과 자연 사이에 완성된 통일이고, 자연계의 진정한 부활이며, 인간에게서 실현된 자연주의와 자연에서 실현된 인도주의이다."[45) 다시 말하자면,

---

43) 『마르크스엥겔스 전집』 42권, 인민출판사, 1979, p. 122.

44) 근원적으로 보면, 사회와 종의 무리를 같은 것으로 여기는 견해는 단일 생명이라는 견해에서 비롯된 것이다. 사람들은 흔히 생명으로 종적 무리를 이해하고, 또 종적 무리로 사회를 이해한다. 그리하여 동물의 종적 무리를 '동물의 사회'라고도 한다. 이런 견해가 오랫동안 전해 내려오면서 습관화되고 당연한 것으로 취급되면 더 이상 여기에 문제점을 찾지 못하게 된다. 이런 견해가 동물을 이해하는 데는 별 장애가 되지 않을지는 몰라도, 인간사회를 이해하는 데는 큰 장애가 된다. 사회 문제에 관한 많은 오해들이 여기서 비롯된다.

45) 『마르크스 엥겔스 전집』 42권, 인민출판사, 1979, p. 122.

사회의 본질과 핵심은 인간만이 고유하고 있는 인간과 자연, 인간과 인간의 본질적 통일로 이루어진 유적 본질이다. 그러므로 더 쉽게 말하자면, 사회는 인간의 유적 본질의 실존 형식에 불과한 것이다.

천인일체

인간이란 자신의 이익으로부터 출발하여 그리고 또 자신의 안광으로 모든 사물을 바라보는 자아적 존재이다. 우리는 누구나 인간에게 이러한 특징이 있다는 것을 알고 있고, 그래서 좀 더 과장된 언어로 인간을 자아중심주의적 존재라고 한다. 그런데 인간에게는 이와 반대되는 다른 한 특징, 즉 자아를 세계로 향하고 본성을 밖으로 표현하는 그런 개방성과 유적 본질이 있는데, 이는 아직 사람들에게 잘 알려지지 않고 있다. 물론 이 양자의 관계를 잘 파악한 사람은 더욱 드물다.

사실 자아를 중심으로 하는 것은 인간의 특성이 아니라, 생명의 일반적 본질이다. 그러므로 모든 생명은 다 자아 중심적이다. 만약 그렇지 않을 경우 생명체는 존재할 수 없을 것이다. 물론 인간 외의 생명체들에게는 자아의식이라는 것이 없다. 그러나 그들에게는 물종 생명의 본능이 있어 그들로 하여금 자아생명을 보존하고 유지하고 이어 나가는 것을 생존활동의 유일한 목표와 행위 중심이 되도록 한다. 그러므로 모든 생명체는 생명이 고유한 본능에 따라 자아 중심적 존재일 수밖에 없다. 인간은 다만 거기에다 자아의식이라는 날개를 달아 줌으로써 자아 중심적 행위가 더욱 큰 영향력을 과시할 뿐이다. 그러므로 인간이 자신을 목적으로, 자신의 수요로부터 출발하여, 인간의 입장에서 모든 사물을 대하고 모든 일을 처리하는 것, 이것은 생명의 본성에 부합되고 인간의 감정과 도리에 어긋나지 않는 정상적인 행위이므로 '이기적이다.'라는 가치평가를 해서는 안 될 것이다.

문제는 인간의 출현으로 인하여 생명의 본질이 중대한 변화를 일으켰는바, 인간은 인간과 인간, 인간과 자연의 내재적 통일관계에서 존재하고 있다. 그리하여 인간 생명은 자아 중심적 성질을 가지고 있는 동시에 또한 그 본질을 밖으로 표현하는 성질을 가지고 있는데, 이는 다른 생명체에서는 전혀 볼 수 없는 인간만이 가지고 있는 특징이다.

인간은 이중적 본질과 이중적 생명을 가진 존재이다. 단일한 본질을 가진 생명체는 본능적 생명의 한계를 벗어날 수 없고 생명 자체의 순환을 초월할 수가 없다. 그런데 인간에게는 또 다른 하나의 생명이 있다. 인간의 유적 생명은 인간이 이미 단일 생명의 폐쇄성을 벗어나 있고 생명 자체의 순환을 초월하여 개방되고 외향적인 성격을 가지고 있음을 의미한다. 밖으로 열려 있는 개방성은 사실 생명의 폐쇄성에 대한 부정이다. 영국의 철학자 베이컨(Francis Bacon, 1561~1626)의 표현을 빌리자면, 인간의 이와 같은 개방성은 인간의 자아중심의 날개에 저울추를 달아 그것이 너무 높이 날지 못하게 하기 위해서이다. 이렇게 볼 때, 자아중심을 자아중심주의까지 끌고 나간 사람들은 유적 생명을 잃고 모든 정력과 지혜를 본능적 생명에 집념하는, 특정한 역사 단계에 처한 그런 소수의 사람들이다. 그러므로 인간의 본성이 자아중심주의적이라는 표현은 그리 적절치 못하다.

자아중심적이면서도 본질을 밖으로 표현한다는 것은 인간에게 서로 제약되는 두 개의 본성이 공존하여 이중생명의 성격을 지니고 있다는 의미이다. 자아중심이란 종적 생명이 뭐든지 스스로에게 모으고 다른 사물의 본질들을 자신에게로 동화시키는 것을 가리키며, 본질의 외적 표현이란 유적 생명이 스스로를 밖으로 방사하고 자신의 본질을 대상화하는 것을 가리킨다. 인간은 바로 이렇게 내적인 자아로 향함과 동시에 외적인 세계로 열어젖혀, 스스로의 본질을 소외하므로 다른 생명체와는 전혀 다른 존재자이다.

인간의 이런 이중적 본질은 결국 인간 생명의 특이한 생존방식에서 비롯된 것이다. 우리는 흔히 "자신에게 필요로 하는 생활 자료를 생산"하는 인간의 활동을 생산적 실천이라고 말하고 있는데, 사실은 이 활동이 자신을 긍정함과 동시에 자신을 부정하는 이중적 성격을 지니고 있는 것이다.

통상적 이해로 볼 때, 실천활동이라는 것은 ① 목적이 있고, ② 창조성이 있고, ③ 수단이나 도구를 매개로 대상을 변화시키는 활동을 가리킨다. 그런데 사실 이런 것들은 실천 활동의 외적인 특징을 말하고 있다. 만약 우리가 실천 활등의 내적인 본질을 해부해 본다면, 그것은 생명의 내화와 외화라는 이중성을 가지고 있음을 알 수가 있다. 그러므로 (동물의 생존 활동과 구분되는) 인간의 실천은 ④ 인간과 대상이 본질을 서로 교환하면서 하나의 공동체를 이루어 가는 활동이다.

여기서 목적성은 실천 활동의 자아성을 표현하는데, 인간이 생산 실천에 종사하는 이유는 우선 생존의 욕구를 만족하기 위해서이다. 즉, 자재적인 대상을 인간이라는 주체의 욕구에 충족되는 객체로 변형시키는 것이다. 여기서 대상을 인간의 수요에 맞게 변형시킨다는 것은 사물의 본성을 인간의 본성으로 전화시켜 사물에게 인간성이 있도록 만드는 것인데, 이것을 실천 활동의 창조성이라고 한다. 그런데 이런 창조가 어떻게 가능할까? 만약 우리가 대상에게 인간의 본질을 부여하려고 한다면, 인간은 수선 자신의 본질을 대상화해야 하고, 또 동시에 대상의 본질을 흡수해야 한다. 실천 활동에서 인간과 대상 사이에서 매개적 역할을 하는 수단이나 도구로는 수선 대상의 본질을 수용하는 인지활동의 수단을 가리키고, 그다음으로 물실석 도구를 가리킨다. 실천 활동에 참여하는 도구, 예를 들면 쟁기, 호미, 수레, 배와 같은 것들은 인성과 물성이 직접 융합된 표현이고 소산이며 인간 신체기관의 기능과 자연력이 통합되어 이루어진 것이므로 거기에는 인간의 희망과 목적(인성에 속하는)이 담겨 있음과 동시에 현실적이고 객관적인 힘(물성에 속하는)이 담겨 있다. 도구가 바로 이와 같은 모순적 속성을 지니고 있기 때문에 인성과 물성을 연결시키는 매개의 역할을 할 수 있었고, 인간이 외적 대상을 개변시키는 데 이용되는 것이다.

이상에서 우리는 실천 활동의 진정한 본질이 무엇이고, 또 인간의 생존활동으로서의 실천이 다른 생명 유기체의 생존활동과 다른 것이 무엇인지를 알 수 있다.

만약 생명의 생존이 대상의 점유를 의미하고, 생명유기체가 존재하기 위해서는 반드시 외부세계(환경)에 물질, 에너지, 정보 교환을 해야 한다면, 인간에게서도 이 점에서는 예외가 아니다. 인간이 다른 생명과 구별되는 점이 있다면 그것은, 즉 점유의 성질과 점유의 방식이다. 다른 생명체들, 예컨대 동물들에게 있어서 사물을 점유한다는 것은 아주 간단하게 직접 점유하는 것인데, 만약 그 확정된 점유의 대상이 주어진 식물이라면 그것을 직접 먹어 버리는 것이다. 그러나 인간에게서는 아주 복잡하다. 사람도 먹고 마시기는 하나, 그렇다고 하여 그 대상을 직접 점유하는 것이 아니라 점유하기 위하여서는 그것을 인간의 대상으로 변화시켜야 하는데, 그러기 위해서는 먼저 인간 자신을 대상화해야 한다는 것이다. 인간은 자신의 본질을 대상화한 후에야 그 대상을 점유할 수 있다는 것이다. 마르크스의 표현을 빌리면, "나의 대상은 다만 나의 본질적 힘의 대상화일 뿐"[46]이다. 더 알

---

46) 『마르크스엥겔스 전집』 42권, 인민출판사, 1979, p. 125.

아듣기 쉽게 말하자면, 인간이 대상을 점유하려면 먼저 대상에게 점유되어야 하고, 오직 대상이 대상화된 인간으로 되어야만 인간이 그 대상을 점유할 수 있고, 이때 점유된 것은 외적 대상인 동시에 자신의 본질이다.[47)]

이것이 바로 인간과 외부세계 사이의 서로 대상화되어 있는 관계이고, 인간의 실천적 점유방식이다.

물론 사물의 존재는 모두 그 주위의 존재자들과 교환관계가 요구된다. 사람들이 흔히 말하는 교환은 물질 교환, 에너지 교환, 정보 교환을 가리킨다. 사물의 존재가 그러하고 동물의 생존도 그러하고 인간의 생존도 예외가 아닐 것이다. 그러나 인간으로서의 인간은 아래의 두 측면에서 다른 사물과 근본적으로 구분된다.

첫째, 인간은 외부 세계와 물질, 에너지, 정보 교환을 해야 할 뿐만 아니라 더 나가서 반드시 대상과 본질 교환을 하여 의미적 교환과 가치적 교환을 실현해야 되는데, 이런 것들은 다른 사물에게서는 존재하지 않는다. 그리고 인간에게서 중요한 것은 기타 사물과 본질을 교환하고 소통해야 물질, 에너지, 정보의 교환이 이루어질 수 있다는 것이다.

둘째, 인간은 외부 세계와 교환을 함과 동시에 타인과도 물질, 에너지, 정보와 본질의 교환, 즉 말하자면 생명의 교환을 해야 하는데, 이 두 과정은 서로 결합되어야 한다. 인간과 인간 사이의 생명 교환, 즉 개체 생명 본질의 유화와 사회화는 인간과 외계 대상 간 상호 교환의 선결 조건이다.

이것이야말로 인간의 실천 활동의 진정한 본질이고, 인간의 실천 활동과 다른 사물의 활동이나 생명 유기체의 생존 활동 사이의 근본

---

47) 한때 우리는 연애하고 결혼하는 것을 "대상자를 찾는다."라고 표현했다. 여기서 흥미로운 것은 대상이라는 것이 서로 대상이 되어 서로를 점유한다는 의미이다. 어기에서의 대상화리는 개념을 도입해 해석하면, 내가 나의 대상자를 찾았다는 것은 내가 나의 대상자에게 점유되었을 때이다.

적 구별점이다. 그런데 이 점이 지금까지 홀시되어 왔다. 그리하여 실천 활동을 이해할 때 사람들은 흔히 그 활동의 외적인 특징의 파악에만 제한되어 있었고, 그것을 다만 인간의 생존을 유지해 나가기 위한 일종의 형식, 즉 늘 말하는 생산 노동으로만 여기기 때문에, 거기에 담겨 있는 인간과 인간성 형성의 기초적 성질과 의미를 모르고 있었다.[48]

결국 실천 활동이라는 것의 본질은 인간과 인간, 인간과 외부세계 사이 서로 대상화되는 그런 활동이다. 인간은 바로 이런 이중적 본질 교환의 활동을 통하여 대상의 성질을 변화시키는 동시에 인간 자신의 본질도 변화시키는데, 그 결과 인간과 대상, 인간의 본질과 사물의 본질, 그리고 인간과 인간, 인간과 외부 세계가 융합된다. 그리하여 최종적으로는 중국철학에서 말하는 천인합일이나 천인일체의 경지에 달하는데, 이것을 나의 말로 하면 인간의 유적 본질이 실현된다는 것이다.

인산의 본질을 이중적 생명으로 이해한다는 것은 또한 인간과 세계를 이중적 관계로 이해한다는 것이다. 즉, 인간은 세상에서 유일하게 자아중심을 자각한 존재임과 동시에 또한 세상에서 제일 개방된 타자를 위한 존재이다. 다른 어떤 사물이든지 인간과 같이 의식적으로 대상을 자신을 위한 존재로 변화시킬 수 없을 뿐만 아니라, 인간과 같

---

48) 노동에 대하여 마르크스는 많은 설명을 하고 했었다. 예를 들면, "노동은 우선 인간과 자연 사이 관계를 맺는 과정이고, 인간이 자신의 활동으로 인간과 자연 간의 물질적 교환을 일으키고, 조절하고, 통제하는 과정이다." "노동과정에서 인간의 활동은 노동 자료를 통하여 노동 대상으로 하여금 예정했던 변화를 가져오게 한다." "노동과정은 ……사용가치를 창조하는 목적 있는 활동이다." 『마르크스엥겔스 전집』 23권, 인민출판사, 1972, pp. 201-208. 이런 것들은 모두 경제학의 입장에서 제기되는 노동의 형식, 구조와 특점에 대한 설명들이다. 생산노동이 실천 활동의 기본 형식이고 주요내용이기는 하지만, 그렇다고 해서 실천 활동을 생산노동으로 이해하고 노동으로 실천을 정의 내려서는 안 된다. 그런데 바로 그렇기 때문에 지금까지 사람들은 실천을 간단히 심지어 잘못 이해해 왔다. 만약 우리가 1980년대 중엽 우리나라에서 '실천적 유물주의'에 관한 토론을 돌이켜 보면, 그때 사람들이 실천에 대한 이해는 아주 다양하여 별의별 해석들이 다 있었다. 그중 한 부류의 사람들은 실천을 이해함에 유물론의 입장으로 "실천을 정화해야 한다."는 극단적인 견해는 펴내었다. 즉 실천에서 의지, 목적, 정신 등 요소들을 몰아내고, 실천을 정화하여 물질적 범주로 만들자는 것이다. 그들의 견해에 따르면, 이래야만 유심론과의 구분이 명확해진다는 것이다. 그런데 문제는, 실천이 완전히 물질적이고 감성적인 활동으로 정화되었을 경우, 그것을 어찌 인간의 활동이라고 밀할 수 있고, 이런 감성적 활농이 어떻게 동물의 생존 활동과 구분되고, 또 그것이 어떻게 인간과 인간성을 창출할 수 있는가이다.

이 자신의 본질을 대상화하여 자신을 다른 존재에게 융합시킬 수도 없을 것이다.

인간의 이와 같은 본질에 의하여, '인간이 인간으로 되는' 활동은 자연에서 분화되고 다른 사물에서 탈피되는 과정으로 표현됨과 동시에, 더욱 자연 속으로 들어가고 다른 사물과 서로 동화되어 하나가 되는 과정으로 표현되기도 한다. 이런 의미에서 볼 때, 인간이 자연에 대한 부정은 더욱 높은 차원의 통일로 나가는 중요한 과정에 불과하다. 인간이 다른 모든 사물과 다르다는 우월의식은 인간의 성숙이 아니라 반대로 유치함을 의미한다. 인간의 본성은 인간으로 하여금 아래의 상황에 도달하도록 한다. 즉, 그때가 되면 인간은 자연에게 속하고 자연은 인간에게 속하며, 인간이 세계이고 세계도 인간이다. 즉, 인간과 자연이 본질적인 하나가 되어 보편적인 조화를 이룬 '유적 통일체'로 이루어지는 것, 이것이 바로 인간 발전의 목표이고 숙명이다.

천인합일은 중국철학의 오랜 명제였다.[49] 고대 그리스 철학자들은 비록 천인합일이라는 명제를 제시하지는 않았지만, 그들이 최초로 만물의 본원이나 본체를 탐구할 때, 거기에는 이미 인간과 사물이 함께 기원했고, 하늘과 인간이 같은 본질을 가졌다는 관념으로부터 시작하여 인간과 자연의 관계를 이해했던 것이다. 그러나 서양에서는 예전부터 인간을 육체와 영혼이 대립되어 있는 존재로 이해했다. 그러므로 철학이 발전하면서 차츰 물질과 정신의 대립을 본체로 대상화하여 인간

---

49) '천인합일'은 아주 오래전에 제기된 사상인바, 적어도 『주역』까지 거슬러 올라갈 수 있다. 『易·乾·文言』에 "그러므로 군자는 천지와 도덕을 같이하고, 일월과 밝음을 합치며, 사시절과 질서를 같이하고, 귀신과 길흉을 합친다."고 말했다. 그 뒤로 중국의 전통사상은 유가든 도가든 학파를 막론하고 모두 천도와 인도를 일체로 보면서 '천인합덕', '천인일리', '천인감응', '천인화해'를 강조하였고, 또 거기로부터 더 나아가 '심물(心物)합일', '체용(體用)합일', '지행(知行)합일', '도기(道器)합일' 등 정체적 화해이론을 도출해 낸다. 천인합일을 하나의 명제로 정식 제출한 사람은 송나라 유학자인 장재(1020~1077)이다. 그는 『正蒙·乾稱』에서 아래와 같이 말했다. "유학자는 현명함으로 성실해지고, 성실하므로 현명해진다. 그러므로 그들은 천인합일이 되고, 배워 성인이 되며, 하늘을 잃어도 사람을 빠뜨리지 않는다(儒者則因明致誠, 因誠致明, 故天人合一, 致學而可以成聖, 得天而未始遺人)."

과 자연의 차이와 대립을 강조하였고 근대에 와서는 그것이 주체 – 객체라는 이념으로 등장한다. 중국에서도 순자와 같은 사상가들은 "하늘과 인간의 구분을 분명히 하고(明於天人之分)", "천명을 제한하고 사용해야 한다(制天命而用之)."고 주장했지만, 결국 이런 사상들은 중국에서 주류가 되지 못했었다. 우리가 스스로의 생활에서 경험하고 있듯이, 인간과 자연은 긍정적이면서도 부정적인 이중적 관계를 가지고 있다. 중국철학과 서양철학이 천인관계에 대한 부동한 입장은 인간의 이런 이중적 모순 본성을 표현해 주고 있다.

만약 서로 갈라놓고 볼 때, 인간과 자연이 모순된다고 주장하거나 통일된다고 주장하는 것은 모두 추상화된 관점이다. 즉, 통일을 떠난 대립을 추상적인 대립이고, 마찬가지로 대립을 떠난 통일도 추상적인 통일이다. 인간과 자연 사이에는 갈라지면서도 합쳐지고, 대립되면서도 통일된다. 갈라지는 것과 합쳐지는 것, 대립되는 것과 통일되는 것은 인간의 생존 본성에 속하는 것이기 때문에 인간의 여러 발전단계의 역사성을 표현하기도 한다. 우리가 여기서 말하는 인간과 자연의 일체성은 그들 사이의 깊은 융합과 본질적 통일의 유적 관계를 가리키므로, 그것은 분화와 대립을 전제조건으로 한다. 그러므로 우리가 말하는 인간과 자연의 일체성은 고대의 천인합일과 비슷하기는 하지만 완전히 구분된다.

이런 의미에서 인간을 이해한다는 것은 인간이 유적 본질을 지닌 존재라는 것을 이해하는 것이다. 즉, 인간의 본성에는 대상과의 관계가 내포되어 있기 때문에, 대상세계가 다름에 따라 인간의 본성도 다른 것이다. 다시 말하자면, 오늘날 인간의 대상은 고대 인간의 대상과 완전히 다르다. 그러므로 고대와 현대에서 인간의 본질은 완전히 다르다.

인간 발전의 역사적 형태

인간의 본질은 역사적으로 형성되고 발전하는 것이므로 역사성 또한 인간의 본성이라고도 말할 수 있겠다. 오직 인간에게만 역사가 있다. 인간 외의 다른 생명 유기체나 동물에게는 역사가 없다. 즉, 그들의 본성은 비역사적이다.

"인간에게만 역사가 있다."라는 말은 독단적이고 심지어 황당무계하게 보이기도 한다. 통상적인 이해에 따르자면, 역사라는 것은 사물의 시간적 변화과정을 가리키는 개념이다. 그러면 모든 사물이 변화과정에 있고 시간 속에 존재하는데, 왜 인간만이 역사적인 존재이고 다른 생명체들은 비역사적 존재라고 말하는가? 여기서 관건으로 제기되는 것이 바로 자위적 본질과 선행적 본질 사이의 구분이다. 엄격의 의미로 볼 때, 역사성이라는 것은 자위적 본성을 지닌 존재자들에게만 속한다. 동물의 본성은 물종에 의해 결정되어 있는 고정된 것이다. 즉, 자연 물종이 부여해준 본질이 무엇이면 그것일 뿐, 개체로서 그것을 변화시킬 수 없고, 다만 물종의 범위 내에서 자신을 끊임없이 복제하기 때문에 역사가 없다고 말한다. 물론 동물의 종도 변이를 일으키기도 하지만, 그것 역시 자연 선택의 결과이지 개체로서의 동물이 선택한 변이가 아니므로 후세에게 물려줄 수도 없는 그런 자연적 진화에 속한다.

인간은 동물과 달리 그에게서 인간다운 본질은 자위적이다. 자위적 본질은 인간이 자신의 활동으로 생산해낸 것이므로 자아를 초월할 수도 있고 변이된 것을 후세에 물려줄 수도 있다. 이런 의미에서 볼 때, 인간에게는 어떠한 고정불변의 형상이 없고 언제나 사람으로 되는 그런 형성과 변이 과정 속에 있고, 언제나 인간이라는 더욱 높은 목표를 실현하기 위해 분투하고 있다. 이러한 역사성은 인간의 자유적 본성을 표현하고 있다.

그러므로 인간은 반드시 역사적인 관점으로 대해야지, 어떤 고정불변의 관점으로 보아서는 절대 안 된다. 동물은 자신을 끊임없이 복제할 수밖에 없기에 "용이 용을 낳고 봉이 봉을 낳으며 쥐의 새끼는 굴을 뚫을 줄 안다." 그러나 인간은 시간적인 존재이기 때문에 그의 역사는 인간의 여러 발전단계에서 다양한 본질을 보여 주고 있다.

인간은 지금까지 어떤 발전 과정을 겪어 왔는가? 그리고 어떠한 존재 방식들을 경과하여 현재는 어떤 발전 단계에 이르렀고, 미래는 어디로 가게 되는가? 이상의 문제들을 놓고 역사상의 많은 사상가들이 고민을 해왔으나, 가치 있는 관점들은 별로 없다. 이런 문제들은 모두 인간의 본질과 밀접한 연관을 가지고 있기 때문에, 인간에 대한 이해가 물화나 신화의 단일한 논리를 벗어나지 못한 상황에서는 인간의 본질에 맞는 인식이 이루어질 수가 없었으며, 더욱이 진정으로 역사적인 견해는 전혀 이루어질 수가 없었다. 그러므로 헤겔 이전에 제기된 인간의 발전 과정에 관한 이론들은 그것들이 다만 역사적 서술이라고 치더라도 오늘날의 관점으로 볼 때 별 의미가 없다. 이런 문제들에 대한 해석에서 그래도 중시할 만한 것은 헤겔과 마르크스의 이론이다. 마르크스의 사상은 과거의 모든 이론 성과들을 수용하고 흡수하고 종합한 기초 위에 형성된 이론이다.

인류 발전의 역사적 단계에 관한 마르크스의 논술은 다양한데, 그 중 많은 사람들이 잘 알고 있는 것이 바로 사회 구조의 형태로 인류 발전을 표현한 '5형태설'이다. 그 이론에 따르면, 인류 사화발전은 5형태, 즉, 원시공동체사회, 노예사회, 봉건사회, 자본주의사회, 미래 공산주의사회(사회주의는 공산주의의 저급형태)로 나뉜다. 사회 형태가 다름에 따라 인간의 생존상태, 인간과 인간 사이의 관계, 인간 존재의 성질 등도 달라진다. 이것을 인류역사에 대한 5분법 혹은 5형태설이라고 한다.

마르크스는 『정치경제학 비판』(1857～1858년 수고)에서 인류 발전의 역사 단계에 관하여 다른 구분 방식을 제시하였다. 거기에서 마르크스는 인간존재의 본질, 즉 인간의 형성과 성장과정에 따라 인류발전이 '인간 사이의 의존관계', '물질의 의존성에 기초한 인간의 독립성', '인간의 자유로운 개성' 등 3개의 역사 단계를 거친다고 주장한다.

이것을 인류역사에 관한 3분법 혹은 3형태설이라고 한다. 마르크스의 논의는 아래와 같다.

> "인간 사이의 의존관계(처음에는 완전히 자연적으로 발생된 것이다)는 최초의 사회적 형태이다. 이 (사회) 형태에서 인간의 생산능력은 다만 협소한 범위와 고립된 지역에서 발전한다. 물질의 의존성에 기초한 인간의 독립성은 두 번째 형태이다. 이 형태에 와서야 비로소 보편적인 사회 물질교환이 일어나고, 전면적인 관계와 여러 방면의 수요, 그리고 전면적인 능력체계가 형성된다. 개인의 전면적인 발전과 그들이 공유한 사회 생산력이 그들의 사회 재산이 된 토대 위에서의 자유로운 개성은 세 번째 단계이다. 두 번째 단계는 세 번째 단계를 위하여 조건을 지어 준다."[50]

마르크스의 이 논의는 수고에서 쓰여 있다. 여기서 우리는 또다시 '수고' 문제에 부딪치게 된다. 이 논의가 비록 마르크스의 청년시절의 저서에서 나온 것은 아니지만 미완성태인 수고에 쓰여 있고, 또 대량의 경제학 논술에 묻혀 있었기 때문에 오랫동안 사람들의 주의를 받지 못했었다. 근년에 사람들이 비록 마르크스의 이 논술에 관심을 가지고 있기는 하나, 아직은 기껏해야 시장경제라는 의미에서 이해할

---

50) 『마르크스엥겔스 전집』 46권(상), 인민출판사, 1979, p. 104.

뿐, 더욱 심각하고 전면적인 이해는 부족한 상태이다. 여기서 진정으로 중요한 것은, 마르크스의 3형태 이론이 인간의 생성과 발전의 본질을 제시해주고 있으므로, 인간의 역사적 본질을 이해하는 데 이론적 근거를 제시해주고 있다는 것이다.

3형태설과 5형태설은 다만 역사를 나누는 방법의 차이뿐만 아니라, 실질적 내용의 차이도 있다. 5형태이론의 성격은, 생산 자료 소유제 형식의 변화를 토대로 하여 사회구조가 변해 가는 역사과정을 객관적으로 서술한 것이기 때문에 과학적인 개괄에 속한다. 이와는 달리, 3형태이론은 인간이 인간으로서의 본질적 규정성에 근거하여, 인간의 자위적 본성이 전개되는 과정에 포함된 논리적 부분과 역사적 형태를 제시하고 있는 것이므로, 이는 철학적인 분석에 속한다. 5형태설과 3형태설은 모두 중요한 의미를 가지고 있지만 그 의미의 성질도 전혀 다르다. 즉, 전자의 의미는 역사 서술에 있고, 후자의 의미는 심원한 이론적 가치에 있다.

인류가 경과하는 이 세 발전 단계 혹은 세 역사 형태는 인간의 유적 본질이 내포되어야 하는 여러 가지 성질과 부분들을 표현하고 있을 뿐만 아니라, 인간이 인간다운 본질을 얻어 주체로 형성, 발전되는 역사적 단계를 말해주고 있다. 이와 같은 논리로 보면, 이 세 역사 형태는 아래 세 가지 주체의 존재 형태를 표현하고 있다.

첫 번째 형태는 군체 본위의 인간, 즉 집단 주체의 형태이다. 이는 자연경제 상황에서 형성된 '대문자로 쓰여진 인간'인바, 이때 개인과 개인은 오직 직접적인 생명의 융합을 통하여 무리를 짓고 공동체를 구성해야 인간의 주체성을 발휘할 수가 있었다. 이런 상태에서 인간과 인간의 주체성은 모두 개인을 초월하여 신성한 성격을 띤다. 그렇기 때문에 이때의 인간을 신화된 인간이라고 부를 수 있다(자연발생적인 '인간 사이의 의존 관계' 형태).

두 번째 형태는 개체 본위의 인간, 즉 개인 주체의 형태이다. 이는 시장경제 상황에서 형성된 단자(單子)식으로 개성화된 인간인바, 이때의 개인은 자립되고 자주적 인격과 권리를 향유하면서 자아 생명의 주재가 된다. 그러나 인간이 이와 같은 독립성과 주체성은 모두 '사물(상품)'에 기대어 실현된다. 그래서 이런 상태의 인간을 '물화(物化)적 인간'이라고 부를 수 있다('물질의 의존성에 기초한 인간의 독립성' 형태).

세 번째 형태는 자각적인 유 본위의 인간, 즉 유 주체의 형태이다. 이때 개인은 자립의 기초 위에 인간과 인간, 인간과 자연 사이 고도의 본질적 통일을 이룬 상태에 처하여 자유롭고 자각적인 인간이 된다. 오직 이런 상태에 도달해야 인간은 전면적인 발전을 이룰 수 있고, 자신의 전면적인 본질을 향유할 수 있으며, 인간화된 인간으로 될 수 있다('개인의 전면적인 발전과 그들이 공유한 사회 생산력이 그들의 사회 재산이 된 기초 위에서의 자유로운 개성' 형태).

이 세 형태는 인간성에 고유한 긍정(군체 본위)−부정(개인 본위)−부정의 부정(자각적인 유 본위)이라는 발전의 논리를 보여 주고 있다. 인간의 성장은 반드시 이와 같은 세 단계를 거쳐야 하는바, 이 중에서 어느 하나의 단계도 없어서는 안 되는 것이다. 이와 달리 5형태에서는 어떤 하나의 단계를 뛰어넘거나 초월할 수가 있다.[51] 인간은 오직 군체 본위(긍정의 형태)의 발전을 거쳐야만 개체 본위(부정의 형

---

51) '3형태'와 '5형태'의 구분은 이래와 같다. 3형태는 인간성에 고유한 긍정, 부정, 부정의 부정의 논리이기에 그중에서 어떠한 단계라도 없어서는 안 된다. 그러나 5형태는 사회구조 변화 역사의 객관적 서술이다. 그리고 인류 사회의 구조 형식은 구체적 역사 여건의 제한을 받기 때문에 부동한 시기, 그리고 부동한 지역에서 그 형식도 변하게 된다. 예를 들어 말하면, 서양과 동양에서의 발전 상황이 다르고, 또 과거에 겪었던 형식이 미래에는 변하게 될 것이다. 마르크스의 '5형태설'은 주로 서양 역사에서 추출해 낸 것인데, 동양의 상황은 많은 특수성을 띠고 있다. 그리하여 마르크스도 만년에 러시아의 미래 발전이 전형적인 자본주의를 경과하지 않고 다음의 역사 단계로 진입할 것이라고 추측했었다. 이것을 우리는 "Kafting 협곡을 뛰어넘는다."고 형상적으로 비유해 말한다. 그렇지만 3형태는 이런 역사적 도약이 불가능하다.

태)로 진입할 수가 있고, 또 개인이 독립적 인격이 확보된 후라야 자각적 유 본위(부정의 부정의 형태)로 진입할 수가 있다. 그리고 인간의 발전은 군체 본위(긍정의 형태)와 개체 본위(부정의 형태)를 경과하고 나면 반드시 자각적인 유 본위(부정의 부정의 형태)라는 인간의 최고 형태로 진입하게 된다.

의존적 인격에서 자주적 인격으로

첫째 형태, 즉 군체 본위의 '인간 사이의 의존관계'는 초기 생성 단계에 인간이 인간으로서 가지게 되는 생존 본성과 존재 양식이다.

인간은 그 초기의 생성 단계에서는 반드시 군체로 집결되어 공동체 형식으로 생존해야 한다. 즉, 이는 인간이 그의 특수한 생존방식으로 말미암아 형성된 유적 존재 본질을 표현하고 있다. 그리고 이는 또한 인간 개체 생명이 인간으로 형성되어 가는 초기 단계에서는 그 힘이 약하기 때문에 생존을 유지하기 위해서는 부득이 모이여 집단의 정체적 생명력을 과시하지 않으면 안 된다는 것을 의미하기도 한다. 그러므로 인간의 존재방식에 기초하여 형성된 조기 인간의 무리 공동체는 비록 본질상에서 동물의 무리와 근본적으로 구분되지만, 외적 표현에서는 유사점과 공통점이 많이 있다. 예를 들자면, 그들은 모두 혈연이나 지연의 유대 작용에 의하여 집단을 이루고, 그 집단력 역시 매 개체들의 생명력을 직접 모아 형성되는 것이다. 그러므로 이런 공동체는 아직도 많은 부분에서 자연 집단의 성질을 띠고 있고, 또 그러므로 개인이 타인에 대한 의존 역시 자연성, 자연관계, 자연의 힘에 대한 직접적인 의존으로 표현된다.

이러한 (역사적) 생존 상황에 처한 인간은 당연히 독립성이 결여되어 있다. 즉, 그때의 인간은 자연의 혜택에 의하여 살아가야 하고 또 매 개인의 생명이 인격화된 집단에 의존하여 인간의 성격을 얻어 가기 때문에, 누구를 막론하고 외적인 권위에 기대야만 자신의 생존이 보장받게 되는 것이다. 군체 본위의 인간은 일종의 대문자로 쓰인 인간으로서, 이 상태에 처한 인간은 개인, 심지어 생명을 초월한 존재이고, 인간성은 개체 생명에 표현되는 것이 아니라 무리 공동체라는 합성 생명에 표현된다. 바로 이렇기 때문에 초기의 공동체는 개체 생명과 하나로 융합되어 있지만, 발전해 가면서 차츰 개체 생명에서 격리되어 나온다. 그리하여 그것이 결국은 개체 생명 위에서 인격을 지닌 독립적이고 신성한 실체로 되어 버린다. 공동체의 인격화가 후에는 국가를 구성하게 되고, 그와 아울러 인간의 권리도 일종의 특권으로 변하여 결국은 국가의 당연한 인격 대표인 국왕, 황제와 관리들에게 독점된다.

이 형태에 처한 인간은 아직 자연계와의 연관에 속박되어 있기 때문에 개인은 자신에게 속하는 것이 아니라 "모종의 협애한 집단의 부속물"[52]이다. 이때 인간은 많은 등급으로 나뉘어지면서 인신예속관계를 구성한다. 개인은 다만 자신이 귀속되어 있는 집단에서만이 인간으로서의 힘을 얻을 수 있을 뿐만 아니라, 심지어 자신이 귀속되어 있는 집단에서만이 인간으로 취급된다. 이런 상황은 인간이 형성되고 있는 초급단계에서 불가피한 현상이다. 즉, 그때는 무리를 지어 살 수밖에 없었고, 개체의 생명은 반드시 종족 무리에 복종해야 했으며, 사람들은 누구나 외재적 권위에 기대야 할 뿐 그 밖에 어떠한 생활방식도 선택할 여지가 없었다.

'인간 사이의 의존관계'라는 이 형태는 인간만이 고유한 유적 본질

---

52) 『마르크스 엥겔스 전집』 46권(상), 인민출판사, 1979, p. 18.

을 표현하고 있으면서도 동시에 자연생명의 물종의 무리성도 표현하고 있기 때문에 그 역사적 역할도 이중적이다. 한편으로 그것은 인간의 힘을 모음으로써 아주 연약한 상태의 인간으로 하여금 유적 생명의 역할을 할 수 있도록 했다. 다른 한편으로 무리를 구성한다는 것은 무리가 갈라진다는 것이나 다름없으므로, 이런 형식은 또한 인간의 힘을 갈라놓음으로써 진정한 유적 본질과 유적 역량의 발휘를 제한하고 속박했다. 즉, 자연의 유대로 이어진 집단은 필연적으로 아래의 결과를 초래한다. 일부의 사람들이 혈연적 유대로 무리를 구성하면 혈연관계 자체가 분계선이 되어 다른 무리와 갈라놓게 되는데, 이는 인간 전체가 하나의 힘으로 작용하지 못하도록 방해한다. 물종의 무리들은 모두 폐쇄적이다. 무리와 무리 사이에는, 예를 들면, 곤충에서의 서로 다른 개미 떼들 사이에는 언제나 모순충돌과 서로의 참살을 피할 수 없다. 종적 무리 사이의 이런 서로 간의 잠식과 참살, 이런 것들은 오늘날 인간에게서도 사라지지 않고 있어, 인간은 자신이 빚어낸 쓰디쓴 결과를 스스로 맞보지 않을 수가 없는 상황이다.

더욱 요긴한 문제는, '인간 사이의 의존 관계'라는 이 형태 속에는 유와 개체 사이의 모순이 내포되어 있다는 것이다. 인간의 유적 본성은 매 개체 생명의 주동성과 창조성을 요구하고 있지만, 군체 본위의 형태는 이와 완전히 반대이다.[53] 그러나 이 모순이 초기 발전 단계에서는 잘 드러나지 않는다. 왜냐하면 그때 개체생명은 직접 씨족 집단으로 융합되어 있고, 또 그 씨족 집단도 개체를 초월해 있지 않기 때문이다. 그렇지만 집단의 규모가 차츰 커지고 개인들의 능력도 차츰

---

53) 여기서 '군체 본위'와 '유 본위'의 근본적 구분이 잘 나타난다. 군체는 많은 개체들로 이루어 졌지만, 거기서의 개체는 마치 기계에서의 나사못과 같이 다만 군체의 구성부분으로 작동되기 때문에 독립성이 있어서는 안 된다. 그러니 유는 개체 생명의 본질을 서로 비춰주는 그런 성질을 지니고 있기 때문에 매 개체들의 독립적인 능동성과 창조성을 요구한다.

증대됨에 따라 공동체 조직이 개인을 초월해 인격화된 실체로 변하고, 또 그 '인격'이라는 것이 결국은 특권 자격으로 변하여 소수 사람들에게 독점된다. 예컨대 노예제와 봉건제 시기에 이 모순이 격화되는데, 이 시기에 군체 본위의 생활양식은 그 적극적인 역할이 차츰 사라지는 반면, 개체 생명의 적극성을 제한하고 인간의 유적 본질을 더 한층 실현해 나가는 데 장애가 된다. 그리하여 군체 본위는 무너지고 개인 본위의 존재 형태로 바뀐다.

인류역사는 인간인 자신의 활동으로 창조한 것인데, 인간의 창조성은 결국 개체 생명의 활동 능력에서 온다. 마르크스의 견해에 따르면, 인간사회의 역사는 "언제까지나 개인 발전의 역사"[54]이고, 인류역사의 발전이라는 것도 결국은 "개인의 역량이 발전해 가는 역사이다."[55] 그러므로 오직 개인의 성장과 발전을 촉진시키고 또 매 개인이 생명의 능동성, 적극성과 창조성을 발휘하도록 여건이 주어져야만, 인류가 빨리 발전할 수 있고, 인간의 유적 본질도 풍부하게 완성된다.

개인이 아직 독립되지 않은 상황에서 인류의 발전은 군체 본위의 형식이 이루어 질 수밖에 없는데, 이 형식을 통해 인간은 개인의 독립을 위해 필요한 능력을 창조하고 축적한다. 이것이 바로 '인간 사이의 의존 관계'라는 이 형태의 역사적 작용이다. 그러나 이 단계는 개인의 독립적인 역할이 결여되어 있고 후기에는 또 개인의 창조성을 속박했기 때문에 그 발전이 아주 더디었다. 그리하여 원시사회는 수십만 년 내지 백만 년간 지속되었으며, 노예제와 봉건제 사회도 수천 년간 지속되었다. 그러나 여하튼 이 기나긴 역사적 단계를 거쳐, 인간은 필수적인 역량을 축적함으로써 모든 생명적 개체가 독립적인 개체

---

54) 『마르크스 엥겔스 선집』 4권, 인민출판사, 1972, p. 321.
55) 『마르크스 엥겔스 전집』 1권, 인민출판사, 1956, p. 79.

로 탈바꿈하는 필연적인 역사적 도약을 이룬다.

개인이 독립적 인간으로 된다는 것은 개인의 해방을 의미하는 동시에 인간의 유적 본성 혹은 인간성의 해방을 의미하는데, 간단하게 한 마디로 말하자면, 이는 바로 인간의 해방이다.

그렇다면 개체적 생명이 어떻게 자주적 인격을 얻어 독립적인 개인으로 되는가?

인간다운 개인은 자연계의 연장선상의 기성적 존재가 아니라, 역사 속에서 형성되고 또 역사발전의 산물일 수밖에 없는 존재이다. 최초의 인간은 본능적인 인간이고 또 이런 의미에서의 개인이라는 것은 생명적 개체에 불과하여 동물과도 별 차이가 없다. 즉, 그들에게는 자주적 활동 능력이 부족했고, 독립적 인격 역시 운운할 나위가 없었고, 개인과 개인 사이에 개성적 차이도 없었다. 진정으로 인간다운 개인이란 자립(능력), 자주(의시), 자율(소질), 자아(개성)적이고, 독립적인 인격을 지닌 인간을 가리킨다. 즉, 이런 개인은 실질상 인격화된 개체 생명을 의미한다. 만약 과거(군체 본위 시대)의 개체가 씨족집단에 의존할 경우에만 인간으로 취급되었다면, 이제(개체 본위)는 매 개인이 모두 인간다운 인격으로 변한다. 즉, 모든 개인들에게 독립적인 인격성이 부여된다. 이런 의미에서 볼 때, 군체 본위의 단계에서 서로 의존 관계에 처해 있는 일반들은 물론이고, 특수한 신분과 지위로 특권을 향유하는 그런 사람들마저도 겉으로 보기엔 위세 당당하게 남을 부려 먹는 양상이 마치 남보다 높은 인격을 지닌 듯하지만, 사실상 마치 남보다 높게 보이는 그 인격은 그들에게 속하는 것이 아니었고, 그들에게 진정한 개인이란 존재하지 않았다. 그들에게서 인간이 가지고 있는 특권은 공동체로부터 부여받은 것이고, 그들의 인격도 의뢰되어 있는 인격이므로 이런 것들은 모두 그들 스스로에게 속하는 것이 아니었다. 아래의 상황은 이 점을 잘 설명해 주고 있다. 즉, 그들이 일단 자신들이 속해 있는 공동체를 떠나 특권을 상실할 경우, 그들 개인은 즉시 모든 것을 잃게 된다.

'인간의 독립성'은 인류발전의 두 번째 형태로서, 첫 번째 형태인 '인간 사이의 의존 관계'의 부정인바, 여기서 독립과 의존은 상대되는 개념이다. 그러나 군체 본위의 의존 관계가 해소되었다고 하여 인간에게 모든 의존관계가 사라졌다는 의미가 아니며, 인간과 인간 사이에 아무런 의뢰 관계가 없다는 의미도 결코 아니다. 사물은 모두가 서로 연관되어 있고, 인간의 유적 본질도 결국은 인간과 인간, 인간과 사물 사이 서로 의존 관계이기 때문에 인간으로서의 인간은 타인과의 의존 관계를 벗어날 수가 없는 것이다. 여기서 부정되는 것은 다만 인간이 인간에 대한 직접적이고 일방적인 의존관계, 즉 인신의뢰와 인격종속관계이다. 이런 협애한 의존관계를 타개해야 하는 원인은 인간과 인간 사이의 유적 연대성을 확대하여 인간과 인간 사이의 의존관계를 더욱 승화시키기 위해서이다.

원칙적으로 말하자면, 사람은 오직 다른 모든 사람들이 창조해낸 사회의 총체적 능력을 자신의 본질로 내화하고, 다른 사람들이 창조한 사회의 전체 재산을 자신이 사용할 수 있는 성과로 변화시킬 때, 다시 말하자면, 개인이 자신을 세계역사의 통일된 활동 속으로 융합시켜 인간의 유적 본질을 흡수하고 점유할 때, 이런 상황에 이르러서야 비로소 개인이 인류의 합성적 역량의 인격적 화신이 될 수 있고, 또 개체 생명이 독립된 인격을 지닌 자주적 인간이 될 수 있다는 것이다. 이런 의미로 볼 때, 군체 본위 상황에서 인간의 비독립성은 인간과 인간 사이에 존재하는 의존관계 때문이 아니라, 그 의존관계가 협애하고, 일방적이며, 고정불변하여 개인이 인류진체의 능력을 흡수하고 점유하는 것을 제한하고 방해했기 때문이다. 그러므로 문제는 어떻게 해야 자연적이고 일방적인 의존 관계를 사회적이고 보편적인 의존관계로 발전시키며, 자연지역의 협애한 소통관계를 세계역사적 인간의 소통관계로 확대시킬 것인가이다. 이 문제의 본질은 자연적인 의존을 사회적인 의존으로, 자연적인 관계를 유적인 관계로 변화시키는 것이다.

역사과정으로 볼 때, 이와 같은 변화는 시장경제와 아울러 산업경제, 기계생산의 발전을 통하여, 특히 민족 지역의 역사가 세계적인 사회역사로 전환되면서 이루어졌다.

사람들은 흔히 경제학적 입장에서 시장경제의 작용을 생산력 향상과 자원분배를 최적화라는 차원에서만 이해하고 있다. 그러나 사회역사적 입장에서 볼 때, 시장경제가 비록 시장화된 상품경제를 가리키고는 있지만, 여기서 시장화는 사회화를 의미하므로, 그것의 출현은 인류가 완전히 새로운 소통행위방식과 연결방식으로 진입했음을 의미한다. 즉, 그것의 진정한 의의는 바로 독립적인 개인의 형성에 필요한 조건을 지어주는 것이다. 개인을 해방시키고, 개인에게 독립적 인격이 형성되도록 추진하는 이것이 바로 시장경제의 진정한 역사적 작용이다.

시장경제의 발전은 인간 사이에 있었던 원래의 관계를 완전히 바꾸어 버린다. 즉, 그것은 상품-금전의 교환을 통하여 인간 사이의 관계를 단순화시키고, 사회적 관계로 자연적 관계를 대체하고, 사물에 대한 의존관계로 원래의 인신에 대한 의존관계를 대체한다. 이러한 관계에서 사람들이 승인하는 것은 오직 하나의 신분, 즉 상품이나 화폐의 소유자로서의 신분이다. 이런 상황에서 인간들은 모두 독립된 활동의 주체이고, 모두 평등하고 독립적인 인격을 지니고 있다. 여기시 중요한 가치를 가지는 것은 혈통, 출신과 관직의 고저가 아니라 금전과 재산이다. 이런 사회관계가 자연적 인신의뢰관계에서 탈피되어 나오면서 인격의 종속적 등급관계가 무너지고 인간을 평등한 관계에 처하게 하며, 인간에 대한 사회관계의 선천적인 구속이 무너지고, 인간에게 더욱 큰 주동성과 창조성을 부여한다. 마르크스가 이 두 번째 형태를 '물질에 대한 의존성에 기초한 인간의 독립성'이라고 한 것은, 오직 사물이라는 실체를 빌려서야만이 인간은 독립성을 얻을 수가 있고, 또 자연경제 조건하에서의 '협애한 지역적 개인'으로부터 '세계 역사적이고 진정으로 보편적인 개인'으로 발전할 수 있기 때문이다.

인신에 대한 의존으로부터 사물에 대한 의존으로의 전환은 이중적 작용과 의미를 지니고 있다. 한편으로 그것은 인간으로 하여금 독립성을 얻도록 하였지만, 다른 한편으로 그것은 인간이 사물의 지배를 받도록 한다. 그리하여 물신 숭배, 물욕의 팽창, 정신의 공허, 도덕의 타락, 공리주의의 성행, 인문 가치의 쇠락 등과 같은 많은 사회문제가 생겨난다. 우리는 흔히 그것이 사회생활에 가져다준 이런 여러 가지 병폐들을 잘 알고 있는 반면, 그것이 인간에게 가져다준 해방적 의미는 잘 모르고 있다. 우리가 진정 공정한 입장에서 평가를 한다면, '물질에 대한 의존성'이 인류역사에 일으킨 적극적인 작용이 부정적인 작용보다 더욱 근본적이라는 점을 부인할 수 없을 것이다. 왜냐하면, 인간은 유를 본질로 하는 존재인 만큼, 그 생명은 반드시 생명 자체의 한계를 초월하여 다른 생명과 본질적 융합, 즉 본질적 통일관계를 이루어야 할 뿐만 아니라, 더 나가서 비생명적 사물과도 본질적 융합, 즉 본질적 통일관계를 이루어야 한다. 그러므로 시장경제의 발전으로 이루어진 인간과 인간, 인간과 사물의 관계, 심지어 인간이 사물에 대한 의존관계 역시 어떤 있어서는 안 될 요소가 아니라 인간의 유적 본질의 발전에 꼭 필요한 과정이다. 많은 사람들이 이 점을 잘 이해하지 못하는 주요 원인은, 과거에 유행되었던 인간 관념으로 볼 때, 사물은 몸 밖의 존재이므로 인간의 세계와 물질의 세계가 통일된 하나가 아니고, 사물이 인간을 구성하는 중요한 부분이 아니라고 이해했기 때문이었다.

인간과 물질의 관계도 인간과 인간의 관계와 마찬가지로 부정적 통일의 관계를 구성하고 있다. 인간은 자연 만물에서 왔기 때문에 원래는 물질이었다. 그러나 인간은 또한 반드시 만물과 구분되어야 하는 바, 만물과 구분된 다음에라야 인간이 된다. 그런데 인간은 본질상 특이하게도, 만물과 구분됨이 더욱 높은 형식과 차원에서 만물과 통일되고 일체가 되어 다시 만물로 돌아가기 위해서이다. 시장경제 상황에서 인간들이 의존하고 있는 사물이란 바로 인간의 본질과 역량이 대상화되어 있는 인공물(노동 산품, 상품, 화폐 등)이다. 여기서 말하는 인간이 사물에 대한 의존은 인간이 그 사물에 대한 점유를 의미하고, 그리고 그 사물이 인간화된 본질이라는 의미로 볼 때, 인간성의 체현으로서의 그 사물에 대한 점유는 결국 인간이 자신의 물화된 본질에 대한 점유이다. 그러므로 시장경제 조건에서 인간의 물화 관계는 인간과 만물이 외재적 관계로부터 내재적이고 본질적인 통일의 관계로 나가는 데 필요한 단계와 절차이다. 여기서 체현되는 것은 인간 본질의 진보, 발전, 제고와 승화이기 때문에 인간의 후퇴로 보는 것은 바람직하지 않다.

인간의 관계로 볼 때, 시장경제에서 개인 본위의 연계방식 역시 인간의 유적 본질의 수요에서 비롯된 것이다. 인간의 유성(類性)은 동물의 종성(種性)과는 다르다. 종성은 개체 생명의 보편성에 속하는 것이기 때문에 모든 동물 개체들은 공통성이라는 그물에 모두 포획되어 버린다. 그러므로 동물에게서는 개체적 활동은 있으나 자아 개성은 없다. 그런데 유성은 개체 생명의 본질적 통합성에 속하고, 본질적 통일은 생명체들에게 부동한 개성이 있다는 점을 전제로 통합적 관계를 구성해 나가는 것이다. 그러므로 그 통합의 목적은 생명 개체의 창조성을 더욱 충분히 발휘하는 것이다. 아울러 유적 통일체에서 (동물과 비기면) 인간은 생명활동의 개체의 고립성을 버리게 되고, 인간만이 고유한 창조성과 개성을 얻게 된다.

'인간 사이의 의존관계'로 구성된 군체 주체의 상황에서 인류의 역사발전은 아주 느렸다. 그러나 시장경제의 단계로 들어서면서 인류의 역사발전은 경제, 정치, 문화, 과학, 기술 등 모든 면에서 신속한 발전을 구축해 나가고 있다. 과거의 변화는 세대, 세기로 계산되거나 심지어 천년, 만년으로 계산되었지만, 현재의 변화는 영월일, 심지어는 시간으로 계산된다. 이와 같은 차이는 인간의 존재방식의 변화에서 비롯된 것인바, 시장경제 조건하에서 매 개인의 주동성과 창조성이 충분히 발휘되었기 때문이다.

물론 우리가 이렇게 말한다고 하여 결코 '물질의 의존성에 기초한 인간의 독립성'이라는 이 단계가 인간에게 가져다주고 있는 부정적인 영향을 경시해서도 안 된다. 마르크스가 이것을 인류발전의 두 번째 형태로 명명한 것 역시 그것이 이상적인 상태가 아님을 말해 주고 있다. 그것의 참된 의미는 마치 마르크스가 말한 바와 같이 셋째 단계의 진입을 위해 여건을 지어주는 데 있다. '자유 인격'의 공동체 형태, 이것이야말로 인류의 고급적인 존재 형태이고, 그것이 실현되는 시대야말로 진정 인간에 속하는 시대이다.

개체 본위의 모순성

인간은 지금까지 백만 년 넘는 역사 과정에서 군체 본위의 기나긴 단계를 지나 개체 본위가 주도되는 시대를 경과하고 있다. 인류가 개체 본위를 확립한 것은 시간이 별로 길지 않고 심지어 시간이 짧은 몇백 년 역사에 불과하다. 그러나 이 단계는 개체 생명에 잠재된 거대한 에너지를 발휘하도록 하였기 때문에 이 몇백 년 동안 이루어진 발전성과는 과거 몇만 년 동안 이룬 성과보다 훨씬 많았다. 오늘날 인간이 창조해 내고 있는 과학기술, 그리고 인간이 생활에서 얻어지는 향수, 이런 것들이 과거에서는 전혀 상상조차 할 수 없었던 상황이다. 그러나 다른 한편으로, 이와 더불어 오늘날 인간 생활에 부딪힌 모순과 곤경도 전례 없었다. 좀 더 심각하게 말하자면, 오늘날 인간이 빚어낸 문제들은 스스로의 생존을 위협할 정도에까지 도달했다는 것이다.

군체 본위와 개체 본위는 모두 인간의 유적 본질의 발전 과정에 필연적으로 나타나게 되는 두 발전 단계와 유의 두 극단적 형태로서, 그것들은 모두 인간을 자아 해방의 길로 이끌고 있는 동시에 또한 인간을 편면적인 발전으로 이끌기도 한다. 만약 군체 본위의 주요 폐단이 인간의 개성과 개체 생명의 창조성을 압제하고, 억압하고, 구속하는 것이라면, 개체 본위의 의미는 바로 인간의 개성을 발전시키고, 개체 생명의 창조력이 방출되도록 여건을 지어 주는 것이다. 군체 본위로부터 개체 본위로의 전환은 인간의 해방과 유의 해방을 의미하지만, 이는 한 극단으로부터 다른 한 극단으로 가는 그런 편면적인 해방이고, 인간이 개성의 해방을 맞이한 동시에 모나드와 같은 극단적 존재가 되었음을 의미한다. 이 점은 인간의 가치관의 변화에서도 잘 볼 수가 있다.

고대 사람들의 견해에 따르면, "나는 나에게 속하는 것이 아니라, 도시국가에 속한다."

중세기 사람들의 견해에 따르면, "나는 나에게 속하는 것이 아니라, 하느님에게 속한다. 하느님을 위해 살고, 하느님을 위해 죽는다."

그러나 근대 사람들의 가치 관념은 완전히 다르다. 그들의 견해에 따르면, "나는 내 자신에게 속하고 자신을 위해 산다. 나는 누구에게 도, 천사와 하느님에게도 속하지 않는다."

이는 얼마나 큰 변화인가!

근대 이래, 특히 현대에 와서 과학기술이 날로 새롭게 발전해 가고, 사람들의 물질생활도 전례 없이 좋아지고, 사회문명도 크게 진보했다. 그렇지만 사람들은 행복감이 증대되었다고 느끼기보다는 오히려 생활 의 스트레스가 증대되는 것을 느끼고, 인간과 인간, 인간과 자연의 관 계도 날로 긴장하고 있다. 그리고 또 사람들은 마치도 자신이 고독하 고 적막한 무인도에 버려진 것같이 느끼고, 비록 먹고 입을 걱정은 없지만 삶의 미래가 근심되고, 사상 또한 공허하고 무기력한 상태에 빠진다. 왜 이럴까? 그 근본 원인은 바로 이 개체 본위에 있다.

이 단계에서 개인이 독립할 수 있었던 원인은, 우선 인간이 사물의 독립성을 빌려 자신의 생명을 분해하여 인신의 의존관계를 타파했다. 그리고는 사물 사이의 연관 관계를 통하여 생명 사이의 교환관계를 정립함으로써 개인 생명 에너지의 폭넓은 교환이 이루어지도록 한다. 물론 이렇게 모든 것이 사물에 의존되어 형성된 독립적 인격은 물화 된 인격일 수밖에 없고, 사람도 결국은 사물에 예속된 부속물로 전락 된다. 그러므로 이 단계에는 금전을 숭배하고, 이익만 따지고, 큰 이 상이 없고, 물신숭배에 빠지고, 모든 것을 '물물교환의 원칙'으로 해 보려는 상황이 나타나게 된다.

개체 본위는 사실상 '육체 생명 본위'이다. 인간의 창조적 잠재력은 오직 생명의 본능은 통해서만 발휘될 수가 있다. '물질의 의존성에 기초'하여 얻게 된 '인간의 독립성'은 인간으로 하여금 쉽사리 '종적 생명'의 기원으로 되돌아가 본능적 욕망을 그의 활동의 중심에 놓이도록 한다. 이런 상황에서 생명의 수요가 필연적으로 근본 수요로 변하게 되고, 인간의 문명과 문화의 발전도 필연적으로 먼저 '물질세계의 발전'을 표현하게 된다. 그리하여 이 시기에 인간의 현실적 본질은 모순에 빠지게 된다. 물질세계는 발전하고 물질욕망은 만족되었으나, 정신세계는 위축되고 정신생활은 공허하다.

인간이 모나드와 같은 존재로 변하고 이익의 추구가 다원화되면서 인간과 인간, 인간과 자연 사이의 모순도 확대되고 심각해지고 있다. 인간이 자연을 정복의 대상이나 재산의 원천으로 보면서 자연자원을 절제 없이 약탈하고, 자연은 또 인간에게 무정한 보복을 행함으로 인하여 인간과 자연 사이에는 첨예한 적대관계가 형성되었다. 인간이 자연자원에 대한 약탈은 실질상 인간들 사이의 약탈이기도 하다. 이익 분할의 와중에서 유적 관념이 결여됨으로 하여 누구든지 자신만을 생각하고 내가 점유하지 않으면 필연코 남이 점유하게 된다고 생각하면서 미래는 누구도 책임지려 하지 않는다. 이 단계에서 인간과 자연, 인간과 인간 사이의 모순충돌이 아주 첨예해지는 원인은 군체 본위로부터 조성된 군체 사이의 모순이 아직 해결되지 않은 상황에서 모나드식의 다극적인 이익분할의 모순이 겹쳐졌기 때문이다.

우리가 겪어온 20세기는 지금까지의 인류발전사에서 제일 놀라운 백 년이었을 것이다. 이 시대는 인간의 이성은 고양과 아울러 인간의 창조력이 집중 과시되어 생산과 과학기술이 비약적인 발전을 가져온 시대였다. 경제의 세계화와 생산의 현대화가 전 지구적으로 확산되었고, 위성이 하늘을 날아올랐으며, 인간이 달의 등륙에 성공하였다. 그리고 생명복제기술, 인터넷기술, 그 외에도 많은 과학기술발명이 그 시대에 등장한다. 그러나 다른 한편으로, 그 시대는 끊임없는 전쟁의 발생으로 인하여 많은 문제들을 일으켰고, 인간성의 약점을 충분히 보여 준 한 세기였다. 예컨대, 두 차례의 세계대전, 종족 차별, 민족 충돌, 핵무기 위협, 마약의 범람, 에이즈 병의 범람, 인구 폭발, 빈부 양극화, 정신의 위축, 신앙의 위기, 꿈의 소실 등이다. 더욱 엄중한 것은 전 지구적인 생태환경이 날로 악화됨에 따라 대기오염, 온실 효과, 오존층의 파괴, 토질의 사막화, 삼림 면적의 감소, 에너지 위기, 물종 위기, 물 자원 감소 등 이런 문제들은 이미 전반 인류의 생존을 위협하고 있다. 그리하여 사람들은 흔히 20세기를 인류가 막다른 골목길로 몰고 나간 공포의 시대라고 말한다.

현재 인간의 처지는 문학자 디킨스가 표현한 바와 같이, "이는 제일 좋은 시대이면서도 가장 엉망인 시대이고, 이상적인 시대이면서도 막막한 시대이며, 신앙의 시대이면서도 의심스러운 시대이다. 이는 희망찬 봄이면서도 실망스러운 겨울이고, 여기서 사람들은 모든 것이 소유하고 있으면서도 아무것도 없으며, 여기로부터 사람들은 천당으로 가기도 하지만 지옥으로 가기도 한다."[56]

인간은 자신을 헤친 죄인인바, 이 모든 것은 인간이 스스로 빗어낸 결과물들이다. 인간은 동물과 달라서 자신이 빗어낸 결과를 자신이 책임져야 한다. 인간의 생존과 생활에 문제가 생겼다면 응당 인간 자체의 행위를 반성해 봐야 하고, 인간 자체의 본질, 특히 인간이 신뢰하고 있는 이성을 반성해 봐야 한다.

인간이 나타나기 전에 우주는 하나의 자연 통일체였다. 대자연은

---

56) 디킨스, 「두 도시의 이야기」, 제1부 제1장: 시대.

대자연으로서의 법칙이 있었다. 자연법은 천편일률로 공평하고 조금의 사정도 보지 않는 그런 법칙들이다. 이런 법칙의 작용으로 인하여 우주 만물은 모두 자신의 본성에 맞는 그런 관계를 맺고 존재해 왔다. 그리고 그때 당시 모든 일들의 발생은 다 자연 본성에서 기인한 것들이었다. 그런데 인간이 나타나면서부터 상황은 달라졌다. 인간은 본질적으로 자위적인 존재이다. 즉, 대자연은 인간에게 특별한 혜택으로 부분적 통치권을 인간에게 부여해 주었다. 그리하여 인간은 스스로 자신의 행위를 지배하고 스스로 자신의 생활을 관리하게 된다. 자연 사물과 비겨 인간에게 무슨 능력이 있어 무엇으로 자신과 자신의 세계를 관리할 수 있었던가? 한마디로 말하자면 인간이 가지고 있는 이 본능이나 능력은 바로 철학자들이 늘 말하고 있고, 자연이 인간에게 부여한 이성이다.

이성은 인간의 기초적 본성이고, 인간만이 고유해 있고, 또 매 사람들의 마음에서 발생되는 그런 천연적인 능력이다. 인간의 활동은 모두 이성의 지배와 참여로 이루어지는 행위들이다. 이런 의미에서 볼 때, 인간은 칸트가 말한 바와 같은 그런 이성적 주체이다. 이성은 인간으로 하여금 다른 존재로부터 초월되어 만물의 위에서 인간화된 세계를 주재하기 때문에 그것을 철학 용어로 말하자면 자아적 주체이다.

엄격한 의미로 볼 때, 이성과 본능은 상대되는 개념이다. 본능은 생명 존재의 물종 원칙을 표현하고 있는바, 이는 생물로 하여금 환경과 조화로운 평형 관계를 보존하도록 한다. 본능의 작용이 이런 것이고 또 이것에 그친다. 그러나 이성은 이와 다르다.[57] 이성은 인가 행

---

57) 인간의 이성은 본능을 배척하는 것이 아니라 본능을 초월한다. 그러므로 인간의 행위에서 본능은 언제나 작용할 뿐만 아니라 기초적인 역할을 한다. 이성은 반드시 본능을 통하여, 그리고 본능을 빌려 창조성을 발휘하게 되는데, 이는 또한 인간에게서의 본능은 이성의 주도적 작용에 의해 변하기 때문에 동물의 본능과 구분된다는 것을 의미한다. 그리고 통상적으로 말하는 '비이성'이라는 개념은 의식 범주에 속하면서 본능과 구분되면서도 서로 엉켜져 하나로 작용한다. 이성과 비이성은 넓은 의미에서 말하는 이성의 두 구

위의 원칙과 근거이고 인간의 주체적 원칙이다. 그러므로 이성은 인간으로 하여금 생물과 환경 사이에 물종에 의해 규정되는 표면적 적응관계를 넘어서서, 인간의 본성에 따라 사물의 내면으로 들어가 자신의 주동성과 창조성을 발휘하며, 인간과 자연 사이의 평등한 협조관계를 이룬다. 이미 앞에서 언급했던 그런 인간과 대상 사이의 본질교환, 그리고 인간과 인간 사이의 생명 교환은 바로 이성에 근거하고 또 이성에 의해 이루어지고 소통된다.

이성은 형식상 사물에 대한 통일성을 요구한다. 통상적 의미에서의 이성적 사유는 규칙성, 보편성, 필연성, 확실성, 논증 가능성 등의 특징을 가지고 있는바, 논리적 법칙에 맞는 사유를 가리킨다. 이런 것들이 바로 이성의 형식적 특징들이다.

위의 특징에서 잘 드러나고 있는 바와 같이, 이성은 사물에 관통되어 있는 '도(道)'가 인간의 마음에 내화되는 형식이고, 인간이 자신과 자연의 심층적 본질과 법칙에 대한 파악이고 인식이다. 이 점에서 이성적 사유는 개인적 의식과 다르다. 매 개인들은 생활 속에서 각자로서의 느낌, 체험과 생각들을 가지고 있는데 이것이 바로 개인적 의식이다. 한 시대 인성의 표현으로서 이성은 그 시기 인간들이 공유하고 소통하는 인간성의 본질과 추구를 표현하고 있다. 그러므로 이성적인 사유, 통상적 의미에서의 합리적 의식은 필연적으로 다음의 특징을 가지고 있다. 즉, 이성은 그 시대에 사람들이 심중한 사고를 거쳐 함께 받아들이고 이해할 수 있는 것들이다. 이성이 인간에게 최고의 권위성을 지니게 되는 원인이 바로 여기에 있다.

물론 이성은 인간의 행위에 자주성과 창조성을 부여한다. 그러나

성부분이다. 비이성(상상, 직관, 깨달음)과 좁은 의미에서의 이성은 서로 대비된다. 이런 의미에서의 이성은 다만 추상적 논리 사유를 가리킨다. 우리가 여기서 말하는 이성은 넓은 의미에서의 이성이다.

이 자주성과 창조성은 결코 마음대로 되는 것이 아니다. 겉으로 보면, 인간의 자주적 의식으로서의 이성은 마치 완전히 자유로운 것으로 보인다. 그리고 이성은 흔히 인간 행위를 심사하는 종국적 준칙, 근거와 척도라고도 여겨지고 있다. 그러나 사실 이성의 심층에는 그것을 제약하는 보이지 않는 뿌리가 있다. 즉, 이성은 한 면으로는 인간성과 그 역사적 본질에, 다른 한 면으로는 자연의 본질과 법칙에 뿌리를 박고 있다. 이런 의미에서 볼 때, 이성은 인간에게 있어서 타율적이기도 하다. 인간은 이성을 이용함과 동시에 이성에 복종하고 이성의 제약을 받는다. 그러므로 이성은 인간의 본질과 마찬가지로 이중적이다. 이성은 인간이 고유한 능력인데 그의 진정한 기능은, 인간이 자신의 본질에 대한 의식에 근거하여 자연이 고유한 본질을 자각적으로 운용하고 발휘하는 데 있다. 이것이 바로 동물과 구분되는 인간의 훌륭한 본질이다.

이성은 언제까지나 인간의 자주적 의식이기 때문에 오직 자신의 뿌리에 대하여 충분히 자각해야만 자신의 행위를 통제할 수가 있고, 또 오직 그래야만 인간의 행위가 자신 본성의 수요와 자연 본성의 요구에 부합될 수가 있다. 본성이 자각적 의식으로 전환되는 바로 이 과정이 인간의 자주성과 이성의 창조성을 표현하고 있다. 그러나 또 바로 여기에 이성이 인간을 오도하거나 인간이 이성을 오용할 가능성이 잠재해 있는 것이다. 무릇 창조적인 힘은 동시에 파괴적인 힘이고, 인간을 선(善)으로 끌 수 있는 것 또한 인간을 악으로 이끌 수 있는 것이다. 그러므로 이성의 기능은 이중적이다.

여기서 알 수 있는 바와 같이, 이성은 비록 그 자체가 합리적인 것이기는 하나, 자연적으로 합법적인 것은 아니다. 이성은 인간을 자신과 자연의 본성에 맞게 창조하도록 할 수 있을 뿐만 아니라, 그와 반대로 인간을 기로로, 심지어 자신을 훼멸하는 길로 끌고 나갈 수도 있다는 것이다. 그러므로 이성은 반드시 사실의 검증을 받아야 하고, 역사의 발전과정에서 언제나 자신을 바로잡고 자신의 합법성을 확인해야 한다.

이성은 그 내용과 성질에 따라 '신앙적 이성', '인지적 이성'과 '반성적 이성'으로 나뉘는데, 이것이 이성의 여러 형태들이다.[58] 인간의 본성이 역사적인 것인 이상 이성의 내용과 성질도 변화, 발전하는데 이 세 형태의 이성은 또한 인간 이성의 기본적 기능을 표현하고 있다. 인간의 현실적인 상황을 보면, 이 세 종류의 이성은 함께 작용하고 있고 어느 하나라도 없어서는 안 된다. 다만 부동한 역사적 단계에서 그들이 차지하는 지위가 다르고 작용방식과 내용이 다를 따름이다.

역사적으로 구분해 보면 아래와 같다. 군체 본위의 시대는 신화적 인간의 본성에 맞게 신앙적 이성이 주도적 역할을 했고, 개체 본위의 시대는 물화적 인간의 본성에 맞게 인지적 이성이 주도적 역할을 하고 있으며, 자각적인 유 본위의 시대는 전면적 발전을 이룬 인간다운 인간의 본성에 맞게 반성적 이성이 차츰 지배적, 통괄적 위치에 오르게 될 것이다.

인간이 형성되던 초기, 이성은 현실적인 가능성이 없어 다만 상상적 방식으로 인간의 본질을 추구하고, 또 모종의 외적인 초인간의 힘을 빌려 인간의 원망들을 실현하려고 시도했다. 그 시기 이성은 주로 상상력에 의한 신앙적 이성으로 표현되었다. 원시인들의 종교 - 신화 의식, 그리고 고대철학의 본체론 추구는 이를 잘 표현하고 있고, 아동

---

58) 현실에서 사람들은 이성이라는 개념을 넓은 의미에서 융통성 있게 사용하고 있고, 그 내용에 따라 다양하게 분류하기도 한다. 무릇 인간의 본질과 본성을 가진 것들은 모두 이성이라는 이름을 붙이는데, 예를 들면 '도구 이성', '가치 이성', '목적 이성', '과학적 이성', '인문학적 이성' 등 이런 것들이다. 여기서 분류는 그중 일종이다.

시기의 환상의식 역시 그 표현이다. 인간의 힘이 강대해진 이후, 즉 자신의 힘으로 현실적 세계에서 자신의 생활 낙원을 꾸려 나갈 수 있고 피안의 행복이 인간들의 원망을 만족시키지 못할 경우, 그때 인간이 주로 추구하는 것이 이상적인 가치가 아니라 현실적인 가치이므로, 우주를 인식하고 존재를 파악하고 더 나가서 자연을 정복하고 세계를 개조해야 하기 때문에 인지적 이성이 주도적 위치에 오르게 되었다. 근대로부터 철학자들이 제기한 명제들, - 예를 들면, "아는 것이 힘이다(베이컨)." "나는 생각한다, 고로 나는 존재한다(데카르트)." "인간은 자연을 위해 법을 세운다(칸트)." 등 - 그리고 철학과 과학이 종교에 대한 배반과 현대적 과학기술의 발전 등 이 모든 것들은 인지적 이성의 주도적 역할을 시사해 주고 있다. 이것이 바로 현재까지 경과해 온 군체 본위와 개체 본위의 시대에 이성이 발전해 온 기본 맥락이다.

반성적 이성은 이성의 자아의식으로서 자아 반성적이고 자아 비판적인 이성에 속한다. 대자연은 주권을 인간에게 맡기고, 인간은 이성으로 자신의 생활세계를 창조한다. 인간에게는 갈 길이 무수히 많다. 그런데 이성의 오류가 혹시 인간으로 하여금 기로로, 심지어 자신을 괴멸시키는 길로 몰고 나가는 것이 아닐까? 어떻게 해야 이성이 인간으로 하여금 악행을 저지르거나 자연을 해치는 것이 아니라, 인간과 인간의 세계가 차츰 좋은 방향으로 개진되도록 담보할 수 있을까? 물론 결국에 가서 이에 대한 최후의 심판권은 대자연의 손에 달려 있다. 마치 『서유기』에서 손오공이 아무리 곤두박질 재주가 있다고 해도 여래불(如來佛)의 손아귀를 벗어나지 못하듯, 만약 인간이 과분한 악행을 저지르게 된다면 자연은 인간에게 그에 따른 징벌을 주게 되어 있다. 그렇다면 인간에게는 자신의 행위를 교정하는 그런 능력이 없는가? 인간이 자신의 행위를 지배하고 있는 이상, 자신 행위의 오류도 교정할 능력이 있는 것이다. 바로 이 자아교정, 자아비판과 자아완성의 능력을 반성적 이성이라고 한다. 그러므로 반성적 이성은 자아보완의 기능을 가지고 있다. 대자연이 자주권을 인간에게 주기로 응낙한 원인도 바로 이 이성의 반성 능력을 믿기 때문이었다. 다만 반성적 이성은 인간의 유적 본질의 자각이기 때문에 그것은 인간의 전면적인 발전과 자신의 전면적 본성의 점유를 전제로 한다. 그러므로 그것을 자각적 유 본위의 시대에 주도되는 이성이라고 한다.

현재 우리는 개인 본위의 시대에 처해 있다. 이 시대에 현대화로 불리는 사회발전의 흐름은 서양문명에서 발단되었다. 그리고 서양의 문명은 또한 이성주의의 전통을 토대로 한 문명이기 때문에 사람들은 흔히 현대화를 이성화[59]라고도 부른다. 오늘날 시대발전의 주력은 인지 형태의 과학기술이성이다. 과학기술이성은 일종의 도구이성으로서 그 목적은 우주를 정복하고 자연을 통제하여 인간에게 물질적 향락을 만족시키는 것이다. 그리하여 그것은 실용적인 과학기술만을 중시하고 인간 생활의 가치적 추구를 무시한다. 아울러 그것의 통치는 인간에게 물질적 재산의 번영을 가져다줌과 동시에 인간에게 재난을 가져다주고 인간을 소외시킨다.

자각적인 유 본위의 형성

인간은 이성으로 자신의 역사적 행위를 통솔하고 있지만, 역사는 종종 이성의 한계를 벗어나 어떤 초인간적 방식으로 우리도 모르는 사이에 인간성의 변화를 초래한다. 개체 본위와 개성 인격발전이 극치에 도달한 시대가 오게 되면, 그 또한 이 형태의 종말을 의미한다.

---

59) 여기서 이성화는 자유, 민주, 법제, 이성, 과학기술을 포함한다.

개체 본위의 시대가 끝나면 인간은 자각적인 유 본위의 시대에 들어서게 되는데, 이 전환은 인간의 이성을 초월한 상태로 발생한다.

통상적인 이해로 볼 때, 군체 본위는 사람들 사이의 의존관계를 가리키고, 개체본위는 사람들 사이의 의존관계가 해제되면서 매 개인이 단자와 같은 자유적인 존재로 되어 타자에 아무런 의존도 없다. 그런데 사실 이와 같은 생각은 완전한 오해이다. 앞에서 이미 언급했던 바와 같이, 개체 본위에서 해체되는 것은 인간 사이의 일반적인 의존관계가 아니라 인신 예속적이고, 인격 종속적인 그런 직접적이고 편협한 관계이다. 이런 편협한 관계가 해체됨으로써 사람들은 더욱 폭넓고 더욱 심각한 서로 간의 소통과 의존적 관계, 즉 유적 본질의 의존적 관계를 맺게 된다. 개체의 독립적 인격의 형성은 바로 이를 조건으로 하고 있다.

개인과 개체는 다르다. 인간은 태어나서부터 자연적인 생명 개체이고, 모든 생명은 다 하나의 개체이다. 그러나 개인은 타자와 하나가 될 본질을 가지고 있으므로 초생물적, 초개체적 존재이다. 개체가 오직 인간의 유적 본질을 소유하고 내화(內化)해야만 자립적 능력과 자주적 인격을 지닐 수가 있기 때문에, 개인이라는 것은 결국 역사적 사회관계에서만이 형성될 수 있다. 그리고 오직 매 개인이 모두 자립적인 인간이 되고 독립 자주적인 인격을 지녀야만 인간과 인간 사이에 진정으로 평등한 관계가 맺어질 수가 있다. 그러나 이렇게 되려면 반드시 군체 사이의 장벽을 허물고 인간들 사이에 보편적인 유적 소통관계가 이루어져야 한다.[60] 이런 의미로 볼 때, 개체 본위는 인간

---

60) 인격의 독립과 인간의 평등, 이런 것들은 말로 동의한다고 하여 이루어지는 것이 아니고, 어떤 사람의 은혜와 선심으로 이루어지는 것도 아니다. 본질적 차원에서 보면, 이런 것들은 보편적인 유적 연관에 기초한다. 평등은 우선 인격의 평등인바, 독립적인 인격 의식이 결여되어 있는 자에게는 평등을 논의할 여지가 없고, 또 인격의 독립은 군체 본위의 한계에서 벗어나 개성해방의 과정을 겪고 나서만 실현할 수 있는 것이다. 이 점에 대하여 우리는 오랜 현실적 생활 과정에서 깊이 느껴 왔다. 우리는 과거에 한집안 식구

들 사이에 서로의 의존관계를 약화시킨 것이 아니라 반대로 물질적 형식으로 인간 사이의 의존관계를 확대, 심화시켰다.

이것이 오늘날 우리가 직면하고 있는 글로벌 시대의 발전 추세이다. 한편으로 우리 개개인들은 모두 자아 독립적 인격이고, 다른 한편으로 우리는 시장, 무역, 생산, 소비, 정보, 과학기술, 컴퓨터, 인터넷 등의 발전과 아울러 일체(一體)적 관계를 구성해 가고 있다. 오늘날 우리가 살고 있는 이 세상은 우리들의 의식, 기대와 무관하게 시장의 세계화와 아울러 이미 민족 국가와 지역의 경계선이 무너지고, 사람들의 행동도 차츰 하나로 연결되면서 고락과 운명을 같이하는 의존관계를 맺도록 한다. 그러므로 세계화의 본질은 '유성화(類性化)'인바 인간이 직접 유적인 통일체로 진입하고 있음을 의미하는 것이다. 비록 오늘날에도 많은 모순 충돌(인간들 사이의 모순 충돌을 언제나 모면할 수 없다)이 존재하고 있지만, 인간들의 세계의식 혹은 인류의식은 날로 확대되고 차츰 주도적 위치를 차지하는 추세이다. 이런 의식은 경제뿐만 아니라 정치와 문화 영역도 마찬가지다. 제일 돌출한 예가 바로, 사회적 모순 충돌을 해결함에 있어서 원래 관용되었던 강력적 수단이나 전쟁의 방식이 차츰 인심을 잃고, 대화, 협상, 협조, 합

여었다. 겉으로 보기에 우리는 서로 독립되고 평등한 관계를 이루고 있었고, 심지어 우리는 우리들만이 인간다운 삶을 살아가고 진정 평등한 인간관계를 이루고 있다고 뽐내면서 어떤 사람을 만나든지 모두 '동지'라고 불렀었다. 그런데 사실은 어떠했을까? 다른 상황은 그만두고 인간을 지도자와 민중으로 구분되어 있는 관계만 보더라도 여기서 인간은 누구나 독립적인 개인 인격으로 표현되지 않고 있다. '민중'은 언제나 어떤 집단을 지칭하는바, 여기서 개인은 바다 속의 물 한 방울이나 기계에서의 나사못 하나에 불과하므로 독립적인 의미와 인격을 지니지 않는다. 지도자 역시 독립적인 개인이 아니라 하나의 신분이고, 후에는 특수한 계층을 대표하는 인격적 상징이었다. 일단 퇴직하거나 그 직위에서 물러나면 그들은 모든 것을 잃게 된다. 만약 인격의 독립이 없다면 평등한 인간관계는 이루어 질 수가 없다. 우리가 늘 경험하고 있다시피, 지도자들이 민중을 접견할 경우, 지도자들은 흔히 일부러 겸손한 자세로 "나는 배우러 당신네들에게로 왔습니다."라고 말하지만, 이런 자세마저도 사실은 자신의 높은 위치를 보여 주기 위한 것이다. 물론 권위주의에 빠져 있는 자들은 더 말할 나위도 없다. 그 원인을 살펴보면, 비록 우리가 근대로부터 민족해방의 과정을 거치긴 했지만, 개인해방의 과정을 거치지 않았다. 시장경제로 관 본위의 구조를 완전히 깨뜨려 버리고 세계문명에 걸맞은 유적인 보편적 소통관계가 이루어 져야만 개인의 독립적 인격을 확립하고 진정한 평등관계를 실현할 수가 있다. 이것이 바로 우리가 오늘날 완성해야 할 과제이다.

작이 차츰 문제를 해결과 행위방식의 기본원칙이 되고 있다. 이것이 오늘날의 인심의 흐름인바, 누구도 막을 수 없는 중대한 변화이다.[61] 이 변화는 개체 본위가 자아부정을 거쳐 더욱 높은 형식으로 도약하고 있음을 의미하는데, 그것이 바로 유 본위의 현실적 관계와 자각 의식이다.

자본주의는 발달된 시장경제를 토대로 출현했지만, 그것이 사실은 개체 본위를 제도로 형식화한 산물이다. 마르크스는 자본주의 생산의 사회화와 개인점유 사이의 모순을 심각하게 분석했다. 그러나 우리가 중시해야 할 것은, 오늘날의 현대 자본주의의 경제, 정치와 사회는 모두 과거와 달리 심각한 변화를 일으키고 있다는 점이다. 예를 들어, 오늘날 주식형 기업에서의 주권의 관리는 더욱 분산화, 대중화, 민주화의 방향으로 발전하는 추세이고, 자원적인 협조관계와 민주적인 관리방식을 원칙으로 하는 '집단 소유제 경제'(예를 들어 '농협'이나 '합작공장'과 같은 조직)가 흥성, 발전하며, 국영경제가 신속히 발전하고(현재 많은 국가들의 국민생산총액에서 국영경제가 차지하는 비율이 이미 10~30% 정도에 도달), 정부가 경제에 대한 간섭과 조절 기능이 증대되고 있으며(생산, 분배, 교환, 소비, 재생산, 물가, 취업, 사회공평 등 모든 영역), 사회보장과 사회복지가 신속한 발전을 가져오고 있다. (자선사업이나 최저 생활 수요의 보장뿐만 아니라, 정부가 조치를 취하여 국민들의 생활수준을 높이기 위해 노력한다.) 이런 변화는 현대적 자본주의가 고도로 발달된 생산의 사회성에 적응하여 그 생산관계 역시 날로 사회화되고 있음을 의미한다. 즉, 그들은 날로 자

---

61) 이러한 변화를 입증하는 선명한 사례 중의 하나가 유엔의 지위와 작용의 변화이다. 20세기 전반기 사람들은 유엔을 패권주의의 도구로 여기면서 그들이 하는 일을 별로 믿지 않았었다. 그런데 지금은 달라졌다. 물론 현재의 유엔이 최고의 권위를 가지고 있는 것은 아니지만, 근년에 오면서 명망이 점차 높아져 가고 그 작용도 중시되고 있다. 의심할 바 없이, 유엔은 많은 측면에서 어떠한 나라도 비길 수 없는 중요한 역할을 하고 있다. 세계화가 되어가면서 유엔의 역할이 더욱 중요해 질 것은 사실이다.

본주의가 원래 지니고 있었던 사유제도를 약화시키면서 자신의 대립인 "사회주의"로 변해가고 있다.

자본주의는 필연코 사회주의에 의해 교체될 것이라는 견해는 마르크스가 평생의 연구를 거쳐 얻어낸 과학적인 결론인바, 우리도 이를 확신하고 있다. 그러나 과거에 우리는 서양의 이원론적 사유방식으로부터 출발하여 사유제와 공유제를 공존할 수 없는 대립물로 여겼다. 다시 말하면 우리는 자본주의가 스스로 자신을 부정할 수 없고, 사회주의가 자본주의사회 내부에서 생성될 수 없으며, 사회주의와 자본주의는 공존할 수 없는 대립물이라고 여겨 왔다. 그리하여 우리는 다만 외부적인 강력으로 자본주의를 무너뜨리고, 사회주의로 그것을 대체해야 한다고 여겨 왔다. 이 같은 논리에 의하여 20세기 전반기에는 '두 개 진영 사이의 '열전'과 '냉전' 국면이 형성되었다. 만약 우리가 역사를 존중한다면, 이와 같은 인식이 일방적이고 심지어 오류라는 것을 승인해야 할 것이다. 사물 발전의 역사는 사실상 모두 사물 자체의 변화로 이루어진다. 즉, 오직 사물의 본질이 충분히 전개되고 실현되어야만 그것이 더욱 고급적인 존재로 나가 진정한 의미에서의 발전을 이룰 수 있다. 다시 말하자면, 마치 개인의 자아실현과 마찬가지로, 모든 사물의 발전 역시 노력이 없이는 자아 본질의 실현과 자아 완성이 이루어 질 수 없고 또 자아 존재의 부정을 이루어 낼 수도 없다. 여기서 '자아 완성'과 '다른 사물로의 변화'는 완전히 동일한 과정을 가리킨다. 물론 사물은 외부로부터 무너뜨려 소멸될 수도 있다. 예를 들어 우리가 현실 속에서 늘 경험하고 있다시피, 사람들은 계란을 깨 버릴 수가 있다. 그러나 이것은 진정한 의미에서의 발전이 아니다. 이로부터는 원래의 사물보다 더욱 고급적인 사물로의 발전이 이루어 지지 않는다.[62]

과거(변증법적 유물주의의 원리에 따르면) 우리는 모순을 사물발전의 원천이라고 해석해 왔는데, 사실 '자아 극복'도 사물의 변화 발전의 원천과 형식이고, 또 이 형식은 더욱 보편적이고 적절하게 '발전이 자아지양'이라는 점을 잘 표현하고 있다. 자본주의가 필연적으로 사회주의에로 발전하게 되는 것은, 자본주의 사유제도에 스스로 극복할 수 없는 모순과 폐단이 존재하기 때문이기도 하지만, 자본주의가 존재하려면 반드시 자아 완성에 힘을 써야 하고, 또 자아 발전과 자아 완성은 필연적으로 자아 지양에 이르러 타자에게로의 전환을 이루기 때문이다. 역사 발전의 사실이 바로 이러하다. 오늘날의 자본주의 세계는 마르크스 시대의 자본주의사회가 아니라 일련의 개혁 조치로 자아 완성을 도모하여 이미 중대한 변화가 일어났고 또 많은 새로운 상황이 발생되고 있다. 우리가 만약 전통적 사유방식에서 형성된 자본주의와 사회주의의 대립이라는 고정관념을 버리고 사회 발전의 실질적 내용으로 볼 때, 옛날 소련과 중국에서 사회주의라는 명의로 하려고 하다가 못해낸 많은 일들, 예를 들면, 삼대 차별을 없애고, 양극 분화를 줄이며, 국민 생활의 질을 높이고, 인류의 생존에 유리한 현대 사회문명을 창조하는 이런 것들이 이미 자본주의사회가 추구하는 목

---

62) 이 점에 대한 우리의 경험 교훈은 아주 심각하다. 20세기 1950년대부터 1970년대까지 우리는 소련을 모델로 삼아 소위 사회주의를 건설해왔다. 그렇다면 그때 우리는 어떻게 사회주의를 이해하고 있었던 것일까? 우리는 사회주의를 자본주의의 대립물로 여겼다. 그때 우리는 오직 자본주의를 철저히 비판하고 자본주의와 '반대로만 한다.'('4인방'이 만들어 낸 어구)면 우리는 자신의 손에 쥐어진 권력(무산계급의 독재)으로 이 땅 위에 사회주의를 건설할 수 있을 것이라고 믿어 왔다. 그리하여 자본주의가 사유제인 반면 우리는 공유제이고, 또 공적인 것이 크면 클수록, 순수하면 순수할수록 좋다고 여겼었다. 자본주의가 시장경제를 발전시키는 반면 우리는 계획경제를 발전시키고, 자본주의에 양극분화가 존재하는 반면 우리는 모두 가난해질지언정 '자신계급의 특권'을 철저히 부정하려고 시도했다. 자본주의에 대한 배척은 극단적 상황까지 이르렀다. 자본주의의 모든 요소들이 우리 땅에서 완전히 사라져 조금의 꼬리도 남겨놓아서는 안 된다고 주장했다. 그리하여 '자본주의의 꼬리'라는 말이 유행하였다. 그리고 심지어는 "사회주의의 풀을 키울망정 자본주의의 모를 키우지 말아야 하고", "느린 사회주의 기차를 요구할망정 빠른 자본주의 기차를 요구하지 말아야 한다."는 구호마저 외쳤었다. 이는 완전히 자본주의에 대한 '추상적인 부정'이었다. 그럼 이렇게 반대로만 했던 결과는 어떠했을까? 우리가 모두 경험했었던 바와 같이, 이로써 우리는 자본주의보다 더욱 높은 난계의 사회를 창출해 낸 것이 아니었다. 오히려 이러한 정책은 소련과 동유럽의 사회주의를 무너뜨렸다. 우리가 무너지지 않은 것은 제때에 방향을 바꾸어 개혁개방의 방침과 노선을 실행해 나갔기 때문이고, 또 그렇기에 우리의 오늘이 있게 된 것이다. 이 침통한 경험교훈은 영원히 간직해 두어야 한다.

표로 되어 있고, 어떤 자본주의 국가들은 이런 것들이 이미 자아완성 과정에서 현실로 되어 있거나 현실로 되고 있다. 물론 이런 것들이 자본의 소유자들에 최초에 바랐던 것은 아닐 수도 있겠지만, 역사라는 것이 사람들의 의지를 완전히 충족시키는 것도 아니다. 마르크스가 자본주의 초기 단계에 살았기에 자본주의가 가지고 있는 자아완성, 자아부정의 잠재력에 대하여 인식이 부족했다는 점은 이해된다. 그러나 변하고 있는 오늘날 자본주의세계를 놓고, 우리가 과거의 관점으로 바라본다면 그것은 합리적이고 공정한 태도가 아니다.

사회 발전과 아울러, 오늘날 자본주의 세계에 살고 있는 사람들에게서 인간관계와 인간 관념이 과거와 많이 달라졌다. 세계는 점차 작아지지만 삶의 의의는 차츰 커지고 있다. 물질생활이 충족해진 뒤, 인간의 삶의 의미와 가치문제가 돌출되면서, 사람들은 차츰 정신생활의 충실과 만족에 심혈을 기울이고 있다. 오늘날 아직도 많은 사람들은 이기적이고 욕심도 사납다. 그러나 더욱 많은 사람들은 단자와 같은 존재의 협애함과 답답함을 경험하고는 소아의 공간을 벗어나 대아의 경지를 추구한다. 그리하여 많은 사람들이 남을 돕고 동네, 커뮤니티와 인류공동체의 생활과 운명에 관심을 가지면서 인생의 가치를 찾고 삶의 기쁨을 경험한다. 그들에게서 생각의 출발점은 더 이상 자아가 아니라 인간, 인간의 생존, 인간의 행복과 인간의 미래이다. 언제부터인지는 모르겠으나, 많은 사람들이 동양의 문화전통, 특히 중국의 윤리적 문화에 흥취를 갖고 중시해 왔는데 이는 결코 우연한 일이 아니다. 자아 본위의 서양식 생활방식과 삶의 세계가 불만스럽고 뭔가 더욱 열린 생활이념과 더욱 높은 생존경지를 추구하기 위해서이다.

오늘날 생태 문제가 발생하고 첨예하게 제기되는 원인도 날로 증강되고 있는 사람들의 환경의식과 밀접한 연관이 있는 것이다. 그리고 환경의식은 또한 사람들의 인간, 자연, 인간과 자연 사이의 관계에 대한 관념과 의식에 심각한 변화가 일어나고 있음을 의미한다. 사람들은 차츰 자각하여 자연이라는 것이 인간 밖에 있는 다른 종류의 존재가 아니고, 또 인간 역시 자연의 위에서 우주를 통치하는 존재가 아니며, 인간과 자연은 본래부터 우주의 대 생명에 공존하는 것이므로 자연을 사랑하고 보호하고 존중하는 것이 인간 자신을 사랑하고 보호하고 존중하는 것이니 마찬가지이다. 바로 이와 같은 유적인 의식이 차츰 각성됨으로써 많은 사람들이 생명의 위험을 무릅쓰고 멸종의 위기에 처한 물종을 구하려 노력하고 있고, 또 학자들은 생태윤리, 생태중심론, 인간중심주의 비판 등등의 이론들을 제기하고 있다.[63]

유적 주체, 이것은 인간이 진정한 인간으로 되었음을 의미하는 존재 형식이다. 이 형태에서 인간은 군체 본위에서와 같은 그런 개체를 초월한, 개체 밖에 실존하는 실체로서의 대아(大我)가 아니고, 또 개체 본위에서와 같은 그런 서로 고립되고 분열된 단자식의 소아(小我)도 아니며, 매 개체에 보편적으로 존재하면서도 그것들의 본질적 통합으로 공동체를 구성하는 유적 존재이다. 여기서 매 개인은 독립적인 인간인 동시에 보편적인 인간이다. 다시 말하면, 개인과 유는 하나로 융합되고 소아와 대아는 하나의 통일체를 이룬다.

---

63) 나는 인간중심주의라는 모호한 개념 사용을 찬성하지 않는다. 현재 환경과 생태문제를 해결해야 한다는 점은 누구나 찬성하는 일치한 바람과 인식이다. 문제는 어떻게 이것을 해결해야 하는가이다. 물론 자연을 제멋대로 강탈하는 인간의 행위를 제한하는 것에서부터 시작해야 한다는 것도 당연한 일이다. 이는 가본적 전제조건이다. 이러기 위해 우리는 제도를 세우고 조치를 취해야 하며 동시에 인간이 가지고 있었던 지이의식도 바꾸어야 한다. 이런 의미에서 인간중심주의를 극복해야 한다는 것은 필요하고 당연한 것이다. 그러나 이론적 측면에서 볼 때, 이와 같은 주장은 소극적이고 불명확하고 또 실천하기가 어렵다. 인간중심주의를 벗어나 어디로 가야 되고 또 무엇을 중심으로 해야 하는가? 이에 대히 면확한 대답이 없다. 내가 볼 때, 이론과 관념의 차원에서 우리는 응당히 이중생명의 관점에 근거하여 인간의 유적 의식을 고양시키고 인간의 내적 본성(자아중심과 자아개방의 이중적 본성)을 발휘시켜야만 진정으로 문제를 해결할 수 있을 것이라고 생각된다. 오늘날 현실에서 제일 박절한 수요는, 개인본위의 본능생명중심을 벗어나 자각된 유 생명 중심을 확립해야 한다. 내가 볼 때, 현재 사람들이 생태문제를 해결하기 위해 많은 여러 가지 방안들을 모색하고 있지만, 그 본질은 동일한 것이다. 즉, 이는 인간의 유적 의식이 싹트고 있음을 의미한다.

자각적인 유적 주체는 인간성의 충분한 각성을 전제로 한다. 그것은 한편으로는 주체 사이의 결합과 통일로 개체 사이의 화해를 추구하고, 다른 한편으로는 개성을 억압하지 않고 모든 개인이 개체적 자아로서의 자주성과 독립성을 실현하도록 한다. 이것이 바로 유적 본질을 자각한 인간, 즉 마르크스가 말한 '자유 개성'이다.

유적 주체의 실현은 오늘날 시대의 요구이고 인류발전의 필연이다. 전면발전에 기초한 자유개성은 완성된 주체의 형태이다. 완성된 인간은 자신의 전면적인 본질을 점유하고, 인간과 인간, 인간과 자연, 인간과 자신 사이의 본질적 통합을 이룬다. 그리고 자아주체로서의 인간은 인간의 자각성과 자유성을 잘 표현한다.

자각적인 유적 본위의 시대는 고대로부터 인간들이 동경하고 기대했던 이상적 사회이다. 서양에서 플라톤이 '이상 국가'의 모델을 제시한 뒤, 매 시대마다 사상가들은 자신만의 이상사회를 구상해 왔다.[64] 중국도 마찬가지로 고대로부터 '대동세계'라는 사회 이상이 전해 내려왔다. 유가의 경전인 『예기』에는 이 이상사회의 모형에 대하여 아래와 같이 구체적으로 서술한다.

> 대도가 행해지면 천하는 공적(公的)인 것이 된다. 어진 덕이 있는 자나 재능이 있는 자를 뽑아 사회를 다스리게 하고, 믿음을 가르치고 화목함을 닦는다. 그러므로 사람들은 자기의 어버이만을 친애하거나 자기의 자식만을 친애하지 않게 된다. 노인은 안락하게 삶을 마칠 수 있고, 젊은이는 충분히 자기의 힘을 사용할 수 있으며, 어린이는 안전하게 자랄 수 있고, 홀아비, 과부, 부모 없는 고아, 자식 없는 외로운 사람과 병든 사람들이 모두 보살핌을 받을 수 있게 된다. 남자에게는 일정한 직분이 있고, 여자

---

64) 예를 들면, 아우구스티누스(Aurelius Augustine, 345~430)의 『신국』, 토머스 모어(Thomas More, 1478~1535)의 『유토피아』, 캄파넬라(Tommaso Campanella, 1568~1639)의 『태양의 도시』, 멜리에(Jean Meslier, 1771~1858)의 『비망록』, 베이컨의 『새로운 아틀란티스』, 생 시몬(Saint-Simon, 1760~1825), 오언(Owen, Robert, 1771~1858), 푸리에(Fourier, 1772~1835)의 공상적 사회주의 등이 있다.

에게는 시집갈 곳이 있다. 재물을 땅에 버리지는 않지만 그렇다고 반드시 자기가 가지려고 하지 않으며, 힘이 있어도 자기만을 위하지 않는다. 그러므로 간사한 모의는 닫혀져서 생겨나지 않고, 도절난적(盜竊亂賊)은 일어나지 않는다. 그래서 바깥문을 닫지 않고 안심하고 생활한다. 이것을 대동(大同)이라고 한다.[65)]

고대인들이 제기한 대동세계의 이상은 다만 인간이 본능에 따라 아름다운 미래를 바라는 것이므로 고대에서는 실현될 조건이 주어지지 않았다. 서양에서는 이런 것을 유토피아라고 불렀는데, 라딘이에서의 Utopia는 그리스어에서의 ou(없다)와 topos(장소)에서 유래했으므로 본래는 '있을 수 없는 곳'이라는 의미이다. '있을 수 없는 곳'이니 전혀 실현될 수 없는 주관적 공상이다. 그래서 철학사에서는 이러한 이론을 '공상주의'라고도 한다. 그러나 이는 이러한 이론이 아무런 근거가 없다는 의미는 결코 아니다. 그 근거가 비로 인간이 처음부터 경험하게 되는 생명의 근본적 융합인 유적 본질이다.

만약 과거에는 그것이 실현될 여건이 안 되어 공상이라고 했다면, 오랜 발전을 거쳐 유적 본질이 충분히 전개된 오늘날에 와서는 그것이 더 이상 공상이 아니라 인간의 유적 본질을 실현해 나가는 현실적 행동의 목표인 것이다.

인간과 인간, 인간과 대상, 인간의 세계와 자연의 세계가 본질적 통일을 이룬 '유성', 이것이 바로 인간이 다른 생명체와 구분되는 독특한 본질이다.

---

65) 禮記・禮運.

05

유철학과 인간의 본질

유 개념의 제기

전통철학의 사유에 따르면, 한 사물을 이해한다는 것은 그것의 '본질'을 찾아낸다는 것이다. 본성이라는 것은 한 사물의 규정성으로서 그 사물이 다른 종류의 사물이 아니라 그 종류의 사물임을 규정해주고 있다. 본성은 사물의 존재양태, 활동방식, 변화의 한계 등을 규정해 주고 있는바, 부동한 사물은 본성의 차이로 구분된다. 일반적으로 사물은 자신의 본질을 부정하거나 초월할 수 없다.

인간이 존재의 일종으로 분류되어 있는 이상, 그에게도 본질적 규정성이 존재한다. 그런데 문제는, 앞에서 이미 언급한 바와 같이, 인간의 본성은 다른 사물들과 같이 그렇게 서로 구분되는 본질과는 다르다. 즉, 그에게서 본질의 규정 방식은 이미 변화되었다. 사물의 본질은 자연적 물종의 규정이지만, 인간의 본질은 자위적인 본성인바, 인간 자체의 활동에 의하여 규정된다. 사물은 자신의 존재 본성을 초월할 수 없으나 인간은 아주 특이하게도 자신의 규정성을 끊임없이 초월하는 것이 그 본질이다. 이런 본질은 엄격하게 말하면 '본질'이라고 부르지 말아야 한다. 왜냐하면 그것은 이미 본질이라는 개념의 함의와 그에 대한 통상적인 이해를 벗어나 있기 때문이다. 그러나 인간을 이해하기 위하여 우리는 이미 습관적으로 사용해온 본질이라는 개념을 사용하지 않을 수가 없다. 다행히도 본질이라는 개념은 보편적인 개념으로서 모든 존재자에 적용된다. 다만 그것을 인간에게 적용하여 인간의 본질적 속성을 설명할 경우, 반드시 그것을 규정지어 주는 이념이 있어야 다른 사물들의 본질적 규정성과 구분되고, 또 그래야만 인간의 본질을 사물의 본질로 파악하는 그런 통상적인 관념에서 벗어날 수가 있다.

그렇다면 어떤 이념으로 인간의 본질을 규정해야 그 규정방식으로부터 인간과 사물을 구분해낼 수 있을까?

이러한 개념을 선택하기 위한 결단은 상당히 어려운 일이다. 철학사에서 인간의 본질적 특징을 규정한 개념은 없다. 비록 기존의 많은 철학자들이 인간의 본질이 사물의 본질과 다르고 그러므로 인간을 인식하는 방법이 사물을 인식하는 방법과 구분되어야 한다고 주장해 왔고, 심지어 어떤 철학자들은 새로운 개념들을 도입하여 인간성을 설명하려고 시도했었으나, 아직까지도 사람들이 보편적으로 수용할 수 있는 그런 개념(이념)이 형성되지 않았다.

나는 심사숙고한 결과, '유'라는 개념을 선택하여 사물과 구분되는 인간의 본질을 해석하기로 결정했다. 나의 생각에 따르면, 만약 우리가 인간 외의 모든 사물을 물종들의 규정성에 따라 '종적 본질'이라고 말할 수 있다면, 인간의 본질은 유적 본질이라고 볼 수 있을 것이다. 유라는 개념으로 인간성의 특징을 설명하게 되면, 적어도 본질적 규정방식에 있어서 인성과 물성은 근본적으로 구분된다. 왜냐하면, 유는 종과 대응되면서도 초월되어 있다. 그러나 이는 결코 유라는 개념이 인간성을 규정짓는 데 딱 맞아떨어지는 개념이라는 말이 아니다. 유라는 개념도 자신의 제한이 있기에 그것을 사용하려면 많은 해석을 가해야 한다는 점을 나도 잘 알고 있었다. 다만 나로서는 이보다 더 합당한 개념을 찾지 못했다. 만약 누군가가 이것보다 더욱 좋은 개념을 제기하여 인성과 물성을 구분한다면 나는 기꺼이 접수하고 받아들일 것이다.

유라는 이 단어는 우리가 늘 사용하고 있는 아주 일상적인 단어이다. 이 일상적인 단어는 사람뿐만 아니라 사물의 경우에도 쓰인다. 단어의 의미로 보면, 유는 분류(分類), 유별(類別), 동류(同類) 등 단어들에서 제시되고 있다시피, '사물이 합쳐지거나 구분되는 한계'라는 의미이다. 우리나라 고대의 주역에서는 "삼라만상은 성질이 유사한 것끼리 모이고 만물은 무리를 지어 나뉘며(方以類聚, 物以群分)", "같은 종류끼리 서로 따르므로(各從其類)", "군자는 사물간의 유속관계를 잘 가린다(君子以類族辨物)."고 쓰여 있다.[66] 이렇게 볼 때, 유라는 단어는 제한된 대상에게만 쓰이지 않는다. 사람도 인류라는 유의 공통성이 있고, 사물도 성질이나 특점이 같아 유기물의 종류, 무기물의 종류 등과 같이 분류된다. 이것이 유라는 단어의 기본 의미이다.

일반적 상황에서, 단어는 개념으로 볼 수가 있다. 개념은 언제나 단어로 표현되기 때문에, 하나의 단어는 하나의 개념을 상정한다고 말할 수 있다. 그러나 필경 단어와 개념은 다르다. 개념은 특정한 대상의 본질 속성을 표현하고 있기 때문에, 매 개념마다 확정된 내포와 외연이 있다. 단어로서의 유는 흔히 종류라는 함의에서 쓰이는데, 이 단어의 사용상에는 대상의 제한을 받지 않고 의미도 자의적이기에 그

---

66) 周易: 繫辭, 乾文言, 同人.

분류 또한 수요에 따라 다르다. 다시 말하자면, 일상 생황에서 사람들이 말하는 종류라는 단어는 각자가 다르게, 융통성 있게 사용할 수가 있다. 그러나 지금 우리가 여기서 인간성을 설명하기 위하여 사용하고 있는 유적 존재와 유적 본질은 확정한 대상을 표현하는 개념이기 때문에, 여기서 유라는 개념은 내포가 확정되어 있고, 더 이상 분류나 종류라는 단어의 간단한 의미가 아니다.

우리가 이미 앞에서 인간성에 대해 분석했었던 바와 같이, 인간으로서의 인간, 그래서 인간으로 불리는 이유는, 그것의 본질적 특징이 물종의 협애한 본성을 초월해 있기 때문이다. 또 그런 의미에서 인간은 모든 사물과 구분되면서도 또 본질적으로 모든 사물들과 일체적 관계를 이룬다. 인간의 유적 본질이 시사하는 바는, 인간의 개체 생명은 오직 타인의 생명 그리고 외부의 대상세계와 내재적, 통일적 일체(一體)관계에서만 존재할 수가 있다는 것이다. 그리고 이 내재적, 본질적, 통일적 일체관계는 인간의 의식적 활동의 대상인 동시에 또한 자위적 활동이 준수하는 기본 원칙이기도 하다.

인간의 본성으로서의 유 개념은, 인간이 고유한 생존활동방식이 이미 인간의 생명으로 하여금 보편적인 관계에 융합되어 존재하도록 하고, 또 그러므로 인간은 본질상에서 반드시 타인, 타자와 함께 자아 동일성이나 자아 통일적 관계를 구성해야 한다는 것을 의미한다. 유적 본질은 인간이 오직 타인, 타자와의 대상성 관계에서만 자신의 본질을 실현할 수 있는 존재임을 의미하고 있다. 이것이 바로 다른 모든 존재자와 구분되는 인간의 본질적 규정성이다.

인간 외의 사물, 예를 들어 동물의 경우, 동일한 물종에 속하는 개체들은 모두 동일한 본질, 동일한 행위방식과 동일한 행위의 연관성을 가지고 있는바, 만약 그렇지 않다면 동일한 물종의 동물이 아니다.

겉으로 보기에 동물의 이와 같은 통일적 관계 역시 유적 관계인 것 같고 유적 존재의 성질을 띤 것 같다. 그래서 그들을 육식류 동물, 초식류 동물, 어류 동물 등과 같이 유로 분류한다. 물론 이런 분류 역시 의미가 있고 우리들의 어떤 특수한 요구를 만족시키고 있다. 그러나 이는 다만 그들이 같은 속성을 가지고 있다는 것이지, 결코 같은 유적 존재라는 것은 아니다. 즉, 유성(類性)이 결코 그들의 본질을 구성하고 있는 것이 아니다.

그러면 이 양자가 도대체 어떻게 구분되는가? 여기서의 근본은, 같은 종류의 동물들의 행위방식의 일치성은 그들 물종의 본질적 규정으로서 그들 본능의 천연성에 속하는 것이고, 일종의 외적 무형의 힘에 의하여 구성되는 것이다. 그리고 그들에게서 유적인 관계는 동물 활동의 대상이 아닐 뿐만 아니라 그들 활동의 원칙도 아니다. 동물을 놓고 보면, 그들에게는 유적인 생활도 없고 유적인 의식도 없다. 모든 존재자들 가운데서 오직 인간만이 아래의 경지에 도달해 있다. 즉, 인간은 타인, 타자와 유적 연계를 맺으면서 존재할 뿐만 아니라, 유를 자신활동의 내적 규정으로 삼아 의식적으로 자신의 행위에 관철시킴으로써 인간은 유적 의식과 유적 생활이 형성된다. 그러므로 오직 인간만이 유적인 본질을 지닌 그런 유적인 존재이다.

대상적 관계로부터 보면, 동물은 생존을 위하여서는 반드시 외부세계와 물질, 에너지, 정보를 교환해야 한다. 어떠한 종류의 동물이든 막론하고 그들에게는 모두 그들과 밀접한 연관을 가지고 있으면서 생존의 기반이 되고 있는 생존 환경과 생존의 세계가 있다. 이 현상은 마치도 동물의 생명도 대상 세계와 일체적 관계를 이루어 '유적 성질'의 관계를 보존하고 있는 것과 같이 보이기도 한다. 그러나 우리가 잘 분석해 보면 알 수 있는 바와 같이, 그것은 다만 겉으로 드러나는 현상에 불과하지, 사실상 인간과 대상세계의 관계와는 전혀 다르다. 인간의 '유적 본질'이 표현하고 있는 것이 다만 인간과 생존환경 사이의 일체적인 관계일 뿐만 아니라, 더 나가서 전반 세계로 향한 존재로서의 인간이 늘 자신의 생존 활동을 통하여 특정된 환경의 한계를 초월하면서 생존세계를 넓혀 가고 있음을 의미한다. 그러므로 우리는 인간을 '세계적인 존재', 즉 세계와 하나로 융합되는 그런 본질을 가지고 있다고 말하는 것이다.

여기서 제기되는 것이 바로 성질이 근본적으로 다른 두 종류의 관계이다. 겉으로 보기에 인간이나 동물은 모두 개체 생명의 형식으로 외부대상과 관계를 형성한다. 그러나 사실상 인간과 외부세계와의 관계는 동물과 외부세계와의 관계와 근본적으로 구분된다. 동물은 그가 가지고 있는 본성으로 외부세계와 관계를 맺는데, 그 과정이 구체적으로는 본능적인 활동으로 표현된다. 그렇지만 인간은 자신이 고유한 유적 본질의 작용으로 외부세계와 관계를 발생하게 되는데, 여기서 개체는 인간의 유적 본질과 유적 능력의 실체적 담당자이다. 그렇기 때문에 그들과 관계를 맺고 있는 대상의 성질도 근본적으로 다르다. 동물들은 개별적인 존재만을 상대하면서 개별적인 상대들과 관계를 발생한다. 그들에게서는 먹을 수 있는 것들은 식물이고 자신의 생명을 위협하는 것들은 적일 뿐, 그 밖에는 아무것도 없다. 그러나 인간은 다르다. 인간은 개별적 사물을 대상으로 삼고 있을 뿐만 아니라, 유적 본질도 대상으로 삼고 있다. 다시 말하면, 인간은 자신의 유적 본질과 외적 존재의 유적 본질 사이에 대상적 관계를 맺는다. 그러므로 앞에서 이미 언급했었던 바와 같이, 인간과 외부세계 사이에 교환되는 것이 다만 물질, 에너지, 정보뿐만 아니라, 더 중요하게는 본질이다. 소위 본질의 교환은 유와 유 사이의 교환이다. 인간과 대상 사이의 교환이 본질적 차원에서 이루어져야만, 인간의 본질과 사물의 본질이 모두 이 교환 활동으로 인하여 변화를 일으키면서 서로 융합을 이룬다. 인간의 이성, 개념, 상상은 모두 이런 관계에서 형성되고, 또 인간과 세계 사이의 융합을 위한 도구로 사용되므로, 그것들 역시 유의 표현 형식이라고 말할 수 있겠다.

이러한 관점에서 볼 때, 비록 모든 사물이 다 유적 관계에서 존재하지만,[67] 오직 인간만이 이런 보편적인 연관성을 의식적인 자각행위로 형성하고, 또 그것을 내적인 본질의 통일관계로 발전시키며, 더 나가서는 그것으로 자신의 본질을 구성한다. 이런 의미에서 우리는 인간은 유를 본질로 삼는 존재이고, 또 오직 인간만이 "유적 존재"라고 말한다. 여기서 유적 존재는, 인간에게 동물의 물종과 구분되는 특이한 본질이 있다는 것을 의미하고, 인간의 내재적 본질의 차원에서 발생되는 자유와 자각의 통일적 관계를 의미한다.

유 관념 근원

내가 유라는 개념을 사용한 것은 어떻게 보면 철학사를 계승한 결과라고 말할 수 있겠다. 즉, 이 개념은 결코 내가 제일 먼저 사용한 것이 아니라, 일찍이 19세기 때 마르크스, 포이어바흐, 헤겔이 이미 사용했었다. 물론 그들이 이 개념의 함의에 대한 해석은 서로 달랐다. 만약 우리가 유에 관한 사상의 흐름을 거슬러 올라가 본다면, 그것의 발단은 결국 철학의 기원에 있음을 알 수가 있다.

인간은 한편으로는 사물과 본질적으로 구분되지만 다른 한편으로는

---

67) 여기서 유적 관계란 사물 사이의 보편적인 연관성을 말하는데, 현실적인 모든 사물은 다 보편적인 연관성 속에서 존재할 수밖에 없고, 아울러 고립된 사물은 절대 존재할 수가 없다.

모든 사물과 내재적·본질적 연관을 가지고 있고, 또 인간의 개체생명은 한편으로는 자신의 독립성을 지니고 있으면서도, 다른 한편으로는 매 생명 개체 사이에 내재적 통일의 관계를 유지하고 있다. 인간의 이와 같은 유적 본질은 그들이 인간으로서 태어나는 순간부터 어느 정도 표현되기 시작했었다. 다만 최초의 단계에서 인간의 유적 본질은 맹아의 형태였기에 오늘과 같이 전면적이고 완전한 상태가 아니었다. 그러므로 사람들이 인간의 본질을 이론적으로 해석해 보려고 시도하였을 경우, 예를 들면 고대 그리스철학의 경우, 비록 사상으로 명쾌하게 드러나지는 않지만, 그래도 불분명한 형식으로라도 인간의 유적 본질을 표현하였다.

고대 그리스철학은 처음부터 인간을 만물의 존재에서 승화시킨다. 최초의 철학자들은 단지 사물뿐만이 아니라 인간도 함께 인식하려고 시도했다. 그들의 관념에 따르면, 인간은 인식의 주체이고 만물은 인식의 대상이었다. 예를 들면 그때 유명한 소피스트인 프로타고라스(Protagoras, 기원전 5세기)는 아래의 명언을 남겼다. "인간은 만물의 척도이다. 존재하는 것에 대해서는 존재한 것의, 존재하지 않는 것에 대해서는 존재하지 않는 것의 척도이다."[68] 여기서 인간과 만물은 이미 서로 구분되는 대치적 관계에 처하게 된다. 그들의 견해에 따르면, 인간이 만물과 구분되는 점이 바로 인간에게 이성적 영혼이 있다는 것이다. '인간은 이성적 사유를 가진 동물'이라는 것이 그때 철학자들의 보편적 의식이었다.

고대 그리스의 철학자들은 비록 인간을 만물 가운데서 승화시켜 하나의 특수한 유와 특수한 본질을 가진 존재임을 승인하기는 하였지만, 결코 인간과 사물을 분리시키지 않았고, 후에 근대철학자들처럼

---

68) 먀오리텐(苗力田), 『고대그리스철학』, 중국인민대학출판사, 1989, p. 185.

인간과 사물이 완전히 대립되는 상황으로 해석하지 않았다. 그들의 관념으로 볼 때, 인간과 만물은 동일한 성질을 가지고 있을 뿐만 아니라, 동일한 본원에서 기원했고 동일한 본체에 속한다. 그리하여 그들은 "만물의 본체는 무엇인가?"를 철학의 주제로 삼았다. 그들의 이해에 따르자면, 본체로 불리는 존재는 필연코 만물의 성질과 인간의 성질을 설명할 수 있는 존재여야 한다. 이런 존재가 사실은 만물이 통일체를 이루도록 해줄 수 있는 그 '유적 본질'을 가진 존재이다.

인간은 오직 인간 공동체에서만 생존하고 발전할 수 있다는 점을 고대 그리스철학자들도 알고 있었다. 아리스토텔레스는 "인간은 일종의 정치적 동물이다."라는 명제를 명확히 제기했다. 그가 말하는 정치란 도시국가나 도시사회를 가리키는바, 그 도시가 바로 인간의 결합으로 이루어진 정치공동체, 즉 최초의 사회공동체 형식이다. 아리스토텔레스의 견해에 따르면, 인간은 선천적으로 사회적 본능을 가지고 있어 반드시 공동체를 구성해야 생존할 수 있고, 만약 서로 떨어지게 되면 생존이 불가능하게 된다. 그리하여 그는 아래의 결론을 도출해낸다. 즉, "도시국가는 본질상에서 가정과 개인에 선행한다. 왜냐하면 전체가 필연적으로 부분보다 더 근본적이기 때문이다."[69]

고대 그리스철학자들은 비록 유적 존재, 유적 본질과 같은 개념을 제시하지는 못했지만, 그들은 모두 인간과 사물, 신체와 영혼, 이데아와 개별자, 사유와 존재, 인식과 대상, 본체와 변체, 보편성과 특수성 등 사이의 통일적 관계로부터 출발하여 그 차이점을 제시하려 시도했었다. 이와 같은 원시적이고 미분화된 관점 역시 유적 본질에 대한 최초의 이념이다. 그러나 이것은 원시적 본능의식에 불과한 것으로서, 얼마 지나지 않아 추상적 사유가 발달되고 과학적 의식이 홍기하면서

---

69) 먀오리톈(苗力田) 편집, 『아리스토텔레스 전집』 제9권, 중국인민대학출판사, 1994, pp. 4-7.

원래 있었던 대체적이고 직관적인 의식은 분해, 분화되었다. 특히 플라톤이 이념론 철학을 제기한 뒤, 개념은 날로 추상화된 이데아(공통성)로 발전해 나갔고, 원래 통일적 관계에 있었던 부동한 사물들은 차츰 양극으로 분화되어 대립적 관계로 변화되었고, 인간의 본질도 인간의 존재와 분리되어 개체 생명을 초월한 영원한 존재로 변화되었다. 중세에 '하느님'이라는 개념은 바로 인간에서 분리되어 나간 유적 본질을 신성화하고 실체화하여 형성된 것이다.

중세 때, 하느님은 세상을 창조한 주이고, 전지전능하며 지고지상한 신성한 존재이며, 만물의 주재이고 자연과 인간을 낳은 조물주이다. 이런 관념이 비록 중세기 사람들에게서는 보편적인 종교 신앙이었으나 오늘날의 관점에서 볼 때 그것은 다만 소외된 인간의 유적 본질의 표현이다. 포이어바흐는 인간학의 입장에서 이 견해를 심각하고 명백하게 제시하였다. "신학의 비밀은 인간학이다." "신은 다름이 아니라 인간에게 고유한 본질이다." 즉, 개인의 생명에서 분리되고 자연의 한계를 벗어나 자신의 대상으로 된 인간의 유적 본질이다. 그러므로 포이어바흐에 따르면, "하느님은 유적 개념", 즉 실체화되고 인격화된 유적 개념, 다른 말로 바꾸어 말하면, "개인과 분리되어 존재하는 것처럼 사고된 유적인 유이다."[70]

근대철학은 두 갈래 길을 통하여 하느님의 본질을 그 출발점으로 환원시켰는바, 그 한 갈래의 길은 실체에 입각한 자연화의 길이고, 다른 한 갈래의 길은 정신에 입각한 인본화의 길이다. 소외의 과정을 겪ㄱ 돌아온 뒤, 유적 본질은 원래 고대에서의 의미로 되돌아간 것이 아니라, 개체와 대립되고 무차별적 동일성으로 추상된 개념으로 변해 버린다. 즉, 하느님의 자연화로 인하여 추상적 물질 개념이 형성되었

---

70) 『포이어바흐 선집』(하권), 생활·독서·신지 삼련서점, 1962, p. 208, p. 330, p. 360, p. 679.

고, 하느님의 인본화로 인하여 추상적인 이성 개념이 형성되었다. 근대의 철학적 관념에 따르면, 물질은 자연의 본질에 속하고, 이성은 인간의 본질에 속하는바, 이 두 본질은 절대적으로 상극되는 추상적 대립 관계를 이루고 있다. 이러한 사상에 기초하여 물질과 이성 – 정신을 본체로 삼는 유물론과 유심론이 형성되었고, 또 그들 사이의 첨예한 대립과 투쟁이 지속되어 왔다. 근대의 후기에 들어서면서 사람들은 차츰 추상적 사유의 폐단을 의식하였고, 양극 대립의 사유방식을 극복하려 시도하였는바, 이것이 독일 고전철학이 완성하려던 과업이었다.

독일 고전철학의 제일 중요한 대표인물인 헤겔은 자신의 철학적 취지가 아주 분명했는데, 그것인 즉 어떠한 방법을 대서라도 근대 이래로 개념(본질)에 굳어져 있는 딱딱한 껍질을 깨버림으로써 대립되는 개념들이 서로 소통되어 생명의 활력을 지닌 통일체를 구성하려는 것이었다. 그는 하느님이라는 개념을 '절대 정신'으로 변형시킨 뒤 원래 그 개념의 추상적 성질을 버리고 거기에다 무한히 풍부한 개성적 내용을 부여한다. 그리하여 개념과 본질이 "더는 추상적 보편성이 아니라, 그 자신에 특수하고 개체적이고 개별적인 풍부함을 담은 보편성"71)이 된다. 헤겔의 관점에 따르면 유의 보편성은 반드시 개체의 무한한 차이성을 포함해야 한다. 이와 같은 논리에 근거하여 헤겔은 그의 개념변증법 이론체계를 구성한다. 헤겔은 그의 특유의 방식으로 유적 본성에 관한 사상을 구축하고 있다고 봐도 무방할 것 같다. 그는 이미 본성이라는 것을 추상적인 공통성으로 이해서는 안 되고, 이런 관점(즉, 그가 말하는 '지성적 관점')으로 인간의 본질을 어떤 추상적 동일성으로 이해해서는 더욱 안 된다고 명확히 지적한다. 그러나 헤겔은 아직 분명하게 유적 존재라는 관점에서 인간을 이해하지

---

71) 헤겔, 『대논리학』(인용: 『레닌 전집』 38권, 인민출판사, 1959, p. 98).

못하고, 다만 객관유심주의자로서 인간의 정신적 본질 – 자신이 정신임을 의식한 정신의 본성만을 강조한다.

서양 철학사에서 분명히 유 개념을 사용하여 인간의 본질을 이해하려고 시도한 철학자가 바로 포이어바흐였다.

헤겔의 뒤를 이어 등장하게 된 포이어바흐는 직접 헤겔 철학의 반동으로 자신의 사상을 펼쳐낸다. 그가 볼 때, 헤겔 철학은 진정한 구체성과는 긴계없는 이성적 추상에만 머물러 있을 뿐이다. 왜냐하면 헤겔은 다만 보편적인 것을 실체로 보았기에 모든 개체들은 사실 보편 속에 녹아 있기 때문이다. 포이어바흐의 견해에 따르면, 헤겔 철학은 이성화된 신학에 불과하다. 헤겔과는 달리 포이어바흐는 개체와 감성을 중시한다. 즉, 오직 개체만이 절대자이고 "진정한 실재적 실체"라는 것이다. 그리하여 그는 인간의 감성적 육체와 개체적 생명을 중시하면서 생명을 "인간의 제일 귀중한 보물하고 인간의 최고의 본질"이라고 말한다. 그러나 그는 또한 개체적 생명도 고립적으로 존재할 수 없다고 주장한다. "하나의 개체를 확인하려면 반드시 적어도 두 개체의 존재를 확인해야 한다. 그런데 둘만으로도 끝이 아니고 의미도 없다. 둘 뒤에는 셋이 있고 아내 뒤에 또 자식이 있다." 그는 이로부터 "오직 집단만이 인류를 구성한다."[72]는 결론을 내리면서 인간이 유적인 존재라는 관점을 제출한다.

포이어바흐는 자신이 "유로 인간의 본질을 지칭한다."고 명확하게 말한다. 그에 따르면 인간의 본질은 오직 인간과 인간의 통일체인 집단에 있다. "오로지 낳은 사람들이 한데 합쳐져야만 '인간'을 구성할 수가 있고, 또 오로지 많은 사람들이 한데 합쳐져야만 응당하고 가능한 인간이 될 수 있다." 구체적으로 말하면, "오로지 남자와 여자가 결합되

---

72) 『포이어바흐 선집』(하권), 생활·독서·신지 삼련서점, 1962, p. 193, p. 427, p. 554.

어야만 실재적인 인간으로 형성될 수가 있는데…… 그것이 바로 유의 실존이다."[73] 포이어바흐의 견해로 볼 때, 그리스도인들은 하느님을 "삼위일체"라고 하는데, 사실 이 '삼위일체'의 비밀은 '사회생활, 집단생활과 개인생활'에 있다. 기독교의 탄생과 더불어 유의 개념과 유적 생활의 의미는 사라졌다. 왜냐하면 그리스도인들은 "하느님에게서 자신의 목적을 실현"하기 때문에 "타인, 인류, 세계가 꼭 필요한 것이 아니었다." 그러므로 인간성에 대한 기독교의 오류를 극복하려면 "오직 유라는 개념만이 신과 종교를 극복하고 대체할 수 있다."는 것이다.[74]

포이어바흐가 말하는 유는 마치도 개인에 상대되고, "개체의 독립성을 지양하고", "여러 개체의 한계를 초월한 무한한 존재자"인 것처럼 보이기도 한다. 하지만 그가 유라는 개념을 사용하게 된 진정한 목적은 이와 반대로 감성적 개체의 실재성을 긍정하기 위해서이다. 그는 늘 아래와 같은 입장을 강조한다. "유는 추상을 의미하는 것이 아니다." "주체, 즉 존재하는 본질은 언제나 개체이고, 유라는 것은 언제나 빈사이고 속성이다." "모든 인간의 집합인 유는 그 자체가 감성적으로 눈에 보이는 그런 존재가 아니다. 존재하는 것은 다만 종일 뿐이다." 사람들은 흔히 개체의 차별성을 버리고 유를 이해하고, 그러므로 하여 추상적인 사유에 빠져 "유란 독립적 본질이다."라는 결론을 얻게 된다. 그러나 포이어바흐의 견해는 이와 다르다. "나는 유와 개체를 통일시켜 보편적인 것을 개별화하는 동시에 또 그럼으로써 개별적인 것을 보편화한다. 바꾸어 말하자면, 개체 개념을 확대시킴으로써, 나에게서의 개체는 진정한 절대적 실체이다."[75] 이것이 바로 포

---

73) 같은 책, p. 190, p. 204.
74) 같은 책, p. 190, p. 429.

이어바흐가 이해하는 유이다.

포이어바흐는 자신의 이론을 '인간학'이라고 부른다. 그가 인간학을 주장한 주요 목적은 기독교신학과 이성신학의 양태로 나타난 헤겔의 사변철학을 반대하기 위해서였다. 그는 인간학을 통하여 인간을 대안의 천국으로부터 현실적 인간세상으로 끌어 왔고, 추상적 자아의식으로부터 현실적이고 감성적인 존재로 환원시켰는바, 이것이 포이어바흐 철학의 주요한 역사적 공헌이다. 기독교신학과 헤겔의 사변철학을 부정한 뒤, 포이어바흐는 '사랑의 종교'를 창립하여 유신론적 종교를 대체하려 시도했다. 그가 '유'에 관한 이론을 주장한 원인도 사랑의 종교를 위해서였다. "사랑은 인간과 하느님, 하느님과 인간을 동일화시키고 또 그러므로 하여 인간과 인간을 동일화시키고 있지만, 신앙은 도리어 하느님과 인간을 분리시키고 또 그러므로 하여 인간과 인간을 분리시킨다." 그리고 이성이 요구하는 대상은 추상적인 보편성이고 사랑이 요구하는 대상은 감성적인 개체성이다. 그러므로 오직 사랑만이 인간을 전체로 결합되어 진정한 인간이 되도록 하고 인생의 진정한 행복을 누리게 한다. 이런 맥락에서 포이어바흐는 자신의 이론에서 아래의 관점을 반복하여 강조한다. "남자와 여자가 결합되어야만 실재적인 인간을 구성"할 수 있고, 남자와 여자의 결합된 것이야말로 진정한 "유의 실존"이다.[76] 남녀의 사랑을 기초로 한 보편적인 '사랑의 종교', 이것이 바로 그의 유개념이 도달하려는 진정한 목표물이었다.

여기서 일 수 있다시피, 포이어바흐의 유 개념은 종교에서의 하느님의 본질에서 도출해 낸 것이지 인간 존재의 본질에서 개괄해 낸 것

---

75) 같은 책, p. 520, p. 642, p. 859.

76) 같은 책, p. 204, p. 290.

이 아니다. 그러므로 그 개념에는 인간 생존 활동의 토대가 빠져 있고, 인간 생성의 역사적 내용이 결여되어 있다. 그가 비록 유 개념의 추상화를 반대하면서 거기에다 개체의 차이성 내용을 부여하려고 시도했었지만, 그가 보고 생각한 것이란 기껏해야 인간의 생물학적 차이, 개체적 차이, 남녀의 성별 차이뿐이었다.[77] 다시 말하면, 그가 이해하고 있는 '인간'은 생물학의 종성을 벗어나지 못했다. 이것이 바로 포이어바흐의 인간학 이론의 근본적 한계이다.

포이어바흐의 철학에 대하여, 마르크스는 한편으로는 아주 높은 평가를 해주었고, 다른 한편으로는 매서운 비판을 들이댔다. 그는 전문 포이어바흐의 사상을 평가하는 한 편의 테제를 써서 그의 '유' 사상을 포함한 모든 이론을 전면적으로 비판했다. 테제는 모두 11조로 되어 있는데, 그중 제6조가 유에 관한 논의이다.

> 포이어바흐는 종교적 본질을 '인간적' 본질 안에서 해소시킨다. 그러나 인간적 본질은 어떤 개개인에 내재하는 추상이 아니다. 그것은 현실적으로 사회적 관계들의 총체이다. 이렇듯 현실적 본질에 대한 비판으로 들어서지 못한 포이어바흐는 그러므로 불가피하게, 1. 역사의 진행을 도외시하고 종교적 심성을 그 자체로서 고정시키며, 따라서 하나의 추상적인 - '고립된' - 인간 개체를 전제로 삼지 않을 수 없었다. 2. 따라서 그 본질은 단지 '유'로서, 다수의 개인들을 '자연적으로' 결합시켜 주는, 내적이고 침묵을 지키는 보편성으로만 파악될 수 있을 뿐이다.[78]

포이어바흐에 대한 마르크스의 비판은 적중하고 공정한 것이었다.

---

77) 인간과 인간의 관계에 대하여, 포이어바흐가 보았던 것은 다만 자연적인 관계였고, 특히 강조되는 것이 이성 간의 관계인바, 이 점은 그의 '사랑의 종교'와 일치한다. 그에 따르면, '성별'(그는 이것을 '자연적 규정'이라고 분명하게 말한다)은 인간의 '내적 본질'이고 개체와 유를 연결시켜주는 탯줄이다. 『포이어바흐 선집』(하권), 생활·독서·신지 삼련서점, 1962, pp. 204-205. 이런 의미에서 보면 그가 이해하고 있는 인간 역시 추상적인 것이었다.

78) 『마르크스, 포이어바흐에 관한 테제』, 『마르크스엥겔스 전집』 3권, 인민출판사, 1960, p. 5.

그가 비판하고 있는 것은 다만 포이어바흐철학의 약점, 결함과 부족한 부분들이지 결코 전부가 아니었다. 마르크스가 노리는 것은 철학 이론의 발전이었다. 우리가 테제에서 분명히 읽어 낼 수 있는 바와 같이, 마르크스는 테제의 거의 매 조마다 포이어바흐철학의 한계성을 지적하고 나서는 자신의 관점을 정면으로 서술한다. 내가 볼 때, 유 개념에 관하여 마르크스가 지적하고자 하는 것은, 포이어바흐가 그 개념을 사용하고 있다는 것이 문제가 아니라, 그가 종교의 본질에서 그 개념을 끌어들임으로써 추상적으로 이해하고 있고, 또 그 추상화된 개념만으로 인간의 본질을 이해하고 있는 단편적인 입장이다. 그러므로 포이어바흐에게서 인간의 본질은 "다수의 개인들을 '자연적으로' 결합시켜 주는, 내적이고 침묵을 지키는 보편성으로만 파악될 수 있을 뿐이다." 마르크스의 평가에서 잘 드러나는 바와 같이, 포이어바흐가 비록 자신의 철학을 '인간학'이라고 명명하면서 '추상'을 극단적으로 거부하고는 있지만, 그의 인간학 역시 전통철학에 빠져 인간에 대한 추상적 이해를 면치 못했다. 그리하여 그가 비록 '유'라는 개념으로 인간의 본질을 표현하고 있지만, 그것이 담고 있는 내용은 생물학적 의미에서의 물종이었다.

20세기 때, 소련과 우리나라의 많은 철학자들은, 마르크스의 다른 견해들을 대함에도 그러했겠지만, 포이어바흐에 대한 마르크스의 비판을 절대화하여 포이어바흐의 인간학적 관점을 전면적으로 부정했었다. 그때부터 우리의 철학 교과서에서는 인간의 본질을 다만 "사회적 관계들의 총체"라고만 규정지었다. 그리하여 누군가가 인간에게도 생명의 본질이나 정욕의 본질을 가지고 있다고 주장한다면, 상궤를 벗어나 추상적인 인간학으로의 후퇴라고 비판받게 되었다.[79] 심지어 오

---

79) 그 시기, 우리가 사람 사이의 관계를 이야기할 때, '사랑'은 절대로 금지된 표현이었다. 그 논리는 이러했

랫동안 우리는 '인성'이라는 말을 입 밖에 낼 수가 없었다. '인성'이라는 말을 입 밖에 내면 추상적 인성론이고 포이어바흐의 여독이 남아 있는 것으로 평가된다. 유라는 개념은 더욱 그러했다. 즉, 그것은 추상적 인성론과 포이어바흐의 인간학을 표징 짓는 개념으로 취급되었기에 사람들은 무서운 야수인 양 그 개념을 피했었다.

물론 이는 마르크스의 철학에 대한 오독인 동시에 포이어바흐의 이론에 대한 왜곡이었다. 우리가 만약 마르크스의 철학이 포이어바흐의 이론에서 유래하고, 또 포이어바흐의 공로가 바로 유심론의 시대에 '유물론의 권위를 회복'한 것이라면, 우리는 어디에서 그의 유물론을 찾아 볼 수 있겠는가? 바로 그의 '인간학'에 있는 것이 아닌가! 그는 인간학에서 자연이 인간에게 선행하고 사유와 존재가 동일성을 띤다는 유물론적 관점을 내놓는다. 우리가 반드시 승인해야 할 점은, 포이어바흐의 인간학은 그 시대에 심오하게 보였던 철학들보다는 인간의 생활과 철학의 본질에 더욱 접근되어 있다는 것이다. 포이어바흐의 인간학에 존재하는 주요한 문제는, 그가 인간으로서의 인간의 본질이 동물의 본질과 구분된다는 것을 알지 못한 것이다. 그러므로 그는 비록 '유' 개념으로 인간을 표현하기는 했지만 생물의 종과 구분하지 못했다. 그리하여 그는 유, 종과 개체의 관계를 논의할 때 언제나 혼란스러웠고 '자연인성론'의 한계를 벗어나지 못했었다.

물론 포이어바흐가 걸출한 이론가인 이상 결코 사회를 모르는 것은 아니었다. 그는 자신의 저서들에서 아주 심각한 경험 내용을 담은 견해들을 피력한다.

다. '사회적 관계들의 총체'가 계급의 관계인 이상, 계급과 계급 사이에 무슨 사랑이 존재한단 말인가? 거기에는 다만 분노, 원한과 투쟁이 존재할 뿐 사랑이란 있을 수 없다는 것이다. 포이어바흐의 문제점도 여기에 있다고 보았다. 그래서 만약 누군가가 사랑을 말한다면 포이어바흐의 '추상적 인성론'에 빠져들었다고 비판받게 된다.

인간의 본질은 공동체에 포함되어 있다.

오직 사회적인 인간만이 인간이다.

변증법은 사변의 독백이 아니라 사변과 경험의 대화이다.

궁궐 안에 사는 자의 생각과 초가집에 사는 자의 생각은 완전히 다르다.

이론이 해결하지 못한 난제들은 실천이 해결해 줄 것이다.

생활은 싸움이고 전쟁이다.

······.

아주 멋진 말들이다. 그러니 그가 자신의 인간학과 자연인성론의 입장에서 이들에 대한 해석들을 보면 아주 실망스럽다. 왜냐하면 그가 비록 '사회'를 말하고 있지만 그 내용은 인간 사회의 역사적 본질이 아니라 자연생물로서의 인간의 성질이다. 이론과 실천의 관계에 관한 그의 해석을 살펴보자. 그의 논리에 따르면, 사변적 이성에게 있어서 '사유와 존재의 통일'은 하나의 큰 문젯거리다. 왜냐하면 이성의 대상이 추상적 일반이기 때문에 그것은 필연코 존재와 본질을 분열시킨다. 그러므로 이 문제는 오직 '실천'에서만 해결될 수 있는데, 그에게서의 '실천'이란 이성 사이의 '사랑'이다. "사랑이란 무엇인가? 사유의 존재의 통일이다. 존재는 남자이고 사유는 여자이다."[80] 그가 볼 때, 이성에 대한 사랑은 인간의 제일 강력한 욕구이고 "육체가 없는 자연"은 이 욕구를 만족시킬 수 없다는 것인데, 이것이 유물론적 입장이다. 그리고 "궁궐 안에 사는 자의 생각과 초가집에 사는 자는 생각은 완전히 다르다."는 말도 아주 심각한 의미를 가지고 있는 듯이 보이기는 하지만 그의 해석은 다르다. "초가집의 낮은 지붕은 우리들의 대뇌를 압박"하는바, "공산은 생명과 정신의 기초적 조건"[81]이라는 의미이다.[82]

80) 『포이어바흐 선집』(상권), 생활·독서·신지 삼련서점, 1962, p. 248.

81) 『포이어바흐 선집』(상권), 생활·독서·신지 삼련서점, 1962, p. 205.

마르크스가 주로 비판한 것은 포이어바흐의 인간학이 띤 생물학적 성격이지 그가 사용하는 유 개념이 아니다.[83] 철학사에서 이런 상황은 아주 정상이다. 철학의 체계와 관념이 바뀌었다고 하여 옛 개념이 모두 버려진다는 것은 결코 아니다. 표의의 형식을 지닌 개념은 연속성을 가지고 부동한 시기, 부동한 철학자들에게 반복적으로 쓰인다. 다만 개념의 내용과 본질이 다소 다를 뿐이다. 그렇다면 유 개념도 사용하지 못할 이유는 전혀 없다.

마르크스가 그의 철학 수고에서 유 개념을 많이 사용하고 있다는 사실은 이 문제를 잘 해석해 주고 있다. 물론 마르크스는 포이어바흐와 완전히 다른 이론적 차원에서 유 개념을 사용하고 있기 때문에 그 본질도 전혀 다르다.

마르크스의 철학은 독일 고전철학의 맥락에서 발전되어 왔지만, 그 이론과 관점은 모두 근본적으로 변혁된 것들이었다. 마르크스는 현실적 활동에 참여하는 인간으로부터 인간의 본질을 이해함으로써 사회역사의 내용을 담은 '실천'적 관점과 이론을 창립한다. 그리고 그 기초 위에서 해석되는 마르크스의 유 개념은 사유방식으로부터 새로운 것인바, 그것은 더 이상 생물의 종이라는 의미에서의 개념이 아니라, 자유와

---

82) 우리는 포이어바흐의 이런 자연주의 관점을 잘못된 것들이라고 간과, 평가해서는 안 된다. 심지어 그의 인성론과 '사랑의 종교' 등을 포함한 그의 주장들은 다만 그 시대에 어울리지 않고 또 전면적이지 못할 따름이다. 인간은 자연의 제약을 받고, 인간의 사유는 공간의 영향을 받으며, 사람 사이는 응당히 사랑해야 한다 등과 같은 포이어바흐의 관점들 자체에는 별 문제가 없다. 계급투쟁의 관점으로 그것을 평가한다는 것은 너무나도 과분한 일이다. 전쟁의 포화가 사라지고 마음이 가라앉은 뒤, 우리는 차츰 그의 철학의 진실한 가치들을 다시 발견하게 된다.

83) 포이어바흐와 '청년헤겔파'의 브루노, 슈티르너 사이에 한 차례의 학술 논쟁이 있었다. 그중 중요한 쟁점의 하나가 바로 '유' 개념에 대한 부동한 해석이었고, 또 슈티르너가 포이어바흐에게 공격을 가한 것 역시 그의 '유' 개념이었다. 마르크스는 『독일 이데올로기』에서 슈티르너의 '유' 관념을 분석, 비판했다. 슈티르너는 포이어바흐의 사상을 오해하였고, 또 그의 '유'를 어떤 시비한 힘을 가진 '성물(聖物)'로 해석한다. 즉, "그는 유와 유의 산물들을 어떠한 환경에서든 변하지 않고, 인간의 통제에서도 벗어난 존재로 보고 있다." 그리하여 마르크스는 슈티르너에게 아래와 같이 비판한다. "우리가 볼 수 있는 바와 같이 그는 유를 성물과 같이 여긴다. 그리하여 그는 고함을 지르면서 유를 부정하면 할수록 그것을 더욱 신앙한다." 『마르크스엥겔스 전집』 3권, 인민출판사, 1960, p. 499.

자각의 성질을 띤 인간의 생존활동과 존재방식을 명시하는 개념이다.

> 어떤 대상적 세계의 실천적 산출, 비유기적 자연의 가공은 인간이 의식적
> 인 유적 존재라는 것, 즉 유에 대해서 자기 자신의 본질에 대해서처럼 태
> 도를 취하는 존재라는 것, 혹은 자신에 대해서 유적 존재에 대해서처럼
> 태도를 취하는 그러한 존재라는 것을 증명하는 것이다. 동물도 생산을 하
> 기는 한다. 꿀벌, 비버, 개미 등 동물은 둥지를 짓는다. 그렇지만 동물은
> 자기나 자신의 새끼들에게 직접적으로 필요한 것만을 생산한다. 동물은
> 한편으로 생산하지만, 반면 인간은 보편적으로 생산한다. 동물은 직접적
> 인 육체적 욕구의 지배하에서만 생산하지만, 반면 인간 자신은 육체적 욕
> 구로부터 자유로이 생산하며, 그러한 욕구로부터의 자유 속에서만 비로소
> 진정으로 생산한다. 동물은 자기 자신만을 생산하지만, 반면 인간은 자연
> 전체를 재생산한다. 동물의 생산물은 직접적으로 그 동물의 육체에 구속
> 하지만, 반면 인간은 자유로이 자신의 생산물에 대립한다. 동물은 자신이
> 속해 있는 종의 척도와 욕구에 따라서만 꼴을 만들지만, 반면 인간은 모
> 든 종의 척도에 따라서 생산할 줄 알고, 언제 어디서건 대상에 내재적 척
> 도를 갖다 댈 줄 안다. 그러므로 인간은 또한 미의 법칙들에 의거해서 꼴
> 을 만든다.[84]

마르크스는 또 아래와 같이 서술한다. "이처럼 인간은 다름 아닌
대상적 세계의 가공 속에서 비로소 현실적으로 자신을 유적 존재임을
증명한다." "자유로운 의식적 활동이 인간의 유적 성격이다."[85] 여기
서 우리는 유 개념에 대한 마르크스와 포이어바흐의 선명한 구분을
볼 수 있는 것이다.

---

84) 마르크스, 「1844년 경제학철학수고」, 『마르크스 엥겔스 전집』 42권, 인민출판사, 1979, pp. 96-97.
85) 같은 책, pp. 96-97.

인간 본질의 이중성

유 개념은 사상 변화의 역사적 과정을 거쳐 형성되어 왔다. 그리고 그 변화과정의 실질은 인간의 존재상태의 변화 과정, 즉 인간이 신화(神化)적 인간으로부터 시작하여 물화(物化)적 인간을 거쳐 인화(人化)적 인간으로 변해가는 역사적 과정과 일치한다. 철학이 생겨나면서부터 사상가들은 인간의 본성을 탐구해 왔다. 옛 사람들도 이성의 본능으로 인간의 본질이 다른 사물의 본질과 구분된다는 것을 어렴풋하게라도 감지했었다. 그러나 그 본질이 구경 무엇이고 어떠한 관점과 방법으로 봐야 하는지에 대해서는 오직 인간이 신화와 물화의 단계를 거쳐 인화적 발전단계에 들어서야만이 잘 알 수가 있다. 개체의 생명 능력이 충분히 발달된 뒤, 인류는 전면적인 자아의 본질을 실현하는 대로 시대가 바뀌는데, 이것이 바로 우리가 지금 경험하고 있는 시대이다.

유 개념은 인간만이 지니고 있어 다른 사물과의 구분을 표현하는 자위적 본질의 개념인바, 현재까지 인간의 발전상황에서 잘 볼 수 있듯이, 그 본질은 주로 자연본성과의 관계, 즉 물종 본성에 대한 초월적 관계에서 잘 드러나고 있다. 그러므로 우기가 그 근본적 내용을 잘 파악하려면 우선 유적 본질과 물종 본질 사이의 구분과 연관을 잘 알아야 한다.

자연적 존재자를 놓고 볼 때, 그들의 본질은 자연적 규정에 속하는 것들이다. 소위 자연적 규정이란 사물의 존재를 결정하는 그런 천연적 본질을 가리킨다. 이런 본질의 특징은, 그것이 사물에게 있어서 본연적인 성질이므로 결코 사물의 어떤 의식이나 의지의 결과물이 아니다. 사물의 존재와 이런 성질이 불가분리적 관계이기 때문에 어떠한 사물이든 모두 다른 사물로 변하기 전에는 언제나 이런 본질의 지배를 받게 된다. 그리고 다른 사물로 변하는 것 역시 스스로 선택한 결과가 아니라 본질적인 힘, 즉 내적인 힘과 외적인 힘이 공동으로 작용한 결과이다. 대자연 속의 각종 사물들은 모두 그 사물로서의 자재적·천연적인 규정성을 지니고 있고, 그리고 부동한 사물 사이에도 각자의 본성에 따라 서로 규정하게 되어 있다. 바로 각종 사물이 이러한 천연적 본성에 따라 상호작용함으로 말미암아 만물 지간의 차이가 형성되고 자연계의 통일성이 이루어지며 자연계의 운동, 변화, 발전이 추진되는데, 이런 것들은 모두 자연 본성이다. 과학적 용어로 말하면, 이런 것들은 자연계의 자아 조직 계통으로 표현되고, 철학적 용어로 말하면 이런 것들은 본질과 현상, 실체와 속성, 원인과 결과, 상호작용, 필연성과 우연성 등의 관계로 표현된다.

사물은 그 자연적 본성에 따라 차츰 생물로 진화되었고 식물과 동물을 낳는다. 생물은 비록 생명이 있는 존재이기에 비생명적 존재와 많이 구분되지만, 그것은 형식적 차이에 불과하고, 자연적 본질을 띤다는 점에서는 일치하다. 만약 비생명적 사물이 일종의 천연적 존재 규정에 속하고, 그들의 존재(원소, 구조, 기능)가 직접 그들의 본질을 표현한다고 이해한다면, 생물의 존재는 더욱 복잡하게 그들의 본질을 표현한다. 즉, 그 본성은 통상적으로 말하는 물종의 규정, 그리고 이 규정의 지배하에 형성되는 생물의 행위인 생명 본능으로 표현된다.

물종 혹은 종이라는 개념(라틴어로 species)은 생물계(동물, 식물, 미생물)에 쓰이는 기본적 분류 단위의 개념이다. 생물은 종으로 구분되는데, 같은 종에 속하는 생물체들은 형태구조, 생리기능과 생활습성이 같다. 종은 부동한 사물의 독립적 유형을 표시하고 있는바, 종과 종 사이에는 경계선이 명확하고 구분도 분명하며 종 사이의 생식은 단절

되어 있다. 근대로부터 우리는 물종의 성질에 대한 인식으로부터 생물의 부동한 특징을 파악해 왔다.

인간도 생명적 존재이다. 인간에게서의 다른 점이라면, 위에서 언급했었던 바와 같이, 그 생명이 이중화되어 자주성을 지닌다는 것이다. 물론 제1생명이라는 의미에서 인간도 종적 규정이 있다. 그러나 인간이 인간으로서의 특수한 본질은 그의 제1생명에 있는 것이 아니라, 그의 생명을 주재하는 생명, 즉 제2생명에 있다. 인간의 생명 활동은 인간의 의지와 의식의 지배를 받는 목적을 지닌 활동으로서 그것은 이미 종 생명의 본능적 지배를 초월해 있다. 본능적 지배를 초월해 있다는 것은 물종의 한계를 초월해 있다는 것이고, 이는 또한 인간의 본성이 이미 단순한 물성(物性)의 규정이 아니라, 물성의 규정과 의식의 선택이 결합된 유성(類性)의 규정임을 의미한다. 내가 유적 존재, 유적 본질 등과 같이 쓰고 있는 유 개념은, 우선 종적 본질에 대한 이런 돌파, 초월과 승화이다. 다시 말하면, 인간이 생물 생명의 한계를 돌파하고, 초월하고 승화하여 형성된 본질이다.

종성(種性)과 유성(類性)의 본질적 구분에서 볼 수 있듯이, 인간은 이미 다른 동물들과 근본적으로 구분되므로 동물의 종에 귀결시킬 수 없다. 그러므로 인간에 대한 인식은 사람들이 통상적으로 이해하고 있는 바와 같이, 동물이라는 공통한 본질에 어떤 속성(X)들을 붙여서 파악해서는 절대 안 되는 것이다.

동물의 종은 생물의 진화과정에서 자연환경의 선택에 의해 형성되었다. 동물 개체로 말할 때 종은 주어지고 개변시킬 수 없는 성질, 즉 선천적 규정성을 가지고 있으므로 동물의 후천적 활동과 직접적인 관계가 없다. 동물은 생명을 얻는 순간부터 종적 규정성을 얻게 되는 것이므로 그의 모든 행위습관은 이미 타당하게 안배되어 있어 생명의 본능에 따라 움직이면 그만이다. 동물은 단일한 생명체이다. 그러므로 동물에게 있어서 종성, 생명 본능, 개체 행위는 일체적 관계를 이룬다. 즉, 무릇 동물의 활동은 모두 본능적인 활동이고, 본능의 지배하에 행해지는 동물의 행위는 모두 물종의 규정에서 벗어날 수가 없다. 물론 동물도 변이를 통해 물종의 변화를 초래하는 경우가 있다. 그러나 이 변화의 주재자는 '자연의 손'으로서의 환경선택인바, 동물 스스로가 변화시킬 수도 없고, 또 그 변이된 습성을 스스로 아랫대에 물려 줄 수도 없다.

종과 생명이 하나로 연결되어 있는 이 상황은, 동물의 종적 특징이 같은 종의 모든 개체에 보편적으로 존재해 있고, 또 종의 범위 내에서 개체의 종적 특징이 구분되지 않으므로 플라톤이 말한 바와 같이 종의 공동한 '본질'을 '나누어 가지'는 것을 의미하고 있다. 고양이를 예로 든다면, 그들은 태어나서부터 고양이의 종성을 가지고 있고 그들 사이에는 다만 개체적 차이 - 큰 고양이와 작은 고양이, 흰 고양이와 검은 고양이, 살찐 고양이와 여윈 고양이 사이의 차이 - 가 있을 뿐 고양이라는 그 본질에는 차이가 없다. 종과 개체와의 이런 직접적 통일관계가 한편으로는 개체와 개체가 서로 분리되어 모두 종으로 독립되어 활동하도록 하고, 다른 한편으로는 그것들로 하여금 무차별적인 보편적 존재자로 되게 함으로써 개체로 하여금 자주성과 개성이 없도록 한다. 동물에게는 개성적 생활도 없고 개체를 초월한 종적인 생활도 없다. 그들에게서의 생활은 거의 무차별적이고, 단일하고, 단조로운 생활인바, 그들이 추구하는 것은 다만 단순한 생존, 즉 살아가는 것뿐이다. 이런 의미에서 볼 때, 동물의 개체 사이에는 공성만 있을 뿐 개성은 없고, 세대 사이에는 복제만 있을 뿐 창조가 없다. 이것이 바로 종이 가지고 있는 성질이다. 바로 이런 특징이 있기에 우리는 동물을 인식할 때 차이를 제거하고 공성을 찾아내는 추상적 방법으로 여러 개체에서 그들의 종성을 파악한다. 형식논리의 동일률, 배중률, 모순율은 바로 사물의 본성에 대한 인식으로부터 형성된 것이다.

인간에게서 제1생명은 주어진 것이지만 제2생명은 자위적인 것이다. 자위적 생명은 종적 생명의 기초 위에 인간이 자신의 활동으로 창조해낸 생명일 뿐만 아니라, 종성의 한계를 벗어나 더욱 높은 차원의 가치목표를 향해 나가는 자유적인 생명이다. 이런 생명의 본질을 지닌 인간은 당연히 종성을 지닌 동물보다 훨씬 우월하다. 이것이 바로 인간의 유적 본질이다.

유와 종은 이미 본질의 규정방식에서 근본적으로 구분된다.

유는 종의 기초 위에 형성된 것이기에 종을 포함하면서도 초월해 있다. 유는 종을 부정하는 동시에 종의 내적 생명의 가치를 실현한다. 유적 본질 자체가 일종의 자아갱신적인 본질로서, 부단히 자신의 가치를 높이고 자신을 초월하고 자신을 충실하게 하는 본질, 즉 자기 발전의 능동적 본질이다.

종은 자아 만족적 성질을 가지고 있다. 종의 한계성은 외부로는 종 사이에 교배가 절단된 것에서 표현되고, 내부로는 본질상의 무차별성에서 표현된다. 그러므로 종은 자아 통일적이고 외부 대립적인 그런 추상적 관계를 표현하고 있다. 종 개념은 고대로부터 서로 크게 구분되는 사물 사이의 한계를 나타냈다. 아리스토텔레스의 해석에 따르면 "종의 구분은 원초적 질료의 차이를 가리키는 것인데, 그들은 서로 융합되어 하나를 이룰 수가 없는 것들이다."[86] 그러나 유의 본질은 이와 반대로 개방적 성격을 띤다. 종에 대한 유의 초월적 관계는, 그것이 종 사이의 외적 관계를 장력의 성질을 띤 내적 관계로 변화시키

---

86) 아리스토텔레스, 「형이상학」, 『아리스토텔레스 전집』 7권, 인민대학출판사, 1993, p. 141.

는 데서 표현된다. 바꾸어 말하자면, 종은 교배를 차단하지만 유는 종과 반대로 교배하면서 자신을 구성한다. 차이를 발전시키고, 대립을 초월하여 그것들의 본질적 통합관계를 이루는 것이 바로 유적 본질이다.

인간이 유적 존재라는 것은, 인간이 자아에 만족되는 고독한 존재가 아니라 타자인 대상에게서 자신의 본질을 표현하는 존재라는 의미이다. 헤겔의 말로 표현하자면 인간은 '타자에게서 표현되는 존재'이다. 소위 '타자에게서 표현되는 존재'라는 말의 의미는, 인간은 오직 타자에게서, 대상에게서만이 자신을 구성하고 자신의 본질을 확증한다는 것이다. 인간의 특징은 자아를 규정하는 요소가 자아의 본질이 아니라 비자아적 요소이다. 인간은 오직 자신의 내재적 본질, 생명의 가치와 생존의 의미를 대상적 존재에 외화시켜 활동의 결과물에 부여해야만 인간으로서의 본질을 표현하게 된다. 그러므로 인간의 본질은 '타자의 내화'와 '자아의 외화'의 통일이며, 또 그러므로 하여 인간은 우주의 정수를 섭취한 고귀한 존재로 되는데, 이것이 바로 인간의 유적 본질이다.

유와 종의 이와 같은 본질적 차이에서 유적 존재와 종적 존재의 부동한 성질이 결정된다. 즉, 종적 존재는 동질의 집합체이고 유적 존재는 이질의 통일체이며, 동질적 집합은 천편일률적인 존재이고 이질적 통일은 내적 차이와 부정을 포함한 일체(一體)적 존재이다. 후자를 중국 전통철학의 용어로 말하면 '이일분수(理一分殊)', 즉 유적이면서도 개성적이라는 것이다.

유적 본질은 차이와 대립을 포함해야 할 뿐만 아니라 반드시 다원화된 독립된 개성을 자신의 본질적 규정으로 삼아야 한다. 종에서의 개체는 독립적인 개성이 없다. 그렇지만 유에서의 개체는 이와 반대로, 개체적 생명이 독특한 개성적 창조가 발휘되면 발휘될수록 생명의 개성이 다양하면 다양할수록, 유의 본성은 더욱 충실해지고 유의 내용도 더욱 풍부해진다. 유라는 것은 일종의 초월적인 척도인데, 그의 천직은 종의 협애한 한계를 타파하여, 부동한 개체의 생명을 융합시키고, 부동한 종류의 사물을 통합시켜 내적 본질의 차원에서 대척도의 존재적 통일체를 구성하는 것이다.

헤겔도 그의 『논리학』의 개념의 차원에서 유와 종의 차이를 해석하고 있다. 그는 유를 "생명 이념의 완성"이고, "개체가 지양을 통하여 더 한층 발전된 규정"이며, "그것과 전에는 전혀 관계없었던 타자와의 통일"이라고 해석한다.[87] 유적 본질이 가지고 있는 이런 내재적 차이성과 부정성이 바로 그 존재가 한 곳이나 이미 도달한 상태에 머무르지 않고 언제나 자신을 초월하고 더욱 높고 완비한 상태로 승화되는 내재적 동력이다. 동물의 종은 상대적으로 불변하는 고정성을 가지고 있지만, 유는 언제나 자아를 새롭게 변화시켜 나가는데, 이것이 종과의 본질적 차이점이다.

종적 본질이 동물의 생명 활동을 지배하는 본능적인 성질로 표현될 때, 그것이 비록 개체들에게 어떤 선택의 활동공간을 제공해 주고는 있지만, 이런 선택은 다만 생존환경의 주어진 대상과 종적 본질의 제한된 공간에서 발생한다. 동물은 본능의 지배를 벗어날 수 없는데, 이런 의미에서 종적 본질은 자연적 규정에 속하는 것이라고 말할 수 있다. 이와는 달리, 유적 본질은 자연적 규정이 아니라 인간의 자위적 본질이다. 여기서 말하는 자위성은 자연의 천연적 본질과 구분되고 본능의 지배를 벗어나 있으며 인간의 의식에 의하여 독립적으로 형성되는 성질을 가리킨다. 원래 헤겔 철학에서 자위 개념은 자재와 상대되는 범주이다. 그의 『논리학』에 따르면, 자재란 최초 단계의 개념으

---

87) 헤겔, 『대논리학』(하권), 양이즈(楊一之) 역, 상무인서관, 1976, pp. 470-471.

로서 모순이 아직 분화되지 않은 상태를 가리키고, 자위란 고급발전 단계의 개념으로서 모순이 구분되고 분화되며 전개된 상황을 가리킨다. '자위적 존재'라는 말에는 물론 독립적 존재라는 의미도 포괄되어 있겠지만, 여기에서의 '독립적 존재'는 타자의 밖에, 타자와 구분되는 그런 존재가 아니라 타자를 자아의 구성부분으로 전화시킨 그런 '자아적 존재'이다. 헤겔의 말로 하면 그것은 '부정의 부정'이고 부정을 포함한 자신의 긍정이다.[88]

인간을 논의하면서 헤겔은 아래와 같이 말한다. "나는 순수한 '자위적 존재'인바, 그중에서는 아무리 특수한 것이든지 모두 부정 혹은 지양되어야 한다." "나는 사유자로서의 사유이다. 무릇 나의 의식에 있는 것은 모두 나를 위한 존재이다. 나는 어떠한 존재 혹은 모든 사물을 접수할 수 있는 텅 빈 수용소인바, 모든 것이 나를 위해 존재하고 모든 것들이 나의 안에게서 자신들을 보존한다."[89] 이것이 헤셀이 이해하고 있는 '나'라는 '자위적 존재'의 본질이다.

인간을 순수한 정신적 존재로 이해하는 유심론적 입장을 젖혀 놓고, 다만 사유의 주체인 인간과 사유의 대상인 존재자 사이의 관계만으로 볼 때, 헤겔의 사상은 아주 심각하게 인간의 유적 본질, 즉 물종과 구분되는 자위적 본질을 잘 표현하고 있다. 유적인 본질은 의식을 매개로 자신을 부단히 확충하고 타자를 자신에게로 수용시키는 그런 본질을 가리킨다. 종에 대한 유의 초월성도 바로 여기서 표현된다. 유적인 본질이 의식을 매개로 해야 하는 이유는, 유적인 통일성의 무엇보다 중요하고 근본적인 특징이 외적인 강력에 의한 포용이나 점유가 아니라 사물의 본질적 통일관계이기 때문이다. 대자연은 본래 하나의

---

88) 헤겔, 『소논리학』, 허린(賀麟) 역, 상무인서관, 1980, p. 209.
89) 같은 책, pp. 81-82.

통일체인바, 만물들은 모두 그의 부동한 존재형식들이다. 사물에게 고유한 이런 통일적 연관성을 '자연의 통일성'이라고도 한다. 자연의 통일성은 만물들에게 존재하는 부동한 본질의 시공적 연관에서 비롯된 것인바, 그것은 유와 유, 본질과 본질의 직접적 융합이 아니다. 우리가 만약 사물들로 하여금 본질 관계에서 직접적 융합을 이루게 하려면 반드시 시공의 속성을 초월한 의식을 매개로 해야 한다. 의식이 매개가 된다는 것은 실질상 인간이 매개가 되어 사물의 본질을 교환한다는 것이다. 인간이 생명활동을 통하여, 사유와 의식을 도구로 삼아 자신의 본질을 사물에 대상화하고, 인간은 그것을 통하여 사물의 본질을 얻는데, 이것이 바로 인간과 대상 사이의 '본질교환'이다. 인성과 물성의 이와 같은 본질교환은 또한 사물의 부동한 본질이 직접 소통되고 융합되고 통일되는 교량과 매개이다. 이것이 바로 인간의 유적 본질이 반드시 의식의 역할에 의하여 형성되는 근본 도리이다.

그러므로 유적 본질이 지배하고 있는 인간의 활동은 본능을 초월한, 자각적이고 자유적인 활동이다. 이것이 유적 본질과 종적 본질의 근본적 구분점이다.

상술한 바와 같이, 유적 관념은 인간의 자아 개방적 관념이므로 그것은 또한 자신을 돌파하고 타자를 초월하여 자아본질을 승화시키는 그런 개념이기도 하다.

유적 본질에 표현되는 인간성은 아래와 같이 이해할 수 있다. 즉, 인간은 초생명적 형식으로 생명을 통합시키는 본질을 가지고 있고, 내적인 것과 외적인 것, 자아와 타자가 일체로 되어 공존하는 본질을 가지고 있으며, 내적인 장력의 공간 내에서 항상 변이하는 성격을 지닌 자아의 본질을 가지고 있고, 이질적인 것과 부정적인 것을 긍정에 귀속시키는 초월적 자아 본질을 가지고 있다. 한마디로 말하자면, 이것은 자아의식을 매개로 하는 자유적 본성이다. 오늘날의 지구화－국제화, 세계화, 다국화, 일체화 등과 같은－의 발전 추세들은 민족국가의 울타리를 허물어 버림으로써, 부동한 문명 사이에 소통이 이루어지고, 상보상생의 관계 속에서 인류의식이 강화되고, 인간 본질에 의한 통합의식이 날로 선명해진다. 이 모든 것은 인간이 유적인 존재라는 관점을 인증해주고 있고, 인간의 유적 본질을 더욱 발전시키기 위한 여건을 조성하고 있다.

이유적인 본질은 우리가 과거에 알고 있었던 모든 사물의 본질과 전혀 다르고 심지어 반대되며, 모든 본질에 관한 관념, 그리고 우리가 현재까지 습관이 되어 온 논리로서는 전현 파악될 수 없다. 인간의 출현은 우주에서 완전히 새로운 존재방식과 진화양식의 출현을 의미한다. 그러므로 유적인 관념을 수립하고, 유적 존재로 인간성을 이해한다는 것은 사실상 철학사유방식의 전환, 생활의 가치관념의 갱신과 인간의 정신 경지의 승화를 의미한다. 이런 의미로 볼 때, 이 관념은 우리가 몇천 년간 고수해온 전통철학, 그리고 그 사상 관념들과 근본적으로 대립되는 것이기도 하다.

06

인간성에 대한 완전한 이해

지금까지 인간의 발전은 한편으로는 거대한 창조력을 과시하고 있지만, 다른 한편으로는 인간 자신들에게 수많은 재난을 가져다주고 있을 뿐만 아니라, 심지어는 인간 생존마저 위협할 경지에 처하도록 하였다. 인간은 참으로 이해하기 어려운 괴물이다. 그렇다면 인간의 본성은 무엇이고 또 인간이 이 세상에 존재하는 의의가 무엇인가? 지금까지 우리의 인식은 외부 사물에 관하여서는 이미 상당한 정도의 깊이에까지 도달하였으나, 인간 자신에 관하여서는 아직 초보적인 단계에 머물러 있다고 볼 수가 있겠다. 베이컨(Bacon, 1561~1626)이 "인간은 인간 자신의 하느님이다."라는 명제를 제기한 이래, 인간의 오만과 방임은 이미 상당한 정도에까지 이르렀다. 그러므로 오늘날 인간의 임무는 반드시 자신을 향하여 자아 반성을 해야 하고, 자아 심사를 해야 하며, 자아 약속을 해야 하는 것이다.

인간 인식의 방법론 원칙

인간을 인식하는 관건은 인간을 무엇으로 보는가에 있는 것이 아니라 인간을 어떻게 보는가에 있다. 왜냐하면 인간이 비록 사물에서 진화해 온 것이기는 하나 이미 모든 사물을 초월해 있기 때문에 사물에 귀결시켜 볼 수가 없다. 또 인간이 비록 생명체이기는 하나 생명의 한계를 넘어선 존재이기 때문에 단순하게 생물의 종류로만 볼 수도 없는 것이다. 인간은 사물의 본성을 지니면서도 사물의 본성을 초월해 있고, 생명을 지닌 존재이면서도 생명을 초월해 존재해 있기 때문에 '사물을 초월한 사물'이고 '생명을 초월한 생명'이다. 이것이 바로 인간이 인간으로서의 특이한 본성인 것이다. 이 본성은 인간이 이미 자연만물의 종류라는 규정을 벗어나 '자위적인 본성'을 가지고 있음을 말해주고 있다. 그러므로 인간은 다른 사물을 인식하는 그런 종의 방식으로 인식할 수가 없고 다만 인간의 본성에 따른 인간적 방식으로만이 그 본질을 파악할 수 있다.

인간에 관하여, 과거에는 다양한 이론들이 있었는데, 그것들을 개괄해보면 아래와 같은 두 가지 견해로 분류된다. 그 하나는 인간을 물화(物化)하여 사물의 존재로 보는 것(예를 들면 "인간은 기계이다."라는 견해)이고, 다른 하나는 인간을 신화(神化)하여 하느님이나 하느님의 후예로 보는 것(예를 들면 인간을 순수한 정신 혹은 이성으로 보는 견해)이다. 그 외에도 위의 두 견해를 종합하여 인간을 '반은 천사 반은 야수'라고 보는 견해도 있다. 위의 두 가지 견해가 서로 대립되기는 하나 모두 인간의 본질을 선천적이고, 단일하고, 고정된 것으로 보는 종의 견해라는 데 또한 공통성이 있다. 인간의 인식은 먼저 외부 사물의 성질을 파악하는 것으로부터 시작되는데, 이로부터 단편적 사유방식인 형식논리가 형성된다. 역사상의 인성이론은 종적 관점과 형식논리의 방식으로 인간을 파악함으로써 늘 추상화의 궁지에 빠지게 되었다. 오늘날 우리가 인간과 인간성을 전면적으로 파악하자면, 수선 선천적이고, 단일하고, 고정된 종적 관점에서 벗어나야 한다.

인성과 물성의 교차점으로서의 생명

인간은 비인간으로부터 인간으로 형성되어 온 것이다. 인간과 사물의 본질은 서로 통하면서도 근본적으로 구분된다. 인성과 물성이 다만 서로 일치하거나 혹은 다만 서로 구분된다면 이해하기가 쉽겠지만, 서로 통하면서도 근본적으로 구분된다는 점은 이해하기가 어렵다. 인성이 물성과 서로 통하면서도 근본적으로 구분된다는 이 인간의 초월성이 인성 이해의 난점이다. 그러나 바로 여기에 인성의 특수한 본질이 있는바, 물성을 떠나 인성을 논하거나 혹은 이 양자를 혼동해서는 안 된다. 인간의 본질은 바로 이 인간의 초월성에 있다는 것이다. 그러나 인간의 이 초월성적 본질을 이해하자면 반드시 인성과 물성이 연관되면서도 구분되는 그 교차점을 찾아야 된다. 그렇다면 이 교차점이 어디에 있겠는가? 나는 이 교차점이 생명에 있고, 아울러 생명으로부터 착수해 나가야만 인성의 독특한 본질을 이해할 수 있다고 생각된다.

이왕에 사람들은 흔히 인간을 사물로 파악하거나, 아니면 신으로 파악할 뿐, 이 양자 사이에서 통일을 이루지 못하였는데, 그 근본원인은 바로 생명이라는 이 관건적인 고비를 잘 파악하지 못했기 때문이라고 생각된다. 전통적인 관념에서 보면, 생명은 다만 생물학적 생명이 있을 뿐이다. 즉, 무릇 이 세상에 존재하는 사물은 생명체가 아니면 무기물인바, 그 외에 다른 것은 존재할 수가 없다는 것이다. 이와 같은 관념에 따르면, 인간은 생명을 지닌 존재이므로 동물에 귀속되고 동물과 본질적으로 구분될 수가 없는데, 이와 같은 견해가 물화적 관점이다. 또 만약 인간이 동물과 본질적으로 구분된다고 본다면, 인간은 동물계를 벗어난 존재로 귀속시키게 되는데, 이는 신화적 견해이다. 생명에 대한 새로운 이해는 인성의 본질을 이해하는 관건이라고 생각된다.

생명에 대한 전통적 견해가 생물학적 입장에 구애받게 된 주요 원인은 바로 인간 및 인성을 제대로 이해하지 못한 데 있다. 만약 우리가 인간이 본질을 충분히 이해한다면 생명에 대하여서도 새로운 이해가 생기게 될 것이다. 아울러 전통적인 협애한 생물학적 생명 관념을 돌파해 나가는 것이 인성을 이해하기 위해서나, 또는 생명과학을 발전시키기 위해서나 모두 필요한 것이다.

그렇다면 인간의 출현은 도대체 생명의 존재양식에 어떤 변화를 가져다주었고, 인간의 생명과 동물의 생명은 또 어떤 구별점이 있는가?

인간의 생성으로 인하여 변화된 것은 우선 생명의 생존활동방식이다. 만약 동물이 의존성과 적응성을 가지고 있으므로 하여 자연계가 안배해주고 제공해준 대로 존재할 수밖에 없다면, 인간은 자위적·창조적 생존양식을 지니고 있고, 또 자신이 필요한 생활자료를 자신의 노동으로 생산해 나가는 존재이다. 이것이 바로 인간과 동물의 생명방식의 원초적 차이점이다.

생명체로 놓고 볼 때, 생존방식의 이와 같은 변화는 질적인 변화이다. 이는 생명이 자연의 절대적인 통제로부터 해방되었음을 의미해주며, 생명이 환경의 지배를 받던 데로부터 자주적인 본성을 얻었음을 의미하고 있다.

이로부터 알 수 있는바, 인간의 생명은 동물의 생명과는 달리 자유롭고 자각적이고 자주적인 생명이다. 동물은 완전히 생명본능의 지배를 받으므로 그 존재와 생명은 직접 통일을 이룬다. 그러나 인간은 생명의 본능을 초월한 생명의 주재이므로 그 생명은 이중화되어 있고, 본능적인 생명 위에 또 '생명을 지배하는 생명'이 형성되어 있다.

생명의 자체적인 분화, 그리고 본능적 생명으로부터 자주적 생명으로의 발전, 이것이 바로 인성이 물성을 초월할 수 있고 인간이 동물을 초월할 수 있는 토대이고 본원인바, 이로부터 인간의 모든 본질이 형성된 것이다.

인간의 독특한 본성

우리는 상술한 바에 의하여 다음의 결론을 얻을 수 있다. 인간의 생명은 이미 단순한 생명이 아니라 이중적 혹은 다원적 생명이다. 즉, 인간은 동물과 마찬가지로 물종에 의해 규정된 본능적 생명을 가지고 있는가 하면 또한 인간 자신이 창조한 자위적이고 자주적인 생명도 가지고 있다. 만약 우리가 물종에 의하여 규정된 육체적·본능적 생명을 종적 생명이라고 한다면, 인간자신이 창조한 문화적·사회적·지혜적 생명은 유적 생명이라고 할 수 있겠다.

인간의 이중적 생명은 인간이 인간으로 되려면 동물과는 달리 두 차례의 형성과정을 겪어야 함을 말해주고 있다. 종적 생명, 즉 인간 개체의 육체적 생명은 부모의 생명으로부터 직접 얻게 되지만, 유적 생명은 개체를 초월한 인류역사의 문화적 전통에서 얻게 된다. 부모에게서 얻어 가진 육체적 생명은 단지 인간이 인간으로 될 수 있는 바탕에 불과하다. 오로지 교육과 학습을 통하여 사회문화로부터 인류가 이미 창조해낸 인성본질을 받아들여 육체적 생명과 융합시켜야만 진정으로 개체적 자아의 자주적 생명을 이룰 수 있다. 인간은 이중적 유전자로 구성되었는바, 그 하나는 물종의 유전자이고 다른 하나는 인류문화의 유전자이다. 인성은 바로 이 두 종류의 유전체계에 의하여 형성되는 것이다.

인간의 이중적 생명은 또한 인간은 태어나서부터 자신의 본질을 지니고 있는 것이 아니라, 자신이 노력에 의하여 창조된다는 것을 말해 주고 있다. 고양이는 단순한 생명체이고 태어나서부터 고양이다. 그러므로 고양이에게는 고양이가 되는 길이 없다. 그러나 인간은 고양이와는 달리 인간으로 되는 길이 따로 있는바, 오직 교화과정을 거쳐야만 인간으로 될 수 있다는 것이다. 이 점에서 동양문화는 자체의 장점을 지니고 있다. 우리는 과거에 인성의 교화를 아주 중시하는 전통을 가지고 있고, 장래에도 이 문화적 전통을 잘 살려 나가야 한다.

그러나 위에서 말한 것은 다만 일반적인 도리일 따름이다. 이 일반적인 도리가 현실적인 개인에게 구체화될 경우, 그 정형이 아주 복잡할 것이다. 현실적 생활에서 각 개인이 얻게 되는 문화적 유전자는 서로 다르고, 그 문화적 유전자를 운용하고 발휘하는 데도 서로 차이가 있다. 그러므로 개인에게 표현되는 인간의 본질은 차별성을 가지게 되고, 또 그러므로 각 개인은 부동한 '인격 생명'을 구성한다. 즉, 사람은 그 누구나 다 사람이겠지만, 각자에게 표현되는 인간성은 아주 큰 차별점을 가지게 된다는 것이다.

여기서 인성과 물성의 구별이 돌출하게 드러나고 있다. 물성, 즉 물종의 본성은 선천적 생명의 본능인바, 동물 개체의 공통성으로 구성된 것이다. 같은 물종의 동물들은 비록 개체적 차별을 가지고 있지만 모두 같은 본질을 가지고 있으므로 개성적 차이가 존재하지 않는다. 예를 들면, 고양이에게는 다만 색깔이나 크기 따위의 구분이 있을 뿐 본질적 구별은 존재하지 않는다. 이와는 달리, 인류의 본질은 개체의 개성화의 형식으로 표현된다. 인간의 개성은 전통을 계승하는 데에서 옴과 동시에 개체의 창조적 활동의 성과이기도 하다. 그러므로 인간의 본성은 개체 차이를 내포한 유적 본성인바, 기타 사물의 추상적인 보편성과는 완전히 다르다.

이상의 견해로 보면, 인간 개체는 동물 개체와는 성질이 완전히 달라 소극적으로 인류의 본성을 받아들이는 것이 아니라 개성으로 인간성을 발휘하고 완성하는 작용을 한다. 각 개인이 자신의 개성에 따라 자유로운 창조성을 발휘하면 할수록 인간 본성에 대한 공헌이 더욱 커진다. 그리고 인간의 유적 본성도 개체의 개성적 창조에 의하여 끊임없이 충실해지고 풍부해져 현재와 같은 인류문명이 나오게 된 것이다.

그러므로 인성이라는 개념은 흔히 사용하고 있는 본성이라는 개념과 완전히 다른 종류의 본성이다. 왜냐하면, 첫째로, 인성에는 물성과 물성의 초월성, 비인간적 요소와 초인간적 요소가 융합되어 있고, 둘째로, 유적 본질이 개체생명에 내재되어 있으면서도 개체 생명을 초월해 있고 개체 생명의 공통성으로 표현되면서도 개체생명의 다양성으로 표현되며, 셋째로, 인간 개체로 볼 때, 인성은 선천적인 본질이면서도 언제나 형성되는 과정 중에 있고 과거역사의 존재이면서도 미래를 결정하기 때문이다. 인성은 바로 이와 같은 특성을 지니고 있다. 인성은 언제까지나 복잡하고, 구체적이고, 역사적이고, 생동한 것이므로 우리가 늘 사용하고 있는 본성이라는 관념과는 구분하여 이해해야 할 것이다.

이중적 생명의 관점에서 본 인간과 자연의 관계

유적 생명과 종적 생명은 성질이 부동할 뿐만 아니라 그 의미와 가치도 부동한 것이다.

생물학적 함의로 보면, 생명은 모두 자아 중심으로 되어 있다. 예를 들어 동물의 일생은 아래의 두 가지 일에 여념이 없다. 그 하나는 먹이로 생명을 유지하는 것이고, 다른 하나는 대를 물려주어 생명을 이어 나가는 것이다. 이 두 가지 일이 끝나면 동물은 자체 생존의 임무를 완성한 것이나 다름없다. 동물 간에 서로 잡아먹는 그 원인도 단순히 생명을 유지하기 위해서인바, 이것이 동물의 본성이다. 다시 말하면, 동물의 생손가치는 생명 자체의 순환을 유지하는 데 있는 것이다.

그러나 유적 생명의 본질은 이와 다르다. 종적 생명은 자신에게 폐쇄되어 있지만 인간의 유적 생명은 본질적으로 개방되어 있다. 여기서 유라는 단어의 함의는 생명이 종의 한계를 넘어서서 모든 존재와 통합을 이룬다는 의미이다. 그러므로 인간의 유적 생명은 자아에 폐쇄되어 있는 생명의 순환체계를 타개하여 더욱 큰 세상으로 향하도록 하는 것이며, 생명의 세계와 무 생명의 세계 사이에 통합을 이루는 것이다. 인간의 생명활동과 동물의 생명활동을 대비해 보면 이 점이 더욱 뚜렷해진다.

사물과 사물 사이에는 언제나 물질교환, 에너지교환 그리고 정보교환이 이루어지고 있다. 무기물도 그러하고, 생물도 그러하고, 인간도 그러하다. 그중 무기물 사이의 교환은 우연하게 임의로 이루어지는 상호작용의 관계이다. 그리고 생명체의 교환은 방향성을 띠는데, 그들은 '자주적 에너지'의 교환을 통하여 자체의 생장과 번식을 만족시키는바, 이것이 무기체보다 우월한 점이다. 인간과 주위환경 사이에는 자주적이고 지향적인 물질, 에너지와 정보교환이 존재하는 외에도 '본질교환'의 관계가 존재한다. 인간과 대상 사이의 관계에서, 인간은 우선 자각적인 목적에 의한 본질교환을 진행해야만 그것이 토대로 되어 기타 교환이 진행된다. 본질교환은 인간과 외부세계 사이의 관계를 새로운 단계로 끌어올렸다. 즉, 인간과 대상이 본질적인 교환을 통하여 인성도 대상화되고 대상도 인성화되어 이 양자의 본질이 융합을 이루게 된다. 이것이 바로 인간이 사물을 개조하는 동시에 자신을 변화시키는 실천 활동이다.

육체적 차원에서 보면, 인간은 원래 다른 동물들보다 힘이 약하다. 그런데 인간은 후에 다른 동물들을 정복하고 자연의 힘에 대항할 정도만큼 강대한 힘을 지니게 되었는데, 이 강대한 힘이 도대체 어디에서 왔을까? 간단히 말하면, 이 힘은 바로 자연에서 온 것이다. 인간이 사용하고 있는 힘들은 모두 유적 생명이 대상과 본질적 교환을 통하여 얻은 자연의 힘이다. 오늘날 과학기술문명은 이 점을 잘 설명해 주고 있다.

여기에서 우리는 다음의 결론을 얻어낼 수 있다. 인간과 인간의 생존세계는 외재적 관계를 이루는 것이 아니라 내재적 통합관계를 이룬다. 인간의 생활세계는 인간의 생명을 구성하는 유적 생명의 구성부분이다. 만약 우리가 인간에게서 이 부분을 떼어낸다면 인간에게는 인간다운 힘이 없을 뿐만 아니라 심지어 인간이 되기도 어려울 것이다. 이렇게 볼 때, 중국 고대사상가들이 제기한 천인합일의 사상에는 심각한 도리가 내포되어 있었다. 물론 그때 사상가들은 시대적인 제한으로 오늘날 우리가 말하고 있는 정도의 각오에까지는 도달하지 못하였다.

그렇다면 인간은 어떻게 자연의 힘을 인간에게 유용한 힘으로 전화시켰고, 또 어떻게 사물에 대한 변화를 추구했는가? 만약 우리가 이 문제를 잘 따져 묻는다면, 천인합일의 도리가 더욱 명확하게 이해할 수가 있을 것이다.

인간이 사물에 대한 개조를 우리는 흔히 창조라고 말한다. 사실 인간이 만들어낸 많은 물건들은 원래 자연계에 없었던 것들이므로 창조해낸 것임이 틀림없다. 왜냐하면 창조라는 것은 무(無)로부터 유(有)로의 변화를 가리키기 때문이다. 그러나 잘 생각해 보면 알 수 있는 바와 같이, 소위 인간의 창조는 대자연이 만물을 생성하는 그 본질의 표현에 것에 불과하다. 인간은 자연의 본성에 따라 상이한 종의 사물들이 서로 소통하고 다시 배치되어 사물 자체로는 방출하기 어려운 잠재된 에너지를 발휘하게 한다. 여기서 인간이 해낸 일은 사실상 일종의 '자연의 작업'에 불과한바, 결코 어떤 사람들이 생각하는 것과 같은 그런 순수이성의 창조가 아닌 것이다. 물론 이와 같은 창조 활동가운데서 인간의 작용이 아주 크다. 인간은 자신의 '인도(人道)'를 자연의 '천도(天道)'와 융합시켜 겉으로는 인간의 의지에 맞는 것처럼 보이기도 하겠지만, 실질상에서 이는 천도가 사물을 다시 만들어내는 그런 관계를 표현하고 있는 것이다.

여기에서 표현되고 있는 관계를 사람들은 흔히 인간의 입장(사실상 제1생명의 입장)에서 '사물이 인간에게 이용되는 것'으로 이해하고 있지만, 우리가 각도를 바꾸어 더욱 넓은 시야(즉, 유적 생명의 입장)로 생각해 본다면, 여기서 인간이 하고 있는 일은 대자연의 '천직'을 대행했을 뿐이다. 이런 의미에서 우리는 이것을 완전히 반대로 '인간이 사물에게 이용되는 것'이고, 인간의 생명활동을 통하여 실현되고 있는 대자연의 본래 의도일 따름이라고 이해할 수 있겠다.

여기서 우리는 다음의 결론을 얻을 수 있다. 인간의 생명은 의식형태로 손색하는 대자연의 '우주생명(즉 천두)'이고, 인간의 생명 활동을 통하여 자연의 생태적 질서를 자발적인 단계에서 자각적인 단계로 끌어올린 상태인데, 바로 여기에 인간생존의 참된 가치가 있는 것이다. 인간은 반드시 자신의 생명을 우주의 대 생명에 융합시켜야 한다.

그래야만 유한한 생명에서 무한한 생명으로 바뀌면서 그 삶이 의미가 있고, 인간으로서 이 세상에 왔던 가치가 있는 것이다.

이로부터 볼 때, 현재 나타난 생태, 환경, 에너지 등등의 위기는 주로 인간의 단면적인 발전으로 초래된 결과인바, 이는 인간이 아직도 참된 인간의 경지에 도달하지 못했음을 의미한다. 그러므로 이와 같은 문제들은 인성의 제한으로 해결되는 것이 아니라, 반대로 인성의 고양 및 인성의 전면적인 발전, 즉 본능적 생명으로부터 유적 생명으로 승화되어야만 해결될 수 있는 것이다.

이중적 생명의 관점에서 본 인간과 사회의 관계

인간은 동물에서 진화되어 왔기 때문에 언제든지 동물의 습성을 버릴 수가 없는 것이다. 그러나 인간으로서 인간의 본성은 동물과 다르다. 아울러 인간은 그 발전 와중에서 동물의 습성을 차츰 인성으로 변화시켜 오고 있다. 인간의 군체적 본성, 사회적 본성, 유적 본성은 이 점을 잘 표현하고 있다.

인간은 사회적 동물인바, 반드시 다른 사람들과 무리를 지어야만이 생존할 수 있지, 그렇지 않고 사회를 떠나서 단독으로는 생존할 수가 없다. 의심할 필요가 없이, 사회는 인간생활의 공동체이고 인간의 생존방식이자 존재방식이다. 그러나 여기서 사회공동체는 두 가지로 이해될 수가 있는데, 그 하나는 사회를 개체생명의 직접적인 집합체로, 정체적인 대 생명으로, 독립적인 실체로 이해하는 것이고, 다른 하나는 사회를 생명개체가 본질교환을 진행하는 존재형식으로, 그 실체를 개체, 즉 보편적 개인으로, 개체생명의 유적 관계일 뿐 독립적인 실체가 아닌 것으로 이해하는 것이다. 사회에 대한 이 두 가지 견해는 완전히 다른바, 전자는 군체적 관점에 속하고, 후자는 유적 관점에 속한다.

　우리가 이 두 가지 견해의 차이점을 말하는 이유는 어느 것이 옳고 어느 것이 그른가를 판단하기 위해서가 아니라, 아래의 문제를 설명하기 위해서이다. 역사적 사실로 볼 때 사회는 군체로도 표현되었고 유로도 표현되었다. 인간발전 초기에 사회는 주로 무리적 성질로 표현되었고, 인성이 충분히 발전된 후에야 사회가 차츰 유적 성질로 변화되어 온 것이다. 무리는 생물학 의미에서의 본성이고, 유는 인간이 인간으로서의 본성인 것이다. 군체로부터의 유로 전환은 동물로부터 인간으로의 전환을 의미한다. 이 전환은 필연적인 것이지만 또한 오랜 시간이 소요된다. 오늘날 우리는 아직도 이 전환 와중에 처해 있다. 현재 사회의 많은 문제들은 사회가 아직 잘 발전하지 못했고 군체의 습성이 아직도 남아 있는 데서 온 것이다.

　군체와 유를 구분해내는 것은 오늘날 인류발전과 사회진보에 꼭 필요한 것이고, 또 어떻게 보면 매우 박절한 수요라고 말할 수 있겠다.

　추상적인 의미에서 볼 때, 군체와 유는 모두 모이고 융합되는 성질을 가지고 있다. 다른 점이라면 군체는 생명개체의 직접적이고 외재적인 융합을 가리키고, 유는 생명개체의 간접적이고 내재적인 통일을 가리킨다. 생명개체의 직접적인 융합은 시간과 공간의 제한을 받는바, 공동한 시간과 지역 내의 개체들만이 무리를 형성할 수 있고, 이렇게 형성된 무리는 또 필연적으로 독립적인 성질을 가지게 된다. 이와 반대로, 생명본질의 간접적 통일은 시공의 제한을 초월하여 존재하고 있는바, 이는 경제 및 문화의 교류를 통하여 진행되는 역사적이고 탈지역적인 생명본질의 융합이므로, 이로써 형성되는 것은 결코 실체가 아니라 유적 본질이다.

　여기서 볼 수 있듯이, 군체의 본질은 일종의 모순이다. 즉, 한 무리의 모임은 다른 무리와의 갈라짐이고, 이쪽 무리의 형성은 다른 무리에 대한 배척이므로 무리는 사실상 패거리로 갈라짐을 의미한다. 더욱이 개체생명이 무리를 구성하였을 경우 – 예를 들면 벌떼에서의 분업의 경우 – 개체는 생명의 독립성과 정체성을 잃고 무리 생명의 일부로 변해 버린다. 결국 무리는 하나의 독립적인 생명체로 되어 다른 무리의 생명체와 생존이익을 위한 경쟁을 하게 된다. 같은 종류의 개미들이 죽기 살기로 무리싸움을 하게 되는 그 원인이 바로 여기에 있는 것이다.

돌이켜 생각해 보면, 우리 인간도 그와 비슷한 역사를 겪어 왔다. 우리 인간의 사회도 처음에는 역시 무리로 구성된 공동체였다. 개체 생명들이 지연 혹은 혈연에 따라 하나의 대 생명체를 이룬 후, 개체들은 집단의 이익을 첫 자리로 놓고 서로 생사를 같이하는 무리의 부속물로 전락되었다. 후에 국가가 형성되면서 집단이 더욱 강화되고 인격화되었으며, 국왕이나 황제는 집단의 인격적 대표로서 모든 권리를 독차지하였고 백성들은 개미들처럼 무리의 분업에 얽매이게 되었다. 이러한 경지에서 인간은 각자의 생존을 위하여 무리를 지어 싸웠으며, 국가와 국가 사이에도 마치 개미의 무리싸움과 같이 서로 전쟁과 약탈을 진행하였다. 만약 인간무리의 싸움과 개미무리의 싸움에도 구별이 있었다면, 그것은 다만 방법이 더욱 치밀했고 수단이 더욱 잔인했을 다름이다. 이것이 인간 과거의 역사이고 아직 완전히 지나가지 않은 현실이다. 오늘도 우리는 동물의 무리습성이 가져다준 나쁜 결과를 맛보고 있다.

인간은 유적 본성을 가지고 있고 유 또한 개체 생명의 연합을 요구하고 있다. 그러나 여기서의 연합은 개체생명의 독립성에 기초한 연합이다. 그러므로 이 연합은 개체생명에 손상을 주는 것이 아니라 반대로 개체생명을 발전시키고, 개체 사이의 본질적 교류를 통하여 각자가 충분한 발전을 이루도록 한다. 개인이 발전하면 발전할수록, 그들에게 잠재된 창조력이 발휘되면 발휘될수록 인간의 유적 본성은 더욱 풍부해지고, 사회도 더욱 진보하게 되는 것이다. 참된 사회는 생명의 공동체인 것이 아니라 생명본질의 연합체인바, 이와 같은 사회 관계에서 인간과 인간, 인간과 사회 사이의 근본 이익은 일치한다. 물론 여기서도 인간 개체 사이의 모순이 존재해 있지만, 이 모순은 무리관계에서의 생사존망의 모순이 아니라 문화적, 의식적 차이뿐이다.

인간의 유적 사회의 발전은 근대사로부터 시작된 것이다. 근대 이래 상품교환에 의한 시장경제발전과 더불어 지역, 국가, 민족 사이의 엄격한 구분이 사라지고 전 지구가 일체화되기 시작하였고, 인간 사이에 광범한 거래와 교류가 진행되어 왔다. 이는 인간의 유적 본성의 형성에 필요한 조건을 지어주었다. 시장경제는 넓은 인성이 교류 및 개체의 독립적 인격의 발전을 촉진시켰으며 인류가 진정한 사회로 나갈 수 있도록 여건을 마련해주었다. 인간은 원시적 공동체로부터 시작하여 '사회의 국가화'를 거쳐 현재에는 '국가의 사회화' 단계에 들어섰다. 이 두 과정은 서로 대립되는 과정으로서 전자는 인간의 무리 성질을 강화하였고 후자는 반대로 인간의 무리 성질을 약화시켰다. 국가의 사회화는 인간이 무리를 근본으로 하는 사회로부터 개인을 근본으로 하는 사회로 변해가고 있음을 말해주고 있다. 오늘 우리는 인간들의 사상관념, 정신적 경지, 그리고 인간관계의 변화에서 인류사회 발전의 미래 전망을 내다볼 수 있다. 장래의 사회는 마르크스가 『공산당선언』에서 언급한 바와 같이, 그 연합체에서 "매 개인의 자유적 발전은 모든 사람들의 자유발전의 조건"으로 될 것이다.

물론 인간은 관성을 가진 존재이다. 그러므로 장기간 양성된 무리의 습성을 단번에 버릴 수는 없는 것이다. 지금도 인간은 무리를 지어 끊임없이 서로 싸우고 있다. 인간의 자연 약탈로 초래된 환경위기도 사실은 무리 사이의 싸움에서 온 것이고, 빈부격차와 인간의 불평등 역시 무리 간의 차별에서 온 것이다. 그러나 이와 같은 것들은 이미 인심에 위배되는 일들이고, 그것을 즐기는 자들도 차츰 줄어들고 있으며, 대다수의 인간들은 모두 그들을 질시하고 있다. 오늘의 세계는 이전과 전혀 다르다. 사람도, 인심도, 인성도, 인간관계도 모두 변해 가고 있다. 비록 미래 세계에 도착하려면 아직도 많은 시간이 걸리겠지만, 우리는 그날이 오고야 말 것임을 굳게 믿고 있다.

인간은 자위적인 본성을 가지고 있다. 자위적인 본성은 인간이 자주적인 존재임을 의미하며 인간이 자신을 주재하고 자신을 관리하고 자신을 약속함을 의미한다. 그러므로 인간이 자신의 본성에 대한 각오는 인간 자체의 발전에 매우 중요한 작용을 하고 있다. 만약 인간이 참으로 각성된다면 그들은 더 이상 자신과 남, 그리고 다른 사물을 해치는 그런 바보 같은 일을 하지 않을 것이다.

이것이 바로 인간성 문제를 연구하는 나의 기본적인 신념이다.

제2장

전통철학론 부분

전통과 민족의 자아

현재 중시해야 할 한 가지 문제

인간에게는 모두 자아가 있다. 모든 사람들이 개인으로서 존재하게 되는 이유는 그들이 모두 하나의 자아이기 때문이다.

그러나 자아가 모든 생명의 개체성을 가리키는 것은 결코 아니다. 생명적 개체는 모두 '나'에게 속하고, 개체로서의 '나'도 모두 생명 본능에 속하지만, 이것은 아직도 자아라고 말할 수 없다. 자아는 다만 인간에게만 속한다. 인간에게서 자아는 생명 활동의 주체로서 형성된 것이므로 생명의 본능을 초월한 존재이며, 독특한 개성과 자아의식을 가진 존재이다. 자각적이라는 의미에서 자아는 자아의식과 동일한 것이고, 독특한 개성을 지녔다는 의미에서 자아는 또한 한 사람이 고유한 창조성과 동일한 것이다.

이것이 인간과 동물의 구분이다. 동물의 개체는 태어나면서부터 그 자체인바, 그와 그의 생명 본성은 직접 동일한 것이다. 동물에게서 개체성은 생명의 본능에서 오는 종적인 특징이므로 그것이 비록 개체의 형식으로 존재하기는 하지만 자아의식과 자아개성이 없는 '나'일 뿐이다. 그러나 인간은 다르다. 물론 인간 역시 생명체인 '나'이기는 하다. 그러나 인간으로서의 '나'는 이미 주어진 것이 아니라 인간의 자위적 성질에서 형성된다. 한 인간은 오직 그 일생의 의식적이고 창조적인 활동을 통하여서만이 그의 자아가 형성되는 것이다. 이렇게 형성된 자아는 더 말할 나위도 없이 특별한 성격을 띤 존재이고, 또 그러므로 사람마다 다른 것 역시 자연스러운 일이다.

결국 이러한 자아는 한 사람의 삶의 가치를 의미하고 있다. 저명한 화가인 파블로 피카소는 "나는 다만 다른 사람과 구분되기 위하여 이 세상에 태어났다."라고 말했다. 다른 사람과 구분되므로 피카소가 피카소이고, 또 그러므로 피카소의 공헌과 가치가 있다는 것이다. 만약 인간 개개인이 특별한 본질이 없이 모두 무차별적으로 일치한다면 오늘날 고도로 발달된 문명은 없었을 것이다. 세계는 통일된 관계로 본질을 구성하고 있지만, 존재의 본질은 오히려 차이성에 있다. 독특한 개성을 지닌 자아이면 자아일수록 그 존재의 가치와 의의는 더욱 크다. 개인도 그렇고, 민족도 그렇다.

여기서 꼭 지적해야 할 것은, 개체로서의 자아 문제가 아니라 우리 민족의 운명과 관계되는 민족의 자아 문제이다.

내가 여기서 이 문제를 제기하게 된 주요 원인은, 오늘날 인간 생활이 날로 글로벌화되면서, 사람들은 다만 현대화라는 목표를 향해 달려가고 있으며, 아울러 우리는 민족의 전통과 민족의 자아를 잃어버릴 위험에 직면하고 있기 때문이다. 만약 우리가 민족의 자아에 대한 자각의식을 제고하지 않는다면, 우리는 완전히 서양식 사유에 빠져들게 된다. 이렇게 되면 우리는 현대의 고도로 발달된 과학기술을 발전시키고, 현대의 높은 빌딩을 지어 놓고, 현대의 높은 소비의 물질

생활을 향유하지만, 우리 고유의 문화전통을 잃어버리고, 우리 민족의 자아 특징이 사라짐으로써 결국 중국은 중국 같지 않고, 중국인 역시 중국인답지 않게 되어, 결국 우리는 개체로 구분되는 '나'로만 남게 될 것이다. 하나의 민족도 한 사람과 마찬가지로 일단 자아와 자아의 특질을 잃어버리게 된다면, 민족이 고유하고 있는 존재의 가치와 의미도 잃어버리게 될 것이다.

이는 결코 과장된 표현이 아니다. 우리는 비록 늘 현대화가 '서양화'가 아니라 '중국 특색'이 있다고 말하고는 있지만, 사람들의 관념을 지배하는 현실적 관념과 이런 관념의 지배하에 나가고 있는 길을 잘 살펴본다면, 사실 우리가 현재 따르고 있는 것이 서양의 현대성 관념과 현대화의 모델이다. 여기서 사람들은 '중국 특색'이라는 말을 다만 우리가 아직 낙후되어 있다는 점을 승인해야 한다는 의미로 사용함으로써 사람들로 하여금 서양을 따라 가기에 서두르도록 격려하고 있을 뿐이다. 그리하여 현재까지 우리는 줄곧 서양의 성과에 초점을 맞추어 서양을 모델로 선진국의 발자취를 따라가고 있다. 서양에서 새로운 것들을 만들어 내기만 하면 그것이 우리에게도 없어서는 안 된다. 특히 현대화된 우리들의 일상생활어는 이미 서양의 것들이 대부분 수입되었고, 어떤 것들은 심지어 서양보다도 더 발달되어 있다. 많은 사람들은 고도로 발달된 서양의 과학기술과 고소비적 물질문명에 유혹되어 어쩔 바를 모르고 있고, 우리 자신이 고유한 문화전통을 완전히 잊어버리고 있으며, 우리 민족의 자아마저 상실된 상태이다. 여기서 문제는 이와 같은 상황이 소수 사람들이 아니라 다수 사람들에게서 나타나고 있다는 것이다.

물론 우리가 역사를 회고해 보면, 자아 관념이 약해진 것이 결코 오늘날에 발생되고 있는 사태가 아님을 알 수 있다. 과거에 중국은 세상에 널리 알려진 문명 고국이었다. 그때 우리는 우리 스스로의 자아와 자아 문명의 전통을 가지고 있었을 뿐만 아니라 서양의 사회 문명 발전에도 거대한 영향을 미쳤었다. 이것 또한 우리가 인류문명에 기여한 공헌이기도 하다. 그런데 언젠가부터 시작하여 우리는 서양에 뒤떨어지기 시작하였고 우리의 전통과 자아를 잊어버리기 시작했다. 그리고 그 뒤 '10년 동란'('문화대혁명' 시기)의 숙청과 파괴로 인하여 자아 관념은 송두리째 뽑혀 나갔다. 사람들은 누구나 무아를 제일 고상한 정신적 경지로 여겼기 때문에 자아의 전통이라는 것은 더구나 운운할 여지도 없었다.

그럼에도 불구하고 중국인은 언제나 중국인이었다. 지금도 중국인은 어딜 가나 한눈에 중국인을 알아볼 수가 있는데, 모종 의미에서 이는 우리에게 아직도 우리의 자아를 보존하고 있음을 말해주고 있다. 우리가 중국인을 식별하는 중요한 표징이 바로 피부색깔, 언어와 생활습성이다. 물론 피부색깔은 인종적 특징이고 언어와 생활습성은 문화적 특징으로서, 그 속에도 문화전통이 희미하게나마 담겨 있기는 하지만, 사실 그것은 우리가 보존하고 있는 민족의 자아라기보다는 우리의 몸에 남아 있는 문화의 역사적 흔적이라 함이 더 적절하지 않을까 싶다. 자아라는 것은 결코 일조일석에 형성되는 것이 아니다. 특히 민족의 자아는 역사의 장기적 창조와 문화의 누적을 거쳐 형성되는 것이다. 그러므로 만약 한 민족이 자신에게 고유해 있던 문화적 전통을 잃어버린다면, 그리고 그 전통이 새로운 것으로 재생될 수 없다면, 그 민족의 전통은 개성과 특징을 보존해 나가기가 어렵다.

현재 국제사회의 교류가 빈번해지고 있는 상황에서, 우리는 무엇으로 우리 민족의 긍지감을 느끼고, 또 무엇으로 인류문명에 공헌할 수 있다고 단언할 수 있겠는가? 우리도 물론 현대적 발명과 창조를 자랑

할 수 있겠지만, 우리 민족만의 특징이 있는 것을 내놓으라고 한다면 그래도 조상들에게서 물려받은 유물들, 예컨대 병마용, 죽간, 태산, 고장 희극과 같은 것들을 내놓을 수밖에 없는데, 이 또한 얼마나 우리의 낯이 깎이는 일인가? 그러므로 오늘날 민족의 자아문제를 제기하는 것이 아주 필요하다.

유적 본질과 민족의 자아

여기서 먼저 이론적으로 명확히 해야 할 문제가 하나 있다.

나는 이미 마르크스의 관점에 근거하여 인간은 유적 본질을 지닌 존재이라고 주장했었다. 현재 인류의 차원에서 발생하고 있는 중대한 사태들, 예를 들면 지구가 작아지고 인간들 사이의 거래와 소통이 빈번해지고 있는 이러한 사실들은 인류가 차츰 하나의 지구촌으로 변해가고 있고, 유적 존재가 자재의 상태에서 자각의 상태로 진입해 가고 있음을 의미한다. 여기서 한편으로는 민족의 자아 개성을 발전시켜야 한다고 주장하고 있고, 다른 한편으로는 현대 사회의 발전추세와 아울러 유적인 관점을 주장하고 있는데, 이 두 주장이 서로 모순되는 것이 아닌가 하는 질문이 있을 수 있다.

하지만 내가 보기에 이 양자는 결코 모순되지 않는다. 왜냐하면 인간의 유적 본질은 다양한 개체들에 존재하는 부동한 질로 구성된 통합체이기 때문에 이런 유적 본질은 종적 본질과 근본적으로 구분된다. 유적 본질이 종적 본질과 구분되는 근본 특징은, 하나로 통합되어 나가는 자각적인 유의 본질이 자아 개성과 모순되지 않을 뿐만 아니라 자아 개성의 충분한 발전을 자체의 내적 규정과 발전의 토대로 삼고 있다는 것이다. 그러므로 인간이 유적 본질로 발전해 나가면 나갈 수록 다양한 개성을 요구하고, 개체가 다양한 질을 지니면 지닐수록 유적인 본질도 더욱 충실하고 원만해 진다. 여기에 마치 모순이 존재해 있는 것처럼 보이는데, 사실은 이 모순이 있음으로 하여 유적 본질은 종적 본질과 구분되고, 또한 이 장력관계가 자아의 발전에 무한한 공간을 제공해준다.

물론 유적 본질이 요구하고 있는 개성화는 매 개인의 개성화뿐만이 아니라 역사적으로 형성된 민족이나 국가와 같은 인간 공동체의 개성화도 포함되어 있다.

우리는 응당히 유 이념에 대한 아래의 오해를 극복해야 한다. 즉, 우리는 추상적인 공통성, 일반성, 통일성으로 인간의 유적 존재와 유적 본질을 이해하지 말아야 하고, 특히 인간의 유적 본질의 실현 과정을 개체 사이의 차이와 공동체들 사이의 경계를 극복하는 것으로 이해해서는 안 된다. 여기서 문제는 형식논리의 추상적 방법이 아니라 변증법적 사유의 논리가 요구된다는 것이다.

인간에게 있어서 자재적인 유적 존재로부터 자각적인 유 본위로 진입하는 것은 인간성의 한 차례 중대한 비전이다. 물론 그 와중에서 역사의 산물인 개인과 집단의 존재 양식이 본질적 변화를 일으키기도 하겠지만, 그렇다고 하여 그들 사이의 경계가 결코 사라지지는 않을 것이며, 그들을 구분 짓는 특징도 해소되지는 않을 것이다. 더 말할 나위도 없이, 개개인의 경우, 변화의 추세는 전면적인 본질을 발전시키는 것이다. 그러나 민족이나 국가와 같은 인간공동체의 상황을 보면, 그것들도 장기적인 역사적 과정을 거치면서 서로 사이에 이미 자아결집력을 이루는 확고한 계선과 온정된 특징이 이루어져 있는바, 이런 계선과 특징은 소멸할 수도 없고 소멸되지도 말아야 할 것이다. 유적 본질의 실현 과정에서 개변시켜야 할 것은 다만 부동한 민족과

국가들 사이에 현존하고 있는 이익 주체로서의 대치적 성격이다. 그들 각자가 부동한 문화적 실체로서 지니고 있는 차이성과 독특성은 그들 사이의 왕래, 소통과 융합의 근거와 기초인바, 그것들은 소멸되지 말아야 될 뿐만 아니라 더욱 강화, 발전시켜야 할 것이다. 우리가 흔히 말하는 '국가의 소멸'이란 위에서 지적한 바와 같이 그 성격의 변화를 말하는 것이지, 결코 독특한 성질의 상실을 말하는 것이 아니다. 그러므로 유적인 관점으로 문제를 본다고 하여 민족의 구분이나 국가의 계선을 무시하고 피차의 구분 없이 동일성으로 모든 문제를 파악한다는 것은 결코 아니다. 동일성에만 집착된 사유는 추상화된 사유인바, 그것은 인간의 사유를 다시 종적 개념으로 되돌려 버리게 된다.

여기서 내가 민족적 자아의 문제를 제기함으로써 기대하는 것은 사람들에게 자각적인 유적 의식이 이루어지는 것이다. 유적인 관점으로 오늘날의 변화를 바라보고 현실적인 문제들을 해결해 나가는 것인데, 중요한 것은 절대로 통일성을 개성이 없는 공통성(본질상의 유럽화)으로 이해하지 말아야 한다는 것이다. 만약 현대성을 도식화된 천편일률로 받아들인다면 우리는 심지어 전통을 잃게 되고 우리 중화의 자아도 잃게 될 것이다.

유의 관점에 따르면, 나와 타자, 인간과 세계는 본질의 통일적 관계를 이루고 있다. 오늘날 인류의 발전은 이러한 단계에 처해 있는바, 매 개인, 민족 혹은 국가의 생존 발전이 인류 전체의 생존 운명과 직접적으로 연관되어 있으므로 반드시 인류 전체 발전의 수요로부터 모든 일들을 고려하고 처리해야 하는데, 이는 인류가 일체화로 나가면서 부딪친 현실이고 또한 유적 의식의 요구이다. 인간의 총체적 발전을 도모하기 위하여 모든 개인, 민족, 국가는 응당히 자아 창조에 노력해야 하고 자신의 장기를 발휘해야 하며 자신의 독특한 성과를 이루어야 한다. 이는 유적 본성의 요구인 동시에 세계화와 총체화의 요구이기도 하다.

그러므로 소위 유적 의식이라는 개념은 실질상 인류가 현대적 발전 요구에 따라 "인간의 본성을 전면적으로 발전시키고 또 전면적인 관점에서 인간의 본질을 완전히 점유"하는 일종의 자각적 의식이다.

서양식의 발전 방식에 대한 이해

근대 이래 서양이 강대해지면서 놀랄 정도의 물질문명을 성취하였는바, 그들의 성과는 인류가 현재까지 이루어낸 최고의 기물 문명 성과를 대표하고 있다고도 말해도 무방하겠다. 과거 몇 세기 동안, 그들 중의 어떤 세력들은 기물의 우세를 등지고 다른 낙후한 민족을 유린하고 침략해 왔으며, 국제 관계에서도 오만하게 패권을 행사해 왔다. 이런 상황에서 낙후한 나라들도 피동적인 지위에서 벗어나기 위하여 서양이 발전해 나온 길을 따라 물질적 성취를 목표로 발걸음을 재촉해 나가기 시작했다. 물론 이와 같은 선택은 너무나 자연스럽고 나무랄 이유가 없다.

그런데 나는 이러한 선택이 서양의 성취를 바라보는 일종의 관점과 태도를 보여 주고 있다고 생각된다. 만약 시각과 입장을 바꾼다면 그에 대한 해석이 달라지게 되고 다른 모양으로 부각되기도 할 것이다.

정말 그럴 수 있을까? 나는 그럴 수가 있고 또 응당 그래야 한다고 생각된다. 어떤 문제를 바라볼 때, 인간은 늘 이미 결정된 하나의 가설을 전제로 하는데, 그 전제가 다름에 따라 바라보는 각도가 다르게 되고 얻게 되는 인식과 그에 대한 태도도 달라지게 된다.

예컨대 우리는 적어도 아래의 세 가지 상이한 각도로 서양국가들의 발전이라는 사실을 바라볼 수 있을 것이다.

첫째, 서양을 모델로 서양의 발전을 바라보는 것,

둘째, 후진국의 현실에서 서양의 성취를 바라보는 것,

셋째, 서양과 자아의 한계를 벗어나 인류의 총체적 본성 발전의 수요라는 각도로 서양의 문화와 성과를 바라보는 것이다.

바라보는 각도가 다르다는 것은 사실상 사상적 경지가 다르다는 것을 의미한다. 사람들은 흔히 혹자는 서양의 성취를 다만 긍정적인 것으로만 보고 그 문제점을 보지 못하거나, 혹자는 다만 우리의 낙후한 점만 보고 자신의 존재가치를 보지 못하거나, 또 혹자는 서양의 문제점을 보아내기는 하면서도 그것 외에 우리가 나가야 할 길이 없다고 여긴다. 이러한 견해들은 모두 서양식의 울타리에 갇혀, 혹은 우리의 낙후한 현실에 국한되어 서양을 바라보는 것이기에 결국은 서양의 방식으로 서양을 이해하고 있는 것들이다. 만약 우리가 이러한 울타리를 벗어나게 되면 "산 너머에도 산이 있다."는 것을 발견하게 될 것이다.

나는 서양의 물질문명이 인류에게 가져다준 휘황한 성취를 부정하려는 것은 결코 아니다. 그렇지 않으면 마치도 동화에서 나오는 여우처럼 포도가 먹고 싶으면서도 먹지 못해 포도를 시다고 평가하는 격이 된다. 그러나 우리는 그것을 다만 인류문명의 다양한 문화양식들 중 하나의 문화적 성과로 여길 뿐, 인류의 유일한 생활양식으로는 여기지 않는다. 인류의 문화는 본래 여러 양식의 전통이 있고, 그 성질도 다양하다. 그리고 이는 수천 년의 역사로 이루어진 객관적 사실이다. 그런데 어찌 인류 문명의 발전을 서양철학자들이 본체를 설정하듯이 저급에서 고급으로 나가는 그런 단일하고 고정된 모델로 이해할 수가 있겠는가?

인간의 본질은 여러 차원의 풍부한 내용을 가지고 있고, 인간의 생활은 다양한 추구로 이루어져 있으며, 인간의 문화 양식도 다양한 가능성이 담겨 있다. 그리고 인생의 목표는 스스로 선택하는 것이고, 인생의 길도 스스로 개척하는 것이다. 그러므로 인류의 미래 또한 현란하고 다채로울 것이므로 절대로 단일한 양식에 제한될 수 없을 것이다. 인류문명을 다만 하나의 직선이나 단일한 양식으로 이해하면서 "모든 길이 모두 로마로 통한다."고 생각하는 것은 서양의 발전양식에서 도출해 낸 결론이고 서양문화의 관념에 속하는 것이다. 우리가 늘 서양의 이론적 모델에 기대어 서서 서양 발전의 현실을 주시하고 있기 때문에 그 사상의 결과 역시 제한된 울타리를 벗어나지 못하고 있다.

역사는 결코 지름길이 아니라 수많은 갈림길로 구성되어 있고, 그것이 결국에는 발전한다고 치더라도 때로는 후퇴도 하고 기로에도 빠져들기도 한다. 그러나 역사는 반복만은 꺼리면서 과거로 되돌아가는 일은 거의 없다. 서양 사회문명의 성과는 서양 역사발전의 산물로서, 우리는 다만 그 성과를 흡수할 수 있을 뿐 그들이 걸어온 과거의 역사, 특히 그들이 이러한 성과를 이루어내기 위해 경험한 근대의 '피눈물의 역사'를 반복할 필요는 없다. 우리는 자신의 삶의 수요에 의하여 필요한 것만 흡수하면 되고, 꼭 서양식 생활을 모방할 필요는 없다. 왜냐하면 서양의 생활양식을 모방할 만한 가치가 있는가 하는 문제도 연구해 봐야 할 과제이기 때문이다.

이에 관하여 서양사회에서 생활해 온 유식한 학자[90]들은 이미 많은 심각한 비판적 견해들을 제기했었는데, 우리가 반드시 이런 견해들에 중시를 돌리고 참고해 봐야 한다.

그들의 경험에 따르면, 서양사회는 '풍요로운 사회'인 동시에 '병태적인 사회'이다. 그들의 문명은 비록 이미 세계를 정복하였지만 인간

---

90) 그중에는 하이데거, 마르쿠제와 같은 철학자도 있고, 또 많은 과학자들도 있다.

은 오히려 영혼을 잃고 물질과 기술의 노예로 전락되었으며, "개성을 잃은 기계인, 가격이 매겨지길 기대하는 상품인, 탐욕에 정복된 소비자"로 소외된다. 그들은 서양의 높은 소비의 생활이 이미 인간을 비인간으로 만들어 버리고 있기 때문에, 문명은 반드시 현재 서양의 길과는 다른 길을 개척해야 한다는 것이다. 이러한 상황인데 우리가 왜 하필 그들의 뒤를 쫓아가서 그 헤어나오기 어려운 진창에 뛰어들어야 하는가?

오늘날 서양문명은 이미 절경에 처하여 앞으로 나갈 길도 보이지 않고 돌아설 수도 없는 생존곤경에 빠져 있다. 서양사회가 오늘날 이 지경까지 이르게 된 데는 서양의 사상문화 전통, 특히 서양 고유의 이론 사유방식과 밀접한 연관을 가지고 있다. 즉, 그들의 생존곤경 또한 이론적 사유방식의 곤경이기도 하기 때문에 서양의 이론적 사유로서는 출로를 찾을 수가 없다는 것이다. 그러므로 이 생존곤경에서 벗어나려면 반드시 서양 이론사유의 곤경에서 벗어나야 한다. 이 점에 대하여 서양의 사상가들도 그들의 현실적 생활에서 터득한 바가 있다. 그리하여 그들은 많은 사회적 모순을 폭로함과 동시에 정력을 모아 서양의 선험이성에 기초한 주체 – 객체의 이원론적 대립, 로고스중심주의, 추상적 보편원리에 대한 추구, 필연법칙에 대한 신념 등으로 구성된 이론적 사유를 완전히 해체, 해소하고 있는데, 이것이 최근에 흥기하고 있는 '포스터모더니즘'이다.

물론 그들로서는 서양의 이론적 사유방식을 완전히 초월한다는 것이 쉽지 않은 일이다. 그들이 서양의 이론적 사유를 해체, 해소시키기 위해 사용한 것 역시 서양의 전통에서 계승해 온 사유방식이었다. 즉, 그들 역시 한 극단(절대적 상대주의)으로 다른 극단(독단적 절대주의)을 대항하는 그런 서양의 전통적 사유방식을 벗어나지 못하였다. 그들의 논리에 따르면, 원래는 하느님이 만물을 통치하고 모든 것을 운영하던 것이, 현재는 하느님도 죽고, 사람도 죽고, 철학도 죽어 모든 것이 괴멸되면서 '멋대로 하는' 시대가 대두되었다는 것이다. 그러나 그들은 다만 모든 것들을 마음껏 해체시킬 뿐, 미래의 전망에 대하여서는 역시 막연할 뿐이다.

바로 이렇기 때문에 상이한 민족이 고유하고 있는 다양한 문화와 사유방식이 중요한 가치와 의미가 있다는 것이다. 역사적으로 보면, 다양한 문화가 서로 흡수되고, 소통되고, 융합되면 그것은 흔히 경직된 문화전통이 곤경에서 벗어나 새로운 생명 활력을 얻을 수 있도록 하는 그런 윤활제와 동력으로 사용되었다. 과거의 유럽 문화에서도 그러했고, 중국 문화에서도 그러했다. 만약 그리스문화, 로마문화, 히브리문화의 충돌과 융합이 없었더라면 그 뒤의 유럽 문화의 발전이 없었을 것이며, 마찬가지로 만약 유교, 도교, 불교 등 부동한 문화의 충돌과 융합이 없었더라면 중국 전통문화의 발전도 없었을 것이다.

사실상 전반 인류역사의 발전은 모두 이러하다. 인간은 자신의 본능과 자연의 요람을 떠난 이후 주로 이성으로 자신의 자주성을 실현해 나왔다. 이성이 이와 같은 기능을 할 수 있었던 원인 또한 인간의 이성에 내재해 있는 장력에는 이질적 규정과 다양한 가능성이 내포되어 있고, 부동한 문화 양식과 체계로 표현될 수 있기 때문이었다. 이성은 오로지 부동한 문화와 사상이 서로 참조하고, 제약하고, 관통하는 과정에서만이 비로소 자신의 발전 방향을 규정하게 되고 여러 갈래의 지류가 모여 넓은 강의 흐름을 구성하도록 할 수 있는데, 바로 이것이 인류의 역사가 아닌가 싶다.

02

•••• *02*

인류의 정신적
재산으로서의 전통철학

민족의 자아의식

현재 우리는 회피할 수 없는 다음의 현실적 문제점을 안고 있다. 즉, 오늘날 세계가 현대화의 물결에 휩싸여 있는 상황에서, 많은 사람들이 서양의 과학기술, 학술사상, 철학원리, 심지어 생활양식을 따라 배우는 데 관심을 모으고 있는 반면, 우리의 전통은 우리들의 기억 속에서 거의 사라져 버리고 있다는 것이다. 중화민족의 전통문화라고 하면 사람들은 그래도 뭔가를 좀 기억하고 있고, 그것이 유구한 역사를 이어오면서 찬란하고 휘황한 과거를 가지고 있다고 생각하고 있다. 그렇지만 전통적인 철학이나 전통적인 사유방식이라고 하면 전문 연구자들 외에는 알고 있는 사람들이 별로 없다. 오늘날 우리는 철학 문제들을 사고하거나 현실 문제의 철학적 근거를 제시할 때 서양철학자들의 사상에서 영양을 섭취하거나 이론적 지지를 받으려고 할 뿐, 누구도 공자, 노자, 장자, 묵자 등의 사상에는 별로 기대지도 않고 흥미도 가지지 않고 있다. 사람들은 이런 것들이 이미 생명력을 잃은 역사의 흔적에 불과한 것이므로, 오늘날에는 아무런 의미가 없다고 생각하고 있다. 이런 상황은 실로 낙관적으로 보기가 어렵다.

근대로부터 서양인들은 역사의 앞장에 서서 나가게 되었고 우리는 그들에게 뒤떨어지게 되었다. 우리는 응당히 웅대한 뜻을 품고 정신을 가다듬으면서 그들을 추월하기 위해 노력해야 하고, 또 마땅히 관용적으로 서양의 좋은 것과 유용한 것들을 배워야 하는 것이다. 하지만 그렇다고 하여 만약 우리가 자아 및 문명의 뿌리를 잃어버리고 자신이 누구인지마저 잊게 된다면, 우리는 장차 민족의 죄인으로 심판받게 될 것이다. 역사가 증명하고 있다시피, 한 민족이 자신의 문화전통, 특히 그 문화의 특수성을 대표하고 그 문화의 영혼을 표현하는 철학적 사유의 전통을 잃어버린다면 그 민족은 세계적인 위상에 서지 못하고 결국은 도태될 것이다. 특히 유구한 역사의 문화 전통을 가지고 있고 또 독특한 철학적 사유의 개성을 지닌 우리 민족은 응당히 자신들의 특기를 발휘하여 인류 미래의 새로운 문화와 새로운 철학의 발전에 기여해야 한다. 만약 그렇지 못하고 인류 공동의 정신적 재산인 이 전통과 유산이 그 빛을 내지 못하고 우리의 손에서 중단되고 소실된다면, 그것은 우리의 실직일 뿐만 아니라 우리의 죄일 것이다. 물론 전문가와 전문학과들에도 전통이 존재하고 있겠지만, 그것은 다만 역사나 혹은 문헌의 형식으로 존재할 따름이다. 그런데 문제는 전통의 의미가 역사나 문헌에만 국한되어서는 안 된다는 것이다.

중국의 전통 철학은 사상이 아주 심오하고 내용이 극히 풍부할 뿐만 아니라 중국 특유의 사유방식, 이론형태, 가치적 선택, 정신적 경지와 언어적 품격을 가지고 있다. 우리의 철학 사유가 지니고 있는 개성이 바로 우리 철학이론의 가치이다. 어떤 의미에서 보면, 우리의 철학은 우리의 것일 뿐만 아니라 인류가 공유하고 있는 정신적 재산이다. 흔히 우리가 그 가치를 중히 여기지 못하고 있는 반면, 서양에서 도리어 그것의 특유의 가치를 중히 여기는 상황도 있다.

16, 17세기 동양과 서양이 상업 내왕이 있은 이래, 우리나라의 일부 학문과 사상이 상업과 아울러 서양에 전파되었다. 중국철학에서 체현되고 있는 인문 정신, 천도 사상과 민본주의 관념 - 예컨대 공자가 제시한 "내가 싫어하는 것을 남에게 강요하지 마라." 노자가 말하는 "만물은 모두 도와 덕을 중히 여긴다." 맹자가 중시한 "민중이 귀하고 군주가 천하다." 등과 같은 이런 동양의 혼이 담긴 사상들 - 이 서양인들에게는 아주 새로운 것으로 보여 졌다. 문헌의 기재에 따르면, 라이프니츠, 볼테르, 디드로, 홀바흐, 칸트, 셸링 등(중국사상을 극단적으로 부정해 온 헤겔을 내놓고) 서양철학의 거장들은 모두 그들이 접촉했던 중국철학 사상을 높은 평가했다고 한다. 당대 서양의 적지 않은 학자들도 중국철학을 아주 중시하고 있으며, 심지어 어떤 학자들은 중국철학이 미래의 주류 사상으로 거듭나게 될 것이라고 예측하고 있다.

물론 서양 학자들이 우리 철학에 대한 이해는 언제까지나 제한된 것이기 때문에 우리는 그들의 평가를 진리로 여길 필요가 없다. 그러나 그들의 평가가 잘 제시해주고 있는 바와 같이, 우리는 너무 교만하지도 말아야 하며, 또 너무 겸허하지도 말고 자신에게 신심을 가져야 한다. 중국철학의 우수한 사상과 전통은 인류 공동의 정신적 재산이다. 그러므로 만약 그 속에 잠재되어 있는 거대한 에너지와 가치를 충분히 개발하고 발전시킨다면 인류의 문화와 사상을 풍부히 발전시킬 수 있을 것이고, 그 와중에 자체의 형식과 내용도 많이 변화될 것이라는 것이다. 이 일은 물론 우리가 서양의 학자들과 함께 완성해 나가야 하는 것인데, 그래도 결국은 우리가 주체로 되어 자신의 전통사상을 개발하고, 해석하고, 빛내야 하는 것이 우리들의 책임과 의무이다.

나는 우리가 이 일을 해낼 수 있다고 믿는다. 그러나 이 일을 해내기 위하여 우리는 반드시 사상을 해방하고 우리 스스로가 자신을 구속하는 그런 사상의 틀이나 정신적 족쇄를 제거해야 한다.

전통적 사유방식과 철학

중국철학 문제를 논의할 때, 우리는 너무나도 많은 외적이고 인위적인 사상의 틀에 제한되어 있다. 우리는 옛사람들이 사용했던 문자를 해독하기가 쉽지 않고, 또 그들의 사유방식도 이해하기가 어렵다. 그리하여 그들 사상을 바라보는 순간 우리는 마치 안개 속에서 꽃을 보는 것과 같이 아리송해진다. 게다가 이러저러한 외적인 틀과 선입지견에 갇히어 우리는 그것의 참된 의미를 파악하기가 쉽지 않다. 보통 사람들의 입장에서 전통철학은 현실생활에서 멀리 떨어져 있는 일종의 신기루와도 같은 신비로운 존재이다. 그리하여 그들은 전통철학과 거리를 멀리 두면서 접촉하기를 꺼렸고, 또 이러한 원인으로 그것은 현실적 문화생활에서의 생명력을 상실해 있다.

(1) 우리는 전통철학을 이해함에 있어서 많은 선입지견을 가지고 있는데, 그중 제일 치명적인 선입지견이 바로 우리가 우리 전통 철학 이론을 독립적 개성을 지닌 철학 형태로 여기지 않는 것이다. 우리는 언제나 서양의 눈으로 자신을 바라보고, 우리의 이론을 서양철학의 틀에 맞추어 넣으려고 애를 쓴다. 이렇게 다시 주조되고 가공되면, 우리의 철학은 전혀 딴 모습으로 변하고 우리 철학사유가 고유했던 의미와 가치를 모두 상실하게 된다.

물론 이와 같은 상황이 나타나게 된 데는 역사적 원인도 있고 인식론적 원인도 있다. 중국에는 원래 철학이라는 개념이 없었다. 이 단어는 최초에 일본인들이 서양철학을 소개하면서 만들어낸 것이다. 그리하여 서양의 이론이 철학의 표준모델이라는 고정된 관념이 생기게된 것이다. 그리고 한때는 또 이러한 관점이 유행되기도 했다. 즉, 철학은 인류에게 존재하는 공동적이고 보편적인 문제를 연구하는 이상, 누가 연구하든지 간에 그 결과는 같아야 하고 심지어 같은 틀에서 만들어져 나와야 한다. 그러므로 철학적 사유에는 민족문화의 차이가 없다는 것이다. 그리하여 한때 우리는 철학이론이 널빤지와도 같이 남에게서 빌려다 써도 무방하다고 여겼다. 그리고 심지어 어떤 사람들은 "중국에도 철학이 있는가?"라는 문제까지 제기했었다.

오늘날에 와서 볼 때 문제의 답은 아주 명료하다. 철학은 문화의 일부분이면서도 민족 문화의 영혼을 표현하고 있다. 그러므로 만약 문화에 민족적 차이가 있다고 한다면 철학이론과 사유방식에도 민족적 차이가 있다는 것이나 마찬가지이다. 사실상 문화와 철학은 모두 인간의 본성을 표현하고 있다. 우리의 인식에 따르면 문화는 인간성의 존재방식이며 철학은 인간성의 자각의식이고 사상방식인바, 이 양자는 모두 인간의 본성과 연관되어 있다. 과거 물종적 관점에 따르면, 인간성에는 차이가 없고 단 하나의 고정된 양식을 가지고 있으며 아울러 철학도 단 하나의 고정된 양식을 가지고 있을 수밖에 없다. 우리가 이미 '추상적인 인성론'을 부정한 이상, 이 문제도 응당히 해결해야 한다.

사실상 철학은 종래로 고정된 양식을 가지고 있은 적이 없다. 서양철학도 고대로부터 현대에 이르기까지 여러 종류의 이론 형태를 바꾸어 가며 발전해 왔다. 즉, 철학은 시의 형태, 지식의 형태, 신학의 형태, 과학의 형태, 본체론의 형태, 인식론의 형태, 논리학의 형태, 언어학의 형태 등 어떠한 형태로든 다 존재해 왔다. 누가 여기서 어느 형태를 표준적인 양태라고 단언할 수 있겠는가? 만약 우리가 그중 하나의 양식만을 철학이라고 규정짓는다면, 서양(확실하게 말하자면 '유럽', 더욱 명확하게 말하자면 '서부 유럽') 외에는 철학이 없다는 결론이 나오고, 더 나가서 서양에도 철학이 없다는 결론이 나오게 된다. 바로 이런 논리에서 서양의 일부 사상가들이 "하느님이 죽었다." "인간이 사라졌다." "철학이 종말되었다."는 견해들을 내놓고 있다.

(2) 우리가 철학을 이해함에 갖고 있는 많은 고정된 관념들 중에 지금까지도 우리에게 중대한 영향을 주고 있는 선입견이 바로, 모든 철학의 입장이나 관점을 어떤 구체적 사상 경향과 무관하게 우선 그것들을 유물론과 유심론이라는 선험적 양태로 나누고 그것으로 철학 사상의 본질을 결정하는 것이다. 바로 이와 같은 이론적 평가 모델에 따라, 우리는 어떤 철학관점에 봉착하면 먼저 거기에 유물론 혹은 유심론이라는 딱지를 붙여 놓음으로써 그 이론에 대한 성질을 결정해 놓는데, 이러고 나면 그 사상의 속성과 가치가 평가된 것이나 마찬가지로 취급되면서 더욱 자세한 분석을 거절한다.

이상의 선입지견은 사실상 서양철학 형태론의 영향을 받아 형성된 것이다. 서양철학은 범주와 논리로 구성된 개념사유이고 중국철학은 의리(義理)에 대한 체험적 사유이다. 개념화된 논리적 사유는 분석을 추구하고 사유의 형식적 규정을 중시하지만, 의향성을 지닌 체험적 사유는 융통성을 추구하고 사유의 의리적 내용을 중시한다. 서양철학의 양극화된 사유방식에서는 주관과 객관, 사유와 존재, 정신과 물질, 현상과 본질 등 서로 대립되는 것들이 발전과정에서 차츰 분열되어 극단적인 상태로 존재하게 되며, 결국에 가서는 세계도 그에 따라 분열하게 된다. 그리하여 서양근대철학은 유물론과 유심론이라는 두 길래의 철학 파별의 발생했다. 그러나 이런 상황이 중국철학에서는 존재하지 않았다. 이는 중국철학이 발전되지 못해서가 아니라 사유방식이 서양과 달랐기 때문이다. 중국의 사유방식은 모든 것이 하나의 도(道)로 관통되고 아울러 그들의 세계도 종래로 분열로 발전해 나가지 않았다. 중국의 세계가 분열되지 않은 하나이기 때문에 그것을 서양의 양극화된 사유방식으로 판단할 수 없다. 만약 그것을 억지로 서양의 틀에 맞추어 평가를 한다면 우리의 철학은 고유한 의미를 상실하게 된다. 20세기 1950년대 말부터 1960년대 초에 이르기까지 우리 학계에서는 노자의 주장이 유물론이냐 아니면 유심론이냐에 대한 논쟁을 벌였었는데, 사실 그것은 무의미한 가짜 문제였다. 떠들썩한 토론을 거쳐 어떤 결론을 얻게 되었을까? 그 결과 노자 사상에 대한 인식이 더 한층 심입된 것이 아니라, 도리어 노자 사상의 참된 의미와 중국철학의 참된 정신을 인식하지 못하고 잊어버리게 되었다.

잘 음미해 보면 알 수 있듯이, 서양의 특정한 역사 조건하에 형성된 평가 기준으로 중국철학을 평가한다는 것은 적절치 못했고, 심지어는 서양의 고대철학과 현대철학을 평가한다는 것도 적절치 못하다.

(3) 위의 문제와 아울러 또 제기되는 문제가 바로 '철학의 기본 문제'에 대한 이해이다. 철학의 기본 문제는 도대체 무엇인가? 과거에 우리는 이 문제에 대하여 의심할 바 없이 '사유와 존재의 관계문제'라고 이해했고 또 철학이라면 꼭 이 문제가 기본 문제로 되어 있다고 생각했었다. 그리하여 우리는 중국철학에도 이 문제가 존재하므로 중국철학에서 사유와 존재가 어떻게 대립되고 또 그 대립이 어떻게 통일을 이루는가를 연구했었다.

그러나 사실 이는 일종의 오해였다. 철학 발전의 전반 역사를 돌이켜 보면, 철학자들이 연구해 온 문제들은 아주 다양했고, 철학의 대상과 주제도 끊임없이 변화되어 왔다. 우리가 오직 단언할 수 있는 것은 철학의 문제는 언제나 인간, 인간의 생존상태, 인간의 본성, 인생의 의미 등과 연관되어 있다는 것뿐이지, 무엇을 주제로 삼는가 하는 문제는 선험적으로 결정되어 있는 것이 아니라 인간의 구체적 생존조건과 역사발전의 상황에 의하여 결정된다는 것이다. 이는 철학이라는 이론의 특유의 성질인바, 이 점에서 철학은 다른 학과와는 완전히 구분된다.

사유와 존재의 관계는 인간과 외부세계 사이의 관계를 표현하는 특정한 형식으로서, 비록 거기에는 서양철학의 많은 문제들이 함축되어 있기는 하나, 그렇다고 하여 전반 서양철학사에 관통되어 있는 문제는 아니다. 근대 서양철학에서 이 문제가 철학의 기본 문제로 돌출하게 부각된 원인은, 데카르트가 "나는 생각한다, 고로 나는 존재한다."는 명제를 제기함으로써 서양철학에서의 세계가 이원화되었고, 본체론이 인식론으로 전환되면서 원래 본질과 현상의 대립이 사유(내심세계)와 존재(외부세계)의 대립으로 전화되었기 때문이다. 그러므로이 문제는 그 시대의 역사적 상황에서 비롯된 것이다. 엥겔스는 『포이어바흐와 독일 고전철학의 종말』에서 사유와 존재의 분리가 서양근대 인식론 발전의 산물이라는 점을 명확히 제시했었다.[91] 과거에우리는 그것을 모든 철학에 관통되어 있는 보편적인 것으로 해석했었는데 이는 역사의 사실에 어긋나는 인식이었다.

중국철학을 연구할 때 우리는 마땅히 중국의 구체적 역사 상황과 특유의 문화적 형태로부터 출발하여 중국의 사유방식에 맞게 중국의 철학전통을 이해해야 한다. 그래야만이 중국철학의 참된 정신을 파악할수가 있고, 중국철학이 가지고 있는 특유의 가치를 이해할 수가 있다.

---

91) 『마르크스엥겔스 선집』 제4권, 인문출판사, 1975, p. 220.

우리의 사상을 속박하는 선입지견들은 아직도 많다. 그중 위에서 제기된 것들은 제일 중요한 문제들이다.

중국철학의 정체성

중국철학의 가치는 주로 중국철학사유의 독특한 풍격과 그 이론의 독특한 경지에 있다. 이 점을 잘 이해하는 것이 중국철학의 전통을 발양해 나가는 데 제일 중요한 의미가 있다. 그리고 이는 또한 대외로 철학 교류를 진행함에 있어서 하나의 기초이고 기본 전제 조건이다. 만약 우리에게 아무런 특점이 없거나 혹은 우리가 자신의 특점에 대하여 전혀 이해하지 못한다면, 아무것도 내놓을 것이 없는데 무엇을 남들과 나누고, 또 남들은 무엇을 우리와 교류할 수 있겠는가? 만약 그런 상황이라면 우리는 다만 남의 것을 모방하거나 혹은 일방적으로 남의 것을 접수할 수밖에 없다.

이 점에 대하여 우리의 인식은 아직 너무나도 확실치 못하다. 우리는 중국철학사를 연구할 때 흔히 어떤 특정된 인물, 유파, 시대, 사상 등 전문적인 주제에 대하여서는 연구를 아주 구체적이고 심도 있게 진행하지만, 중국철학의 전제적 정신이나 사유 특점과 같은 전반적 문제에 대하여서는 연구를 심도 있게 진행하지 못하고 있다. 전문적인 주제에 대한 연구가 기초를 제공하기는 하지만 영혼을 제공하지는 못한다. 전제적 정신이나 사유 특점이 명확하지 못하면 전문적인 주제에 대한 연구도 그의 참된 의미와 가치가 선명하게 드러나지 않다. 그리므로 우리는 반드시 중국철학과 서양철학의 대비 연구에 더욱 많은 심혈을 기울여야 한다. 그래야만 우리가 중국철학이 고유한 특유의 내용, 성질과 정신을 총체적으로 잘 파악할 수 있다.

나는 여태껏 주로 철학이론의 일반을 연구하면서 서양철학 쪽으로 많이 치우쳤었다. 그리하여 나는 비록 중국전통철학에도 관심을 가지고 있었지만 전문적인 연구가 결핍된 상태인지라 위에서 제기한 문제를 제대로 회답할 수가 없었다. 물론 나도 중국전통철학을 접촉하면서 약간의 생각들을 가지게 되었는데, 여기서 이런 것들을 내놓고 전문가들과 함께 사고하고 연구해 보고 싶다. 전체적으로 볼 때, 중국철학과 서양철학은 같지 않은 두 종류의 사유방식과 이론체계인 이상, 이 양자는 각자로서의 장점과 약점을 가지고 있기 때문에 이들 사이에는 서로 배우고 서로 교류할 필요가 있다. 우리는 과거에 서양의 장점과 자신의 약점을 과대평가했고 그 반대쪽의 상황을 과소평가했었다. 만약 우리가 자신의 사상을 속박하는 그런 선입견들을 버린다면 이와 상반되는 상황들을 발견할 수 있다. 아래에 나는 이에 대한 견해를 말해 보려 한다.

(1) 내가 볼 때, 서양철학이든지 중국철학이든 막론하고 모든 철학은 다 인간의 생명활동에 입각해 있고 또 완벽한 생명 본성을 추구한다. 다만 강조되는 차원과 표현방식이 다르기 때문에 차츰 부동한 철학이론을 구성해 낸 것이다. 서양의 철학자들은 생명의 외적 가치를 중히 여기고, 사물에 대한 지식을 강조하며, 사물의 존재 본성을 인식하려고 노력했다. 그렇기 때문에 그들은 이성의 인지기능을 발휘하여 지식론적 대상의식을 발전시켜 존재론 형태의 철학을 구성해 왔다. 중국의 철학자들은 생명의 내적 가치를 중히 여기고, 도에 대한 터득을 강조하였으며, 사물의 생성과 변화의 오묘함을 체득하려고 노력했다. 그렇기 때문에 그들은 심성의 각성 기능을 발휘하여 도를 핵심으로 하는 생성론 형태의 이론을 구성해 왔다.

(2) 서양철학자들의 철학 탐구는 경험 대상 배후의 존재에 대한 연

구로부터 시작한다. 즉, 그들은 처음부터 존재를 유형적 존재와 무형적 존재로 이분한다. 그들의 견해에 따르면, 무형적 존재는 비록 감각으로 경험할 수는 없지만 그것이야말로 철학이 추구하는 참된 존재이다. 이러한 인식에 근거하여 형성된 서양의 본체론 철학은 논리화된 개념적 사유, 양극으로 분화된 이원론적 사유, 절대적 본질을 추구하는 추상적 사유, 미리 결정된 것으로 보는 선험론적 사유 등 특점들을 가지고 있다. 이와 같은 사유방식들은 서양철학의 심각한 위기를 초래하고 있다.

　서양철학과 비교해 볼 때, 중국 전통철학은 형이상학적 본질을 표현함에 있어서 뚜렷한 장점을 가지고 있다. 중국철학이론의 핵심은 본체에 관한 이론이 아니라 도(道)에 관한 이론이다. 물론 중국철학도 사물의 본질을 추구하기는 하지만 그렇다고 하여 경험적 존재와 본원적 존재로 완전히 갈라 보지는 않는다. 중국철학의 사유방식으로부터 볼 때, 도라는 것이 비록 존재의 근본이고 천태만상 변화의 근원이므로 초월적인 존재이기는 하지만, '도불리기(道不離器)'라는 말에서 보여 주듯이, 도는 독립된 실체가 아니라 만물에 관통되고 내재해 있는 것이다. 이런 의미에서 보면, 소위 도가 만물을 생성하고 양육시킨다는 것도 사실은 만물이 자신에 근거하여 스스로 변화하고 있음을 가리키는 것이기도 하다. 이런 의미에서 도는 다만 만물의 생명본성, 혹은 '생명을 구성하는 생명'이라고 말할 수 있겠다. 서양철학에서는 사물의 본질이 독립성을 지닌 다른 형식의 존재, 즉 이념적 존재로 취급되어 왔다. 그런데 이는 사실상 철학적인 사유방식이라기보다는 과학적인 사유방식이라 함이 더욱 적절하겠다. 왜냐하면 이와 같은 이론이 과학기술 발전에는 많은 도움이 되겠지만 형이상학적 문제를 이해하는 데는 오히려 어려움을 더해 준다. 서양철학과는 달리 중국철학은 과학적인 방식으로 초과학적인 대상을 파악하려는 그런 구조적인 모순이 존재하지 않는다.

(3) 철학은 인간의 자아의식에 관한 이론이다. 중국철학은 인간의 본성을 파악하고 인간 생명의 본질을 완성하는 데 독특한 작용을 하고 있다. 인간을 이해함에 있어서 서양철학은 이분법적 방법을 쓰고 있는바, 하느님을 부정한 뒤에 남은 것이란 다만 인간(이성)과 사물(자연)뿐이다. 인간의 본질을 파악함에 있어서도 인간을 '물화'하든가 그렇지 않으면 '신화'한다. 그리하여 서양철학은 늘 인간을 추상적으로 파악하고 자연과 절대적 대립관계를 이루는 것으로 해석한다. 방법론으로 볼 때, 중국철학은 이분법이 아니라 삼분법인바, 모든 존재를 하늘, 땅과 인간으로 나누고 인간이 하늘과 땅 사이에서 이 양자를 이어놓는다고 생각한다. 천도, 지도, 인도의 삼분법은 인간과 만물을 모두 자연으로서의 하늘에 귀속시킨다. 즉 인간과 사물, 인성과 물성에는 모두 천도가 관통되어 있고, 인간과 자연만물은 모두 하나의 생명체를 구성하는 데 없어서는 안 될 요소이고 하나의 내적 생명체에 귀속됨으로써, 인도는 언제나 천도로 승화된다.

중국철학은 인간 생명 본질의 완성에 관하여 심각한 연구를 진행해 왔는데, 그 성과는 유, 도, 불의 이론에 내포되어 있다. 유가의 이론에 따르면, 인간다운 인간이 된다는 것은 성인이나 군자의 요구에 따라 만물과 민중을 사랑하고 백성의 삶에 이롭도록 세상을 다스리는 것인데, 이러한 태도를 "입세(入世)"라고 한다. 도가의 이상은 '진정한 인간(眞人)'인바, 소위 진정한 인간이란 자유자재하고 세속적 상태를 초월한 독립적인 인격을 추구하는데, 이러한 태도를 '초세(超世)'라고 한다. 불가의 이상은 영생의 경지인바, 생명이 스스로를 초탈하여 해탈된 열반의 상태, 즉 영원한 경시를 추구하는데, 이러한 태도를 또한 '출세(出世)'라고 한다. 물론 이 세 가지 인생태도에 따라 그에 상응한 수양이론도 각각 다르다. 유가는 도리를 통찰하고 본성에 충실해야 한다는 점을 강조했는데, 그것을 맹자는 존심(存心), 양성(養性), 사천(事天)이라고 했다. 도가는 자연의 본질과 진실함으로 돌아가야 한다는 점을 강조하였는데, 이것이 노자가 말하는 '갓난애 상태'이다. 불가는 세상의 무상함을 깨달아야 한다는 점을 강조하면서 마음을 밝게 하고 자신의 본성을 깨닫는 투명한 경지에 이르러야 함을 주장한다.

얼핏 보기에 이 세 가지 태도가 완전히 대립되는 것 같지만, 잘 음미해 보면 이것들이 인간의 생명과 생활에 다 필요하다는 것을 깨닫게 된다. 우리가 현실적 세계에 살고 있는 한 현실적 인간관계를 조절해야 하고, 우리 각 개인이 인격을 지닌 존재이기에 개성의 독립과 자유를 추구해야 하며, 그리고 우리는 또한 인간으로서 형이상학의 이상을 추구하는데 그것이 바로 생명에 대한 초월이고 영원함이다. 이상 세 가지 인생태도는 서로 보완적 관계를 구성하면서 세 측면에서 인간 생명의 완결한 내용을 표현하고 있다.

(4) 중국철학의 변증법적 사유방식에도 그 독특한 장점을 가지고 있다. 사람들은 흔히 변증법이 서양에서 유래된 것으로 보고 있고, 헤겔을 변증법의 스승으로 여기고 있다. 사실 중화민족은 자고로 변증법적 사유가 발달되어 있는 민족이므로 우리의 문화유산에는 풍부한 변증법 사상의 자원이 들어 있을 뿐만 아니라 생명의 체험이 맺혀진 살아 있는 변증법, 즉 '생명의 변증법을 구성하고 있다. 중국철학에서 '중(中)', '화(和)', '시(時)', '권(權)'에 관한 사상들은 모두 원칙성과 융통성 사이의 변증법적 관계를 아주 잘 표현하고 있다. 그런데 과거 오랜 기간 동안 우리는 변증법이 서양에서 발단되어 헤겔에게서 완성

되었기에 변증법을 장악하기 위해서는 서양철학을 배워야 한다고 여겨 왔다. 물론 전문적인 학문으로서의 변증법과 변증법이라는 개념은 모두 서양의 것이다. 그러나 그 사상의 본질을 볼 때, 헤겔의 변증법은 주로 '개념의 변증'인데, 개념의 변증법이라는 것은 그것이 인간의 현실적 활동에서 발견해 낸 것이 아니라 그것의 영상인 개념의 논리적 관계에서 '추측'해 낸 것이다. 이러한 변증법은 완전히 서양적인 이론이고, 서양의 선험이성적 사유의 곤경을 극복하기 위해 파생된 것이며, 선험적 개념(원리)들이 격리되고, 경직되고, 응고된 상태를 타개하기 위해 창립된 논리적 방법이다. 물론 이와 같은 논리는 당연히 필요하고 유용한 것이다. 그러나 이 논리가 성립되기 위해서는 하나의 선결 조건이 있는데, 그것이 바로 개념을 경직된 상태로 만들어야 하는 것이다. 그래야 이 논리가 효과적으로 쓰일 수 있다. 우리가 서양의 변증법을 배웠지만 그 효과가 미진하고, 더욱 많은 상황에서는 오히려 형식 사유가 더욱 창궐했고, 주관주의가 더욱 범람했으며, 교조주의가 더욱 엄중했었는데, 그 주요 원인이 바로 여기에 있다. 그러므로 변증법적 사유에 한해서 우리는 응당히 우리의 우수한 전통을 발양해야 한다. 내가 볼 때, "무산자와 유산자는 동맹을 맺을 수가 있다."던가, "하나의 국가에 두 개의 제도가 병존할 수 있다."던가 등등의 이러한 명제들은 중국의 사유전통에서만 제출할 수 있는바, 서양의 개념 논리의 사유에서는 도저히 제출할 수가 없다.

물론 우리가 강조하고 있는 '시(時)', '권(權)', '중(中)', '화(和)'의 변통적 사유에도 약점이 있다. 너무나 융통성을 강조하다 나면 원칙을 상실하게 되고 주관에 의하여 처사하게 된다. 이 점에 대하여 중국철학자들도 이미 잘 알고 있었다. 그리하여 중국의 변증법적 사유도 하나의 전제조건이 있는데, 그것이 바로 높은 심성 수양이나. 만약 심성이 바르지 못하다면 때와 장소를 가리는 것이 오히려 해롭게 되고, 그 논리도 궤변으로 변해 버린다. 그러므로 반드시 몸과 마음을 잘 다스려 참된 도를 얻고 행해야 하는데, 그것이 바로 맹자가 말하는 존심(存心), 양성(養性), 사천(事天)이다. 그러므로 중국철학에서는 이 양자가 서로 보완적 관계를 가지고 있다.

(5) 서양에서는 이성을 강조하고 중국에서는 심성(心性)을 강조하는데, 나는 이 양자가 서로 통한다고 보고 있다. 이성은 '논리화된 심성'으로 볼 수가 있고, 심성은 '내재된 이성'으로 볼 수가 있다. 심성의 논리화는 그것을 격식화, 법칙화, 보편화하여 외재적인 척도로 만드는 것이고, 이성의 내재화는 그것을 인격화, 본능화, 개성화하는 것이다. 이성의 제도적 규범은 인간의 '외적 다스림'에 속하는 것이고, 심성의 자각적 규범은 인간의 '내적 다스림'에 속하는 것이다. 이런 의미에서 이 양자는 본질상 일치하고 각자로서 특점이 있는바, 인간에게는 모두 필요한 것이다. 이 양자를 잘 결합시키기만 한다면, 법으로 해결하기 어려운 많은 사회생활의 문제들이 잘 풀리게 된다.

위의 생각들은 모두 내 자신의 좁은 견해이기에 불완전하고 불확실하다는 것은 말할 나위도 없다. 그러나 이런 것들만으로도 중국 전통철학이 특수한 가치를 지닌 인류문화의 중요한 정신적 유산이라는 것을 충분히 설명해주고 있다. 그러므로 우리는 그 의미를 홀시해서는 안 될 뿐만 아니라 응당히 그것들을 더 확대하고 발전시켜야 한다. 그래야만 조상들에 부끄럽지 않고 인류에게도 부끄럽지 않을 것이다.

03

중국 전통철학의 특성과 가치

철학에 대하여, 사람들은 모두 자신의 관점으로 이해하고 정의를 내릴 뿐, 모두가 찬성하는 그런 통일된 정의는 종래로 없었다. 그뿐만 아니라 철학의 성질, 대상과 범위에 대해서도 여태껏 고정된 결론이 없었다. 현재 사람들은 흔히 철학을 세계관이라고 말하면서 본체론을 그 주요 내용으로 삼고 있는데, 이는 서양철학에서 비롯된 견해라고 말할 수 있겠다. 그러나 서양철학의 과거나 더욱이 당대의 상황을 살펴보면, 철학이론이라는 것이 꼭 그런 것만은 아니라는 것을 알 수가 있다. 만약 서양의 '본체론'을 표준으로 삼는다면, 중국 그리고 서양 외의 모든 민족에게는 철학이 없을 뿐만 아니라, 심지어 서양의 현대 철학도 그것이 철학인지에 대하여 의문을 제기하게 될 것이다. 일본에서도 한때는 "일본에 철학이 있는가?"라는 토론이 벌어졌고, 현대 서양에서는 "철학이 죽었다."는 견해도 제기했었다.

이 점에서 철학은 아주 독특하다. 여러 학문들 중에서 철학만이 이런 상황에 있고 다른 학과들은 적어도 그 학과의 성질과 대상에 대하여서는 기본상 일치한 인식을 공유하고 있다.

왜 이럴까? 철학은 왜 이다지도 특수할까? 참으로 심사숙고해 볼 만한 문제이다. 내가 보건대 이와 같은 상황은 인간 특유의 본성을 나타내고 있는바, 인간성의 차원이 다양하고 변화가 풍부한 특징을 잘 표현해 주고 있다. 우리가 냉철한 분석에서 알 수 있을 듯이, 철학은 비록 그 성질이 확정되어 있지 않고, 그 관점이 서로 대립될 수가 있으며, 그 내용도 무엇이든 다 포함할 수 있지만, 철학 이론의 발생 기점과 핵심 주제가 아주 분명한데, 그것이 바로 인간, 인간의 생존, 인간의 본질, 인간 생존의 세계와 인생의 의미 등 인간과 인간의 생존 활동에 연관된 것들이다. 인간은 자위적 본질을 가지고 있다. 여기서 소위 자위적 본질은 인간이 자신의 존재를 자각하고 있다는 것을 의미할 뿐만 아니라, 스스로가 자신의 삶을 계획하고, 자신 삶의 조건을 설정하고, 자신의 미래를 창조한다는 의미이기도 하다. 이런 의미에서 볼 때, 철학은 인간의 자아의식 이론이고, 철학이 표현하려는 것은 모두 인간으로서의 인간이 생존, 생활, 세상만사에 대한 태도, 이해, 관점과 추구이다. 인간성은 아직 결정되지 않은 것이기 때문에 언제나 자신을 생성, 발전시키는 과정에 처해 있게 된다. 그렇기 때문에 철학도 마찬가지로 결정되지 않은 본성을 지니고 있다.

그러므로 철학이 있느냐 없느냐 하는 문제는 어떤 표준에 부합되느냐 되지 않느냐의 문제가 아니라, 인간성이 자각의 상태로 진입했느냐 하지 못했느냐의 문제이고, 인생, 인간성과 인간의 추구를 자각적 이론으로 표현했느냐 하지 못했느냐의 문제이다. 만약 표현했다고 한다면, 그것의 표현 형식이 어떻든지 막론하고, 그리고 철학이라는 이름을 가지고 있던지 없던지 불문하고 철학이라고 해야 할 것이다. 인간으로서의 인간은 모두 인간성을 가지고 있다. 그러나 인간성의 각성 정도, 구체적 발전 내용, 표현방식과 같은 것들은 매우 다를 수가 있다. 아울러 상이한 민족의 철학은 차별이 있을 수가 있다. 비록 철학에는 고정된 틀이 없고 탐구되는 문제들도 차이가 많을 수가 있지만, 서로 간에는 대화나 소통이 이루어질 수 있는데, 이는 그것들의 토대를 이루고 있는 인간성이 서로 통하기 때문이다.

철학 이론의 형성은 여러 조건의 제약을 받는데, 역사적 조건이 다름에 따라 형성된 이론도 많이 다르다. 오직 최초의 차이가 전통으로 확립되기만 한다면 그것은 장차 후에 발전하게 될 모든 이론들에게 영향을 미치게 된다. 그리하여 부동한 철학적 사유방식, 동서철학의 차이가 발생된 것이다. 그러면 최초의 차이는 도대체 어떻게 발생된 것일까? 이 문제는 마치도 부동한 민족의 언어 차별이 어떻게 발생하였는가라는 문제와도 마찬가지로 대답하기가 어렵다. 여기서 우리는 이와 같은 발생학의 문제는 젖혀 놓고 중국철학과 서양철학의 차이를 살펴보기로 하자.

철학은 서양에서나 중국에서나 모두 그 기점이 인간의 생명활동에 있다. 물론 양자의 구분도 분명하다. 서양인들이 제일 중시하는 것은 인간 생명의 가치를 이루어 내고 인간의 사명을 완성하는 것이다. 그리하여 그들의 지혜는 인지의 방향으로 향하였고, 대상의식으로부터 시작하여 개념으로 구성된 논리와 사변의 길을 개척해 나왔다. 그러나 중국인들이 제일 중시하는 것은 인간의 생명 본성을 완성하고 생명의 내재적 가치를 발전시키는 것이다. 그리하여 그들에게는 의리를 중심으로 하는 뉘우침의 논리를 발전시켜 왔다. 이 양자를 구분해 보면, 서양철학은 사물에 대한 인식을 강조하면서 유(존재의 실재성)로부터 시작했고, 중국철학은 도의 뉘우침을 강조하면서 무(無, 생명의 생성성)로부터 시작했다. 사물에 대한 인식은 사물이 인간의 삶의 욕구를 만족시킴으로써 그 가치를 실현하기 위해서이며, 도의 뉘우침은 삶의 원만함과 인격의 완성을 위해서이다. 사물에 대한 인식은 눈으로 봐야 하고, 도의 뉘우침은 마음으로 터득해야 한다. 눈으로 본다는 것은 주체와 객체, 내재와 외재, 인성과 물성의 분리를 전제로 하고, 마음으로 터득하는 것은 주체와 객체, 내재와 외재, 인성과 물성의 융합을 기초로 한다. 이것이 바로 중국과 서양 철학의 부동한 사상 영역인바, 이로부터 사상의 특징과 이론 풍격이 형성된 것이다.

인간의 자위적 본질은 인간으로 하여금 끊임없이 인간을 구성하고 발전해 나가도록 한다. 인간은 이미 이루어진 존재와 생활에 만족하지 않고 언제나 더욱 새로운 존재와 훌륭한 삶을 추구하면서 유한에서 무한으로 진입한다. 이것이 바로 자아를 끊임없이 초월해 나가는 인간의 형이상학적 본질이다. 인간의 본성이 철학에 반영되어 철학이론의 형이상학적 본성을 구성한다. 철학으로서의 형이상학은 인간 자신의 존재와 본성에 대한 궁극적인 신념과 배려를 제시하는 것이고, 인간이 믿고 기댈 수 있는 최종의 정신적 기둥을 제시하는 것이다. 철학은 본질상 형이상학이론에 속하는데, 이것이 또한 과학과의 근본적 구분점이고, 동서양철학의 공통점이다. 동서양철학은 다만 형이상학을 표현하는 방식에서만 근본적으로 구분될 따름이다.

서양철학은 인지적 사유에서 출발하여 본체론 표현방식을 채택한다. 서양철학자들은 이 방식에 따라 '현상의 세계'의 밖이나 위에서 본원적이고 종국적인 본질의 세계를 구상하고, 그것을 개념의 논리체계로 구축해 냄으로써 인간의 초월적 이상과 추구를 표현했다. 이 이론이 비록 서양의 역사적 상황에서 과학 발전과 인간 해방에 적극적인 작용을 했으나, 이론 자체의 모순 또한 아주 분명했다. 중국철학은 다른 사고의 맥락을 가지고 있다. 즉, 중국철학은 도에 대한 탐구를 통하여 인간의 초월적 이상과 형이상학적 추구를 표현했다. 도는 중국문화의 뿌리인바, 그에 대한 탐구로부터 중국철학의 독특한 사유방식, 윤리 관념, 심미 의식과 가치 이념이 형성되었다. 도는 서양식의 본체가 아니지만 만물을 낳고 변화시킴으로써 종국적 본원의 성격을 띠고 있다. 고대인들의 관념에 따르면, 도는 없는 곳이 없고, 모든 사물의 근원이며, 모든 변화의 원천이고, 만물에 관통되어 있으면서도 또한 만물을 초월해 있다. 『管子・心術下』에 서술되어 있듯이, 도는 천지간에서 "크기로는 그 밖의 존재가 없고, 작기로는 그 안의 존재가 없다." 크다는 의미에서 도는 만물을 관통하고, "만물이 도와 덕을 귀하게"[92] 여기지 않을 수가 없으므로, 도는 하나이고 전부이다. 작다는 의미에서 도는 만물로 생겨나고, 그 생겨난 사물들은 모두 서로 다르므로 도 또한 다양하다는 것이다. 존재의 측면으로 보면, 도는 실재하는 것이기에 우리는 누구나 느낄 수 있겠지만, 성질의 측면으로 보면, 도는 또한 형상이 없어 "보려면 볼 수도 없고, 들으려면 들을 수도 없고, 만지려면 만질 수도 없는"[93] 무이다. 도는 이와 같이 생명을 본질로 하는 유와 무의 통일체이다.

철학이라면 모두 인간의 초월적 본질과 형이상학적 욕망을 추구하지만, 서양 본체론 방식은 초현실적 존재를 감성적 세계 밖에 독립적으로 존재하는 개념의 세계로 설정함으로써 외적 초월의 길을 선택했다. 비록 중국의 도론의 방식도 무형의 존재를 긍정하고는 있지만 그 무형의 본질은 유형적 존재를 떠나 존재하는 것이 아니다. 아울러 도와 사물의 관계는 내재적이면서도 초월적인 것이므로 내재와 초월의 통일적 관계를 이루고 있다. 이 점에서 형이상학이론은 중국철학의 표현 방식이 더욱 훌륭하다고 말할 수 있겠다.

---

92) 노자 51장.
93) 노자 14장.

서양의 개념논리체계로 구성된 본체의 세계는 겉으로는 확실하고 실재적이고 심지어 절대적 진리로 보이지만, 사실상 그것은 확실하면 확실할수록, 실재적이면 실재적일수록 모순이 더욱 심각해진다. 본체가 초험적 존재인 이상, 그것은 논리상 필연적으로 현상세계, 즉 경험적 존재와 분리되는데, 이 양자가 어떻게 서로 소통되고, 사람들은 어떻게 이 세계를 파악하고, 본질 세계는 또 어떻게 현실 생활에 영향을 주는지, 이런 문제들은 모두 해결할 수 없는 딜레마이다. 여기서 제기되는 또 하나의 모순은, 형이상학은 과학을 초월한 이론인데 과학이론인 개념의 방식으로 과학을 초월한 대상을 파악하려고 하기에 딜레마에 빠지지 않을 수가 없다. 서양철학이 발전하고 세계가 둘로 나뉘어지면서, 한편으로 인간은 완전히 '자아' 관념(소위 현상의 세계)의 울타리에 갇히게 되고, 다른 한편으로 사물은 완전히 '물자체(소위 물자체의 세계)'인 인식 불가능의 영역으로 되어 버린다. 천여 년간의 서양철학사에서는 본체와 본체의 세계에 대하여 끊임없이 논쟁을 벌여 왔으나 결국에는 불가지론으로 끝나는데, 이것이 바로 그 딜레마를 잘 말해주고 있다. 본체론이 지니고 있는 이러한 모순은 후에 '인식론'의 논쟁과 '언어학'의 전환을 초래했고, 결국 본체론은 와해되고 만다. 서양 고유의 사유방식으로 본다면 본체론의 와해는 형이상학의 종말을 의미한다. 아울러 현대의 포스터모더니즘에 이르러 철학은 위기에 빠져들게 된다.

　그러나 중국철학은 이러한 문제가 존재하지 않는다. 제일 오랜 사유방식을 닦고 있는 『주역』에는 '의미상징'의 표현방식이 사용되고 있다. "역에는 태극이 있고, 그것이 양의(兩儀)를 낳고, 양의는 사상(四象)을 낳고, 사상은 팔괘(八卦)를 낳고, 팔괘는 길흉을 결정하고, 길흉은 대업을 낳는다."[94] 공자의 해석에 따르면, 성인이 사물을 관찰함은 "괘상(象)을 통하여 의미를 표현"하기 위해서이다. 철학은 이론적 사유이기 때문에 언어와 개념을 사용하지 않을 수가 없다. 그러나 중국철학의 개념은 서양식의 논리적 범주가 아니다. 다시 말하면, 개념의 내용은 논리 체계의 관계에 의해 규정되는 것이 아니라, 사물 자체의 내적 관계에 의해 직접 표징되는 것이다. 예를 들어, 도(道), 인(仁), 의(義), 이(理) 등 개념은 인간 사유가 고도로 추상되어 나타난 결과들이기는 하지만, 그것들이 유래된 삶의 뿌리와 갈라놓을 수가 없고, 또 그렇기 때문에 그것들의 생성 과정에서만이 그 사상 내용을 터득하고 파악할 수가 있다. 개념과 언어는 괘상(象)을 밝히기 위해서이고 괘상은 또한 뜻을 보존하기 위해서이다. 그래서 옛사람들은 "괘상을 얻은 뒤에는 말을 잊고, 뜻을 얻은 뒤에는 괘상을 잊어라."[95]라고 했다. 이것이 바로 중국철학이 강조하고 있는 의리적 성질을 지닌 '의미 상징'의 사유방식인데, 이는 인간의 '각오적 이성'에 속한다.

중국의 철학저서들은 흔히 엄밀한 개념 체계가 없이 격언, 비유, 사례 등 방식으로 사상을 표현하는데, 사용되는 개념들마저도 명확한 정의가 없어 각자가 자신의 방식대로 이해하고 터득한다. 서양의 사유에 습관이 든 사람들은 이에 전혀 이해가 가지 않을 것이다. 철학은 종교나 과학과는 달리 형이상학적 본성을 가지고 있다. 아울러 철학이 우리에게 제공해 주는 것은 하나의 실제의 세계(이는 과학의 임무이다)가 아니라, 현실 세계에서 인간의 관점, 태도와 이상을 관철하는 척도를 제공해주는 것이고, 더 나가서 인간성을 승화하고 인생의 가치를 제고하는 높은 정신적 경지를 제공하는 것이다. 이러한 이론은 정의를 사용할 수가 없다. 일단 정의를 내리게 되면 그것은 고정

---

94) 周易·系辭上.

95) 王弼: 易略例·明象.

된 틀에 매이게 되고 현실적 삶의 내용을 잃게 될 것이다. 다른 한편으로, 정의라는 것은 개념 사이의 관계로(개념의 종과 속 차)부터 확정되는 것이기 때문에, 서양철학에서와 같이 사물 간의 본질적 관계를 추상화하여 독립적인 개념체계로 표현할 경우라야 가능하다. 중국철학에서의 도(道)나 인(仁)은 상징적 의미와 정신적 경지를 담은 개념들로서 그들의 참된 의미는 개념적 관계로 표현되는 것이 아니라 인간의 사상, 행위와 구체적 처사에서 표현된다. 이런 개념들은 정의로부터 이해하는 것이 아니라, 실천적 행위 속에서 깨닫고 터득하는 것이다. 그러므로 중국철학에서 인식과 실천, 의식과 행위는 통일되어야 한다. 즉, 중국철학은 개인의 수양을 각별히 중시하고 마음의 느낌을 강조하면서, 심지어는 진리에 대한 추구와 도에 대한 터득, 천리를 파악하는 것과 인간성을 발휘하는 것, 앎을 추구하는 것과 도덕을 성취하는 것을 일지한 것으로 보았다. 개인이 도나 인과 같은 개념을 정의로서가 아니라 심신으로 터득한다는 것은 많이 어려운 일이다. 그러나 일단 터득했다면 그것을 자각적으로 융통성 있게 그리고 창조적으로 운용하고 발전시키게 되므로 지속적으로 향유하게 된다.

여기서 우리가 알 수 있듯이, 철학으로서의 형이상학에 대한 이해에는 두 가지로 나뉜다. 서양에서 형이상학적인 것은 경험의 대상과 분리되고, 독립적으로 인식할 수 있고, 독립적으로 존재할 수 있는 일종의 실체적인 존재이다. 그래서 이 단어가 서양에서 본래 의미는 '후 물리학'이었다. 서양의 본체론 철학의 곤경, 그리고 거기에서 배태된 실재론과 유명론, 경험론과 합리론 간의 논쟁들은 모두 형이상학에 대한 서양적 이해와 연관되어 있다. 중국에서의 이해는 이와 다르다. 중국에서 '형이상학'이라는 말은 『주역』에서 나오는데 거기서는 "형이상자(形而上者)를 도(道)라 하고 형이하자(形而下者)를 기(器)라

한다."고 했다. 후에 중국철학에서는 도(道)와 기(器), 이(理)와 기(氣) 등 관계를 많이 탐구했었는데, 주류 사상가들은 모두 도는 기와 분리 될 수가 없다고 주장한다. 예를 들어 왕부지는 이렇게 말한다. "형이 상자는 형체가 없는 자를 가리키는 것이 아니다. 형체가 있으므로 하 여 형이상자가 있게 되는 것이다."[96] 우리의 관념에서 유형과 무형, 형이상과 형이하는 서로 떨어져 있는 존재가 아니다. 우리는 유형으 로 무형을 파악하고 형이하로 형이상을 이해한다. 이는 중국철학의 독특한 풍격인데, 철학의 중대한 문제를 해결했다고 보아도 무방할 것이다. 칸트는 "형이상학 지식이라는 이 개념 자체는 그것이 경험적 일 수 없다는 점을 설명해 주고 있다."[97]고 말하면서, 형이상적 본체 는 인식할 수 없다는 결론을 내린다. 중국철학에서의 도는 형이상적 인 것이지만 경험을 떠난 존재가 아니다. 그래서 장자는 말한다. "도 는 정이 있고 믿음도 있지만 무위하고 무형하다. 전해 줄 수 있으나 받아 가질 수 없고, 얻을 수 있으나 볼 수는 없다."[98] 이는 경험세계 에 대한 도의 초월이 내재적 초월임을 말해준다. 그러므로 "받아 가 질 수 없고", "볼 수 없으나", "전해 줄 수 있고", "얻을 수 있다."고 말한다.

　나아가 중국인과 서양인의 이러한 사상의 차이는 그들 사이의 이론 과 관념의 중대한 차이를 보여 주고 있다. 서양에서는 형이상학(철학) 이 추구하는 종국적 존재나 절대적 원리를 모든 존재의 '원형(原型)' 과 선험적 규정으로 보면서, 그 관계를 마치도 종자와 나무의 관계인 것처럼 설정하고, 그 종자만 장악하면 논리적으로 모든 존재를 다 연

---

96) 王夫之: 周易外傳卷5.
97) 칸트: 학으로 성립할 수 있는 모든 미래의 형이상학에 대한 입문, 商務印書館, 1978, p. 17.
98) 莊子・大宗師.

역 추리해 낼 수 있는 것으로 해석하고 있다. 데카르트는 형이상학을 나무에, 그리고 철학을 나무의 뿌리에 비유했는데, 이는 종적인 관점을 표현하고 있다. 무릇 사물의 종적 성질은 그에 속하는 사물에게 있어서 선천적인 규정성이다. 서양철학자들은 인간의 본성을 사물의 종적 본질과 같은 것으로 환원해 버린다. 중국철학자들이 이해하고 있는 도는 생명의 본질을 표현하고 있다. 생명이 사물의 종과 구분되는 점이라면, 거기에는 모든 것들이 미리 결정되어 있지 않고 변화 속에서 만물을 생성하고 화육한다. 『주역』에서는 "음양의 변화를 도라고 말하고", "생명을 낳는 것을 변화(易)라고 말하며", "천지의 대덕이 생이다."라고 했다. 도가 '유'와 '무'의 성질을 통합하고 있다는 것은 그것이 선천적으로 고정된 존재가 아니라 만물을 낳고 기르는 생명의 활력이고 생명을 낳는 생명이라는 것이다. 여기서 우리는 왜 서양철학의 개념은 정의를 내릴 수 있지만 중국철학의 개념은 정의를 내릴 수 없고, 또 왜 서양철학은 원칙은 강하나 융통성은 약하고, 반면에 중국철학은 융통성은 강하나 원칙은 약한지, 그 원인을 알 수 있다.

이 부분에서 내가 주로 다루려고 한 것은 중국전통적 철학사유방식의 특점과 가치였는데, 아마도 논의에 부족한 점들이 많으리라 생각된다. 비록 여기서 중국전통적 철학 사유방식의 약점, 한계에 대하여서는 별로 취급하지 않았지만, 그렇다고 하여 그것들을 간과해도 된다는 것은 결코 아니다. 전통철학을 전통이라고 부르는 원인은 그것들이 이미 과거의 이론이 되어 버렸기 때문이다. 오늘의 시대를 살면서 우리는 반드시 새로운 것을 창조해내야지 조상들의 유산만으로 뽐낼 수는 없다. 여기서 내가 제시하려는 명확한 메시지는 바로, 역사를 떠나, 자신을 잊어버리고는 새로운 창조가 있을 수 없다는 것이다. 특히 기억해야 될 것은 우리의 전통 속에는 남들 부럽지 않은 좋은 것들이 많이 내포되어 있다는 것이다.

04

중화민족의 미래와 철학

    우리가 전반 철학사를 잘 고찰해 보면, 철학자들의 이론은 사람마다 다르고, 꼭 같은 이론이란 존재하지 않는다. 철학자들은 저마다 다른 이론적 관점을 가지고 있을 뿐만 아니라, 부동한 연구과제를 가지고 있다. 이러한 상황은 다른 학과에서 전혀 찾아볼 수가 없고, 단지 철학이론에서만 발견할 수가 있다. 이는 무엇을 의미할까? 내가 볼 때 이는 반성적 이론으로서의 철학이 대상적 이론으로서의 과학과 전혀 다른 독특한 본질을 가지고 있음을 의미한다. 즉, 철학은 인간의 자아의식이론으로서 과학과는 달리 인간의 내적 본질인 다양성과 발전성을 표현하고 있다. 철학은 선험적인 고정된 대상과 이론양식이 없을 뿐만 아니라 표현방식도 다양하다. 철학은 인류의 성격을 띤 보편적인 이론이기도 하겠지만, 동시에 또한 역사성, 시대성과 민족성을 띤 개성화된 이론이기도 하다.

    근대철학사에서 영국, 프랑스, 독일 등 이 세 나라 철학의 관계가 이를 잘 설명해 주고 있다. 근대에서 이 삼국이 비록 발전상 차이가 나기는 하지만, 그들이 처하고 있는 역사적 단계와 사명은 기본상 일치했다. 그들은 모두 전제통치를 물리치고 개성을 해방하고 자유를 쟁취하여 자본주의 발전의 길을 개척해야 했는바, 이것이 당시 그들 공통의 목표였다. 물론 그들이 목표와 과제가 일치한다고 하여 철학이론을 서로 차용하거나 완전히 옮겨 쓰지는 않았다. 즉, 프랑스는 영국에 철학이론이 있다고 하여, 그리고 독일은 먼저 발전한 영국과 프랑스에 철학이론이 있다고 하여 결코 자신들의 철학적 창조를 포기한 것이 아니다. 반대로 그들은 모두 각 나라의 특수한 발전 상황과 자신들의 개성에 맞게 철학이론을 독립적으로 발전시켰다. 예컨대, 그들은 모두 공통으로 자유를 철학의 최고 이념으로 삼으면서 자유의 합리성을 주장하고 증명했지만, 자유 이념에 대한 각자의 이해와 규정성에는 그들 각자의 수요가 반영되어 있었다. 이 세 나라들 중에서 영국의 발전이 제일 빨랐는데, 철학자들도 그만큼 자유를 인간의 천성이라고 명랑하게 긍정했으며, 자유에 대한 이해도 아주 구체적이고 실재적이었다. 예를 들어, 베이컨은 인간의 지식을 전반적으로 개조함으로써 과학기술의 기초 위에 '인간의 왕국'을 건설해야 한다고 주장한다. 프랑스의 철학가들은 많이 다르다. 그들은 너무나도 물질적 이익을 중시하는 전통을 가지고 있었기 때문에 인과필연성이 모든 것을 지배하고 자유의지는 존재하지 않는다고 주장한다. 홀바흐가 주장하고 있다시피, 그들에게서의 자유는 종교와 유심론을 비판하는 것에 귀결된다. 세 나라 중에 독일의 발전이 제일 뒤떨어져 있었는데, 독일 철학자들이 자유에 대한 이해도 아주 독특하였다. 그들은 영국과 프랑스 철학자들보다 자유를 더 많이 언급했고 주장도 더 강했는데, 다만 그들은 이론적 범위 안에서만 제기했을 뿐 현실을 거의 건드리지 않았다. 그들은 이론의 추상적 관념에 만족해하면서 이론으로 현실을 개변시키려고 했는데, 이는 독일인들이 자유를 실현하는 방식이었다.

위의 상황만 보더라도 철학이 민족성, 시대성과 개성을 가진 이론임을 잘 알 수가 있다.

철학이론에 개성이 있는 것은 인간의 본질 때문이다. 근본적으로 볼 때, 철학은 인간 고유의 생존 기초와 삶의 의미에 대한 끊임없이 반성과 탐구인바, 이런 활동을 통하여 인간의 자아의식과 생존 각오를 끌어올리는 것이 철학의 근본적 사명이다. 인간 삶의 학문으로서의 철학은 선험적 지식 체계일 수도 없고, 또 어떤 완성된 과학이 될 수도 없다. 왜냐하면 인간의 생명은 세상 밖에 있는 유령이 아니라 구체적이고 현실적인 장소와 언어 환경에서 살고 있기 때문이다. 인간의 생명 존재는 부동한 삶의 장소에 따라 특수성과 차이성으로 충만해 있다. 다시 말하면 개체로서의 인간은 부동한 특질과 내용을 지닌 생명 양식이나 삶의 방식을 가지고 있다. 철학이 인간 생명의 의미에 대한 추궁과 반성은 시간과 공간을 떠난 생명 본질의 추상적 연역과 사변이 아니라, 역사와 복합적 사회관계 속에 살면서 자신의 목적과 이익을 실현하고 있는 구체적 인간 생명에 대한 성찰과 반성이다. 그리고 창조성은 본래 인간 개체의 생명 활동이다. 철학은 철학자 개인의 생존 체험과 생명 터득에서 비롯되는 것인 만큼 철학자의 강한 개성이 표현되지 않을 수가 없다. 이것이 바로 철학이론이 과학이론과는 달리 개성을 가지고 있고 또 파별을 이루는 주요 원인이다.

중화민족은 유구한 철학 전통을 가지고 있는 민족이다. 인류가 이성으로 철학적 사고를 하기 시작해서부터 중국, 인도와 유럽은 각각 독립적인 철학을 발전시켜 풍격이 서로 다른 여러 형태의 철학들을 구성해 왔다. 그런데 근대로부터 서양이 신속한 발전을 이루면서 중국사회가 그들에게 뒤떨어졌고, 아울러 중국철학도 차츰 그 빛을 잃었다. 그리하여 우리는 서양의 발달된 경제, 정치, 이론과 학실을 배우기 시작했다. '철학'이라는 명칭도 이 시기에 우리나라에 전해졌다. 우리는 전 소련에서 마르크스주의 철학 이론을 전체적으로 받아들였다. 이것이 우리가 겪은 역사이다. 나는 그간 우리의 학습 과정이 매우 필요한 것이었다고 생각한다. 두말할 나위 없이, 마르크스의 철학은 오늘날까지도 세계에서 가장 선진적인 이론의 일종이다. 그리고 많은 정력을 들여서 서양의 현대철학을 배우고, 소개하고, 연구하고, 해석하는 이런 것들도 우리에게는 꼭 필요한 것이고, 우리 자신의 철학을 발전시키는 데도 없어서는 안 될 과정이다.

그러나 우리가 서양의 현대적인 철학이론을 배우는 진정한 목적은 우리 자신에게 속하는 현대 중국철학을 창조해 내기 위해서이다. 다른 사람들의 이론은 결코 우리들의 철학적 사유를 대체할 수는 없는 것이다. 서양철학은 서양인들만이 고유하고 있는 생명 형태와 생존 경험에 기초해 있고, 그 문제의식과 사상 취시 역시 서양인늘만의 생명 역정에서 형성되었고, 그 성찰과 반성의 방향도 서양인들만의 생명 경험에 의해 결정되어 있다. 그러므로 우리는 그들이 우리 자신들의 생명 경우와 생존 의미를 이해하고 반성해 주길 바랄 수가 없고, 또 그들의 이론으로 중국 현실의 구체적 문제들을 해결하려고 시도해서는 안 된다. 우리 민족의 생명의 여정, 역사적 운명과 생존의 경우는 모두 우리의 특수성이 들어 있고, 우리의 고난과 희망, 상처와 추구, 좌절과 꿈은 우리 자신만이 깊이 체험하고 있을 뿐 서양인들로서는 이해하기가 어렵다. 현대 중국은 비록 마르크스 철학을 지도 사상으로 삼고 있지만, 구체적 문제에 관해서는 우리 자신의 이론으로 회답하고 해결해야 한다.

철학은 민족의 넋이다. 철학은 한 민족이 자신에 대한 자각의식이 어떠한 높이와 깊이에 도달했는가를 가늠해주고 있고, 그들의 마음과 지혜의 발육과 성숙 정도를 가늠해주고 있다. 이런 의미에서 볼 때, '현대 중국철학'을 창조한다는 것은 사실상 중화민족의 사상적 자아를 창조한다는 의미이다. 한 민족이 진정으로 강대해지려면 물론 경제 실력이 필요한 토대를 제공해 줘야겠지만 그렇다고 경제가 관건은 아니다. 관건은 먼저 사상에서 강대해지는 것이다. 사상에서 강대해지지 못하는 민족은 온 땅에 황금이 깔려 있을지라도 진정으로 자신의 운명을 지배할 수 없다. 오늘날 중국사회는 사회체제 전환의 관건적인 시기에 처해 있는바, 이 같은 상황은 사람들로 하여금 이성적으로 중국사회의 역사적 위치와 방향을 잘 판단하고, 사회발전의 가치를 잘 이해하고, 미래의 가능한 발전 도로를 잘 반성하길 요구하고 있다. 현대 중국철학 이론을 창립한다는 것은 중국인이 스스로의 생명 역정을 반성하고, 스스로의 생존 경력을 이해하고, 스스로의 미래 발전 도로를 찾아내기 위한 내재적이고 절실한 요구이다.

개혁개방 이래, 우리의 철학연구는 많은 중대한 성과들을 이룩해 왔고, 아울러 우리들의 사상 견식, 학문 누적, 철학 관념 등 여러 방면에서 전례 없던 성과와 심도를 보여 주고 있다는 것도 의심할 바 없다. 그러나 다른 한편으로, 만약 우리가 문제를 회피하지 않는다면, 우리의 철학연구에 아래의 근본 문제점이 존재해 있다는 점을 승인하지 않을 수 없다. 즉, 우리는 자아의 창조성이 결핍되어 있고, 철학적 자아를 방치해 버리고 있다는 것이다. 오랫동안 우리는 철학연구의 주요한 정력을 다른 사람들의 이론으로 옮겼다. 다른 사람들로부터 문제를 제기하고, 개념을 도입하고, 문제 해결책을 강구하였다. 그리고 또 그들의 사상에 주석을 달고, 그들의 저작을 해석하고, 그들의 관점을 소개하면서 우리 자신의 사상은 거의 망각해 버렸다. 물론 이런 상황이 나타난 데는 그 시기에 회피할 수 없는 시대적이고 역사적인 배경과 원인이 있었다. 그러한 그 시기를 겪어 온 이상, 우리는 마땅히 중국 자신의 현대적 철학이론을 건립하는 데 주요 정력을 쏟아야 한다는 것을 잘 알아야 한다.

여기서 말하는 '현대 중국철학'은 먼저 그것이 '중국철학'임을 의미한다. 즉, 그것은 생활의 초대, 사상의 주제, 문제의식, 사유방식, 표현 풍격 등 여러 방면에서 모두 자신의 선명한 '민족적 개성'을 표현해야 한다. 그리고 현대 중국철학은 또한 '현대'의 중국철학을 의미한다. 물론 그것이 중국철학인 이상 중국 전통철학의 풍부한 문화 자원을 충분히 흡수해야 하는 것은 당연한 일이지만, 그 출발점은 반드시 중국 당대의 현실이어야 하고, 그 이론은 반드시 선명한 시대적 특점을 지녀야 한다. 셋째로, 철학의 민족성과 시대성은 오직 철학자 개인 생명의 이론적 활동으로 표현되기 때문에, 현대 중국철학은 중국의 철학자들이 개인의 생존 체험과 생명 터득에 근거해 진행한 자유롭고 독립적인 사상 탐구여야 하고, 또 그러므로 거기에는 철학자의 강렬한 개성이 응결되어 있어야 한다. 마지막으로, 현대 중국철학은 또한 오늘날 시대 발전의 이론과 언어적 환경의 산물이기 때문에 인류문화의 모든 역사적 성과에 기초하여 다른 나라들의 모든 가치 있는 선진적 사상들을 흡수해야 한다. 이런 의미에서 볼 때, 그것은 민족성을 띠고 있는 동시에 세계성과 인류성을 가지고 있어야 한다. 요컨대 현대 중국철학은 중국 철학자들에게 의하여 탐구하고 창조되고, 우리 자신들의 상황과 문제가 반영되어 있고, 민족성, 시대성과 인류성이 내재적 통합을 이룬 철학이어야 한다.

물론 현대 중국철학을 창립한다는 것은 어렵고도 복잡한 임무이다. 그러나 오늘날 우리는 이러한 이론을 창건해야 할 필요성을 충분히 느끼고 있을 뿐만 아니라, 그것을 창건할 충분한 조건이 주어져 있다.

오랫동안 우리는 마르크스 철학, 서양철학과 중국 전통철학 연구에 많은 정력을 쏟아 부어 왔는데, 그것들에 대한 우리의 이해는 이미 상당한 심도에 도달했고, 우리의 이론적 축적도 이미 충분한 상태에 도달해 있다. 그리고 오늘날 중국의 현실을 보면, 우리는 이미 세상 사람들이 공인할 정도로 실천적 영역에서 자신 특색에 맞는 발전의 길을 모색하여 훌륭한 성과들을 이루고 있는데, 이는 현대 중국철학의 창조와 발전에 유리한 여건을 마련해 주고 있다. 다만 우리가 이 문제에 관심을 기울이고, 우리 많은 이론연구자들이 능동성, 적극성과 창조성을 잘 발휘하기만 한다면 우리는 머지않아 이 위대한 목표를 실현할 수 있을 것이라고 나는 굳게 믿고 있다.

나오는 말: 나의 학문의 길

1

나는 1952년에 대학에 남아 교편을 잡게 되었고, 1954년부터 철학을 연구하기 시작했다. 처음에 나는 아무런 지향을 가지지 않고 수업이나 독서에서 부딪친 문제들을 연구했다. 당시 나는 변증법, 인식론, 역사관, 유심론, 유물론, 철학사 등 여러 방면에 관심이 있었고, 연구해야 할 문제들이 많다고 생각했었다. 초기 논문들은 이런 문제들에 대한 탐구였다. 때로는 지속적인 방향을 정해 놓고 연구해 나가야 하겠다고도 생각했었으나, 연구가 진행되면서 차츰 이러한 문제들이 서로 관련되어 있어 어느 것이든 단독으로 떼어내 연구할 수 없음을 깨닫게 되었다. 어느 범위의 문제이든 막론하고 결국은 총체적인 문제에 귀결되어 있었는데, 그것이 바로 철학의 이해였다. 철학이란 도대체 무엇인가? 오늘날 철학은 어떤 것이어야 하는가? 철학에 대한 새로운 이해가 있어야만 모든 문제들이 풀릴 수 있는 것임을 의식했다. 역사적으로 봐도 철학에 대한 이해는 매우 다양하고, 복잡하고, 논쟁이 많았는데, 결국 이런 문제들은 모두 철학에 대한 다른 이해로부터 배태되었다고 해도 과언이 아닐 것이다.

1950년대부터 1960년대까지 나는 차츰 '철학 관념의 변혁'이라는 쪽으로 연구 방향을 정했다. 그리고 이 방향이 결정된 뒤에는 줄곧

이 연구 방향을 바꾸어 본 적이 없다. 그리고 나는 이 문제가 철학이론의 변혁과 발전에만 관계될 뿐만 아니라 우리의 사회실천과 나라의 운명에도 관계되는 중요한 문제임을 알게 되었다.

2

처음 내가 이 문제를 사고할 때는 다만 당시 철학 이론 자체, 즉, 소련에서 받아들인 마르크스주의 철학의 성질과 구조의 모순을 집중적으로 연구했다. 1954년 나는 류단옌(劉丹岩) 교수의 계발과 지도로 「변증유물주의와 역사유물주의의 관계를 논하여」는 논문을 써 내어 소련의 철학 교과서에서 '자연관'과 '역사관', '변증유물론'과 '역사유물론'을 두 개의 독립된 부분으로 갈라놓고 논의를 전개하는 데 질문을 던졌다. 이 두 부분이 갈라져 병렬됨으로써, 변증유물론은 18세기의 유물론과 구분 없는 자연이론으로 전락되었고, 다른 한편으로 역사유물론도 철학적 세계관이라는 성질을 잃고 사회문제를 해석하는 실증적 이론으로 변해 버렸다. 나의 견해에 따르면, 변증유물론이라는 세계관에는 마땅히 사회역사관이 내포되어야 한다. 그래야만 마르크스가 철학사에서 실현한 획기적인 변혁을 표현할 수가 있다. 그리고 또 사회문제에 관한 실증적 이론은 마땅히 '과학적 사회학'의 내용으로서 독립적인 사회과학에 귀결되어야 한다고 주장했다.

철학은 흔히 현실에 초월되어 있는 아주 추상적인 이론으로 취급되기도 한다. 그러나 나는 1960년대부터 1970년대에 이르기까지 우리 사회가 겪은 수많은 고난의 역사를 반성하면서, 사실 철학은 우리의 현실적 생활, 심지어 우리의 몸, 마음과 밀접한 연관을 갖고 있다는 점을 차츰 깨닫게 되었다. 과거에 우리는 천당에 온 듯한 환상에 도취되어 살아

왔지만, 사실 우리가 걸어 온 사회주의의 길은 가면 갈수록 좁아졌다. 그 원인을 밝혀 보면, 철학 교과서에서 제공되고 있는 소련식의 사회주의 이론이 그러한 길로 우리를 끌고 나갔던 것이었다. 권위에 대한 숭배, 개인에 대한 미신, 충성을 다하는 종교 의식, 그리고 선행본질주의적 사유방식, 책대로 해야 한다는 주장, 언제나 경전의 어구를 인용하여 말하는 모습, 도사의 말씀은 언제나 진리라고 여기는 태도, 이런 것들은 모두 마르크스주의 철학이라는 명의로 행해지기는 하였지만, 사실은 전통 철학의 기본원칙을 따른 것들이었다. 우리는 언제나 실사구시해야 한다고 주장해 왔고, 또 이론과 실천의 결합을 강조해 왔다. 그런데 왜 사상과 실제의 결합을 강조하면 할수록 이론은 더욱 현실과 결합되기가 어렵게 되고 오히려 현실적인 생활을 떠나게 되는 것일까? 과거에 우리는 대중들에게 변증법을 배우도록 호소했을 뿐만 아니라, 또 대중적 보급을 위해 많은 일들을 해 왔나. 그런데 왜 변증법은 사람들의 머리에 뿌리를 내리지 못하고 현실에서는 언제나 주관적인 운용 혹은 단편적인 선입견에 빠지게 되었을까? 그리고 우리는 늘 공식적이고, 형식적이고, 경직된 교조주의를 반대해 왔다. 그리고 역사의 경험이 증명하고 있듯이 극좌의 사상은 우리 사회의 제일 큰 피해를 주고 있다. 그런데 왜 우리는 교조주의를 극복하지 못하고 좌가 여하튼 우보다 낫다고 생각하게 된 것일까?

상술한 상황에서 쉽게 알아볼 수 있는 바와 같이, 우리가 소련에서 수입한 마르크스주의 철학은 마르크스의 철학 정신을 떠나, 마르크스가 부정했던 전통 철학의 사유방식, 가치관과 철학 원칙을 고수하고 있었다. 역사도 이 점을 잘 증명해 주고 있다. 우리는 소련식의 사회주의 이론을 부정하고 소련 모델의 철학 교과서에서 벗어남으로써 철학적 사유방식과 세계관의 전환을 이루게 되었고, 또 그러므로 하여 사회생활에도 심각한 변화가 일어났다. 중국공산당 제11기 3중 전회 이래, "진리 검증에 대한 토론"과 "사상을 해방하고 실사구시해야 한 다."는 사상 노선의 확립은 중대한 역사적 의미를 갖고 있다.

우리는 지금까지 마르크스주의 철학이라는 미명을 쓴 소련식의 교 과서 철학이 마르크스 철학과는 완전히 다른 것임을 이해하지 못했었 다. 우리는 교과서 철학을 경전에 접근된 이론으로 여기고, 이 표준 모델로 마르크스의 철학을 이해했고, 또 그것으로 청년학생들과 사회 관리일군들을 교육하려고 시도했다. 사실 마르크스는 생전에 자신의 성숙된 철학이론체계를 구축해내지 못했다. 그러므로 교과서의 체계 와 내용은 그에 의하여 정립된 것도 아니었다. 우리의 교과서 철학체 계는 스탈린이 써낸 『변증유물주의와 역사유물주의』를 모델로, 1940 년대에 소련 학자들이 자신의 철학 수양에 근거하여 소련식의 사회주 의를 합리화하고 논증하려는 시도에서 만들어진 이론체계였다. 그렇기 때문에 이러한 이론은 많은 내용들이 마르크스의 철학사상과 어울리 지 않았고, 심지어 그 사유방식은 마르크스의 논리와 전혀 반대였다.

이상의 사실과 논리가 정리된 후로부터 나는 자신의 연구과제와 목 표가 뚜렷해졌다. 첫째, 교과서의 체계와 내용을 개혁하여 소련의 경 직된 이론체계를 벗어나야 한다. 둘째, 실천철학의 사유방식으로 본체 론의 사유방식을 극복하여 마르크스 철학의 근본을 재확립시켜야 한 다. 셋째, 개혁개방의 요구에 순응하여 오늘날의 시대적 정신으로 낡 은 관념들을 대체하고 철학이론의 발전을 추진시켜야 한다. 이런 것 들이 내가 1980년대에 추진해 온 주요 과제들이었다.

3

나는 먼저 철학 교과서의 체계를 개혁하는 데에서부터 연구를 착수했다. 왜냐하면 체계라는 것은 전반 내용과 관계를 가지고 있고, 또 이론의 본질을 개념의 논리로 전개해 나가는 기본 줄거리이기 때문이다. 1980년 나는 교육부로부터 새로운 체계로 구성된 교과서를 편집할 임무를 맡았다. 약 6, 8년간의 노력을 거쳐, 1985년과 1987년에 인민출판사에서 내가 편집한 『마르크스주의 철학 기초』(상, 하)가 출판되었다. 전통적인 철학교과서는 물질이라는 개념을 중심으로 유물론, 변증법, 인식론, 역사관이 순차로 배열되어 있는 구조를 가지고 있었으나, 그와는 달리 내가 편찬한 이 교과서는 마르크스의 실천의 관점으로부터 시작하여 주체 – 객체 – 주객체의 통일이라는 구조와 논리로 전개되었다. 책이 출판된 뒤, 많은 학자들의 긍정적인 평가를 받았고, 많은 대학생들의 호평을 받았으며, 1988년에는 '국가 우수 교과서 상'을 수여받았다.

그러나 교과서 이론 체계의 개혁은 다만 나의 전반 목표를 위한 돌파구에 불과했다. 나의 진정한 목적은 견고한 소련식의 이론 체계를 돌파하고, 낡은 사유방식을 개혁함으로써, 철학의 시야를 넓혀 가자는 것이었다. 물론 그 와중에서 이 목적도 도달한 셈이다. 이 교과서를 편찬하면서 나는 철학, 철학사 그리고 마르크스 철학의 변혁 등의 문제들에 대해서도 새로운 이해와 인식을 가지게 되었는데, 이는 '철학 관념의 변혁'이라는 새로운 단계의 연구를 위해 토대를 제공해 주었다. 이 시기 나는 철학 관념의 변혁이라는 주제로 많은 논문을 발표했고, 『철학과 주체의 자아의식』이라는 저서를 통해 아래의 견해들을 충분히 피력했다.

내가 볼 때, 철학의 발전이란 우선 사유방식의 변화를 의미한다. 하나의 창조성적인 철학이론은 사람들에게 새로운 사유방식을 제공해 줌으로써 새로운 철학의 세계, 새로운 가치관과 새로운 정신적 경지를 구성해 준다.

우리는 비록 오랫동안 마르크스주의 철학의 입장을 주장해 왔지만, 사실 이 철학이 전통적인 철학과 어떻게 구분되고, 마르크스가 철학 발전사에서 가져온 변혁적인 의미가 무엇인지를 잘 모르고 있었다. 우리는 철학을 세계관으로 보면서 세계의 본질, 근원, 본체를 파악하는 것으로 여겼고, 사람들에게 계통적이고 완벽한 세계의 도형을 제공해 주는 것으로 이해해 왔다. 철학에 대한 이러한 이해는 우리로 하여금 첫 시작부터 전통 철학의 관념에 빠져들게 하였다. 물론 여기서 철학과 과학의 성질이 혼동되어 있었다. 그리고 이러한 해석에는 마르크스의 철학과 전통철학의 구분이 다만 세계의 도형에 대한 완벽성과 과학성의 여하로 귀결될 뿐, 사유방식이나 가치관과는 관계없는 것으로 취급된다. 이런 견지에서 우리는 마르크스 철학이 가지는 변혁적 의미를 전혀 알 수가 없었다.

과거의 전통철학은 자연경제의 여건에서 하늘을 믿고 사는 인간의 생존 상황을 반영해주고 있다. 아울러 전통 철학은 비인간적인 방식으로 인간을 해석하고, 비현실적인 방식으로 현실 세계를 해석하려고 시도했다. 전통 철학은 어떤 외적인 절대적 권위를 설정하고 선행적 본질의 존재를 승인하면서 종국적인 존재, 영원한 본체와 절대적인 진리에 대한 파악을 목표로 한다. 전통 철학사상은 또한 현실적인 인간의 삶의 세계를 멀리 떠나 있기 때문에 추상화되고, 절대화되고, 양극이 대립된 사유방식의 특징을 가지고 있다. 그에 반하여, 현대 철학 관념은 현대인의 안광으로 보는 세계이므로 인간의 삶의 세계를 문제제로 삼고, 인간 본질이 현실에서의 표현과 전개를 파악하려 시도한다. 이렇게 볼 때 이 두 부류의 철학은 완전히 같지 않은 사유방식을 가지고 있다. 마르크스가 현대철학의 창시자 중의 한 사람으로 취급되는 중요한 이유가 바로 실천의 관점으로 현실적인 토대 위에 세워진 현대적 사유방식을 확립했기 때문이다. 다시 말하자면, 마르크스는 실천의 관점으로 전통철학의 한계와 곤경에서 벗어나 새로운 철학의 경지를 개척해 나감으로써 철학사상의 한 차례 중대한 전환을 이루어 냈다고 해도 과언이 아니다.

1980년대 중반에 들어서서부터, 우리나라의 많은 학자들은 실천의 관점으로 마르크스의 철학 이론을 이해해야 한다는 점을 차츰 이해하게 되었다. 하지만 실천이라는 개념의 내포와 본질, 그리고 실천의 관점의 참된 의미가 무엇인지에 대해서는 각자가 다양한 이해를 하고 있었는데, 사실 그것 또한 교과서 철학을 어떻게 이해해야 하는가라는 문제에 대한 상이한 태도이기도 했다. 내가 볼 때, 마르크스에게서 실천이라는 개념은 원래의 철학을 실천에 옮겨야 한다거나, 새로운 철학적 범주나 원리를 원래의 철학에다 보태어 넣는다는 의미가 아니라, 철학을 새로운 지평 위에 세워 과거와는 다른 새로운 시각과 관점으로 철학문제를 조명해 봐야 한다는 의미이다. 그런데 소련 교과서의 저자들은 전혀 이 점을 이해하지 못했었다. 그러므로 과거의 교과서 관점으로는 실천 개념을 이해할 수가 없고, 또 실천의 관점으로도 교과서의 관점을 보완할 수가 없다. 만약 마르크스의 실천의 관점이 새로운 사유방식을 끌어내지 못하고, 새로운 철학의 세계를 구성해 내지 못한다면, 어찌 중대한 의미를 지닌 철학이라고 말할 수 있겠는가?

실천은 인간의 독특한 존재방식이고 생존방식이다. 그러므로 실천의 관점으로 철학을 이해한다는 것은 사실 신이나 동물의 입장에서 모든 것을 바라보는 과거의 관점과는 달리, 현실적인 인간의 관점에서 세계, 인간 그리고 인간과 세계의 관계를 이해한다는 것이다. 과거의 철학자들은 흔히 하느님의 눈으로 세계를 보았고, 또 그렇기 때문에 그들의 참된 세상은 대안에 있었다. 그리고 그들이 '관념의 장막'을 걷고 현실의 세계를 볼 때, 그 세계는 동물의 세계와 구분이 없었다. 바로 이것이 전통철학의 근본적인 한계였다. 실천의 관점은 우리들로 하여금 현실적인 인간을 파악하도록 했고, 인간의 현실적인 삶의 세계로 들어갈 수 있도록 했으며, 또 현실적인 인간의 현실적인 눈으로 현실적인 생활세계를 조명할 수 있게 했다. 실천의 관점에서 보면, 인간은 자아 창조에 기초한 자아 근원적, 자아모순적 존재이다. 인간은 자신의 생활자료를 생산해 나가는 활동을 통해 인간 자신의 본성을 창출해 냄과 동시에, 인간 자신의 생존 세계를 창출해 나간다. 이런 의미에서 볼 때, 인간과 세계는 모순되면서도 통일된다. 즉, 인간은 세계에 귀속되고, 세계도 인간에 귀속된다는 것이다. 철학적인 사유방식이 이렇게 변화됨으로써, 전통적 철학이 안고 있었던 모순과 문제들이 순조롭게 풀리게 되었다. 나는 마르크스 철학의 참된 공헌이 바로 여기에 있다고 본다.

4

이런 견지에서 철학사를 돌이켜 볼 때, 현대철학이 일으킨 진정한 전환이란 비인간으로부터 인간으로, 비인간의 세계로부터 인간의 세계로, 환상적인 인간으로부터 살아있는 현실적인 인간으로, 환상적인 본체의 세계로부터 모순으로 충만한 현실적 세계로의 전환을 가리키는데, 사실 이는 인류 자체가 형성되어온 역사적 과정에 대한 이성적인 표현이기도 하다. 여기서 나는 통상적인 견해와는 다른 아래의 결론들을 도출해 낸다.

철학의 비밀은 인간에게 있다. 인간에 대한 심각한 이해가 없이는 철학의 본질에 대한 진정한 이해가 있을 수 없다. 바꾸어 말하자면, 철학은 인간의 자아의식의 이론적 표현이다. 인간이 동물과 구분되면서 자체의 본질을 구성할 수 있는 원인은 바로 인간이 자신 생명 활동의 주체이기 때문이다. 그러므로 인간은 자위적인 본질을 지닌 자위적인 존재이다. 인간은 자신을 이해하려는 존재이다. 즉, 인간은 동물과는 달리 '나는 무엇인가?'라는 물음을 자기에게 던진다. 인간은 자아의식에 의하여, 그리고 자신의 본질을 추구하고 인간 됨의 도리를 자각함으로써 생존하고 발전할 수 있는데, 이것이 바로 인간으로서의 삶이다. 이런 의미에서 볼 때, 철학은 인생의 필수적인 요소이나. 즉, 철학은 인간이 자신의 정신적 경지를 개척해 나가고 자신의 본질을 구성해 나가는 작용을 하고 있다.

사실 철학의 대상인 세계는 인간이 생존하고 생활하고 있는 세계이다. 인간의 삶의 세계는 인간이 참여로 재구성되고 있는 모순으로 충만한 세계인바, 나는 이를 인간의 세계라고 규정지어, 원래의 자연의 세계와 구분 짓는다. 철학이 해결하려는 문제는 바로 인간의 활동으로 인하여 분화된 세계, 즉 인간의 세계와 자연의 세계, 물질의 세계와 정신의 세계, 현실적 세계와 이상적 세계, 객관적 세계와 주관적 세계, 가치적 세계와 자재적 세계, 필연의 세계와 자유의 세계 사이의 모순이다. 그러므로 세계관으로서의 철학은 그 연구대상이 과학이 추구하는 단일한 객관성을 띤 지식의 세계와도 다르고, 종교가 추구하는 순수한 이상의 세계와도 다르다.

철학은 세계를 파악하는 방식도 과학과는 전혀 다르다. 철학은 인간의 실천 활동에 근거하여 먼저는 세계를 분화시켜 감성적 세계 위에 보이지 않는 세계를 설정해 놓고, 그다음 이 두 세계의 통일성을 구축해 가며, 언제나 감성세계보다 이성세계를 중요시한다. 철학은 오늘날까지 발전해 나오면서, 본체론 입장에서의 객관적 물질의 세계와 초자연적 정신의 세계, 인식론 입장에서의 내심적 관념의 세계와 자재적 감성의 세계, 인류학 입장에서의 인간의 세계와 자연의 세계로 세 차례 분화되었다가 통일되면서 세 개의 원형 발전 코드를 이루고 있다. 철학 이론의 이 같은 발전 코드는 분화로부터 통합을 이루어내는 인간의 실천활동과 그 논리가 일치하다. 인간은 우선 자신이 융합되어 있는 자연에 근거하여 직관적 사유로 모든 사물을 본체에 귀결시켜 파악하고, 그다음 자연에 초월되어 있는 인간에 근거하여 사변적 사유로 모든 사물을 주체의 형식으로 파악하고, 다시 현실적인 생존활동에 근거하여 자각적 사유로 인간과 자연의 내재적 통합이라는 논리로 모든 사물을 파악한다. 그러므로 철학의 발전 역사는 인간의 자아의식 발전의 진실한 과정을 표징하고 있다.

이상에서 보았듯이 인류는 세 종류의 철학적 사유방식의 교체를 경험한다. 마르크스 철학의 탄생은 선행본질주의, 객관중심주의, 운명론적 존재론과 같은 전통철학의 종말을 의미하고, '이원 대립의 사유방식'의 종말을 의미하며, 실천에 근거하고 현실적인 인간의 생존과 발전에 입각된 새로운 사유방식의 탄생을 의미한다.

새로운 사유방식은 일종의 새로운 이해의 논리이므로 새로운 시야, 새로운 세계와 새로운 경지를 구성한다. 만약 우리가 현대인의 논리로 과거에 우리가 접수했던 철학을 성찰해 본다면 많은 문제들을 발견할 수 있고, 여러 관점들이 다시 검토해 봐야 할 것들임을 알 수가 있다. 이런 맥락에서 나는 '관념의 변혁'을 주장했고, 저서와 논문들에서 철학에 대한 재해석을 언급했고, 또 아래의 견해들을 주장했다.

1) 철학을 유물론과 유심론의 대립으로만 보는 견해에 대한 비판

과거 우리는 '유물론과 유심론은 대립되는 세계관으로서, 전자는 진리로 향한 진보적인 세계관이고, 후자는 오류로 향한 착오적인 세계관'이라고 주장해 왔다. 나는 이것이 우리 철학의 발전을 방해하는 경직된 교조임을 지적하고 비판하면서 유물론과 유심론의 역사적 작용을 재평가해야 한다고 주장했다. 물론 이 양자의 대립이 있었던 것만은 사실이지만, 이 대립을 초월할 수 있다는 것도 사실이다. 마르크스의 철학과 현대철학은 이미 물질이냐 정신이냐 하는 추상적인 대립을 넘어서서 문제를 사고해 왔다.

2) 주관성을 위한 변명

과거 우리는 물질과 정신의 절대적 대립을 강조하고 물질이 정신에 대한 우월적 지위를 강조하면서 주관성을 주관주의라는 죄악과 악마의 범주로 취급해 왔다. 지혜는 인간이 고유하고 있는 한 갈래의 성스러운 빛이고, 정신 또한 인간이 인간으로서의 참된 우세이다. 주관성을 말살한다는 것은 결국 인간의 창조성을 말살하는 것이나 다름없다.

3) 운명론적 '법칙론'에 대한 부정

무릇 사회적 법칙이란 모두 인간의 활동 법칙이다. 그러므로 인간역사의 발전은 미래로 현재를 이끌어 가고, 목적성과 법칙성의 통합으로 이루어진다.

4) 객관지식의 '진리관'에 대한 비판

철학에서 진리는 주관성과 객관성, 주체와 객체, 이상과 현실의 상호작용으로 이루어진 종국적인 통합체이다.

5) 본능적 생명으로 이해하는 '가치관'에 대한 비판

가치는 인간이 자체의 본질을 추구해 나감으로써 생기는 것이고, 인간의 가치는 인간의 본질을 충분히 발전시켜 실현해 나감을 의미한다.

한마디로 말하자면, 우리는 반드시 과거에 가지고 있었던 철학적 사유방식을 완전히 개변시켜야 한다.

5

1990년대에 들어서서 나의 사상은 더욱 명쾌해졌다. 나는 모든 철학의 문제가 인간의 문제이고 인간을 어떻게 이해하는가와 관련되어 있음을 알게 되었다. 과거의 철학이 이원 대립의 사유방식을 지니게 된 주요한 원인은 인간을 추상적으로 이해했기 때문이고, 또 인간을 추상적으로 이해한 이유는 사물을 이해하는 방식으로 인간을 이해했기 때문이며, 인간을 사물의 종적 존재나 본질로 파악했기 때문이다. 사실 형식논리는 바로 이와 같은 사물의 종적인 관점을 표현하는 방법론이다. 인간은 아주 특별한 존재이다. 즉, 인간은 사물에 속하면서도 사물의 종적 본질을 초월해 있고, 생명체인 동시에 생명체의 한계를 넘어서 있다. 다시 말하자면, 인간은 사물을 초월한 사물이고, 생명을 초월한 생명이고, 자연을 초월한 자연적 존재이다. 그러므로 인간을 이해할 때는 반드시 통상적인 사물을 인식하는 방법을 초월하여 인간의 특수한 본질을 파악할 수 있는 방법을 사용해야 한다. 철학의 발전은 바로 인간의 이와 같은 초월적인 본질을 이해하기 위한 인식론과 방법론을 탐구하는 과정이다.

그리하여 1990년대에 와서 인간의 문제가 나의 철학 탐구의 핵심 문제로 등장했다. 종적 관념을 비판하고 유의 관점에서 인간을 이해하는 것이 이 시기 내가 해낸 주요 과업이었다. 나는 지금까지의 종적 관점과 구분되는 새로운 관점을 유철학이라고 불렀다.

인간이 인간으로 생성되었다는 것은 생명의 생존방식을 개변시켰다는 의미이고, 인간을 인간이라고 부르는 원인도 생명의 존재방식을 근본적으로 개변시켰다는 의미이다. 동물은 그가 생명에 귀속되어 있으나, 인간은 생명이 인간에게 귀속되어 있다. 즉, 동물은 자신의 생명본능을 초월할 수 없는 존재이지만, 인간은 자신의 생명의 본능을 초월해야 하는 존재이다. 이뿐만 아니라, 인간은 생명 본능을 초월하여 자신 생명의 주인이 되어야만 현실적인 인간으로 된다. 여기서 우리는 인간이 이중적 생명과 이중적 본질을 가진 존재임을 말하고 있다. 인간의 첫째 차원의 생명은 동물과 마찬가지로 자연 본능에 속하는 생명, 즉 종적 생명이고, 두 번째 차원의 생명은 인간 자신이 창조해낸 자위적 생명, 즉 유적 생명이다. 인간의 유적 생명은 종적 생명에 초월되어 있으면서도 종적 생명을 내포해 있고, 생명에 귀속되어 있으면서도 생명을 초월해 있고, 개체적인 것이면서도 개체를 초월해 있고, 만물과 구분되면서도 만물을 통합해 나가고, 한계가 있으면서도 영원함을 이루어내고, 필연적인 것이면서도 자유성을 보유하고 있다.

인간의 생명은 인격화된 우주생명이다. 자아 초월이라는 관점이 세워져야만 우리는 인간이 동물과 구분되는 생활양식과 행위방식을 이해할 수 있다. 인간은 이중적 생명, 이중적 본질이 있으므로 인간과 세계, 인간과 인간, 인간과 자신의 독특한 관계를 구성하고, 선과 악이 공존하는 품성, 자아중심이면서도 본질을 대상화하는 성격, 모든 사물과 구분되면서도 그것들과 통하는 본질적인 경향, 자신을 부정 속에서 긍정하는 모습, 자아를 초월에서 자아를 완성되는 과정을 이루어내고 있으며, 아울러 인간의 고귀한 본성과 숭고한 사명 등 이런 것들이 생겨나게 되는 것이다. 그러므로 인간이 인간으로 된다는 것은, 첫째로는 본능적인 생명을 초월하여 자신을 주재한다는 것이고, 둘째로는 개인을 초월하여 타인과 공동체를 이룬다는 것이고, 셋째로는 종의 한계를 넘어 대상세계를 융합시킨다는 것이다. 이렇게 되면 인간은 유적 본질을 지닌 존재로 완성되는 것이다.

소위 유적 본성이라는 것은 인간이 종의 차이성과 다양성을 포함하면서도 자각적인 차원에서 종의 한계를 넘어서고, 나와 타자의 본질적인 통일적 관계를 구성해 나가는 성질을 가리킨다. 만약 우리가 종이라는 개념이 자연성, 피동성, 단일성, 차이성을 가리킨다면, 유라는 개념은 자재적인 자위성, 역사적인 생성성, 부정적 통일성, 다원적인 일체성, 초월적인 자아성, 자유적인 총체성을 구성하는 인간의 특점을 가리킨다. 물론 이런 특점은 자유와 자각의 차원에 이른 고급 동물만이 가지고 있다. 과거의 전통적 사유에서 이런 본질들을 신의 본질로 파악했었는데 사실 그것은 인간의 유적 본질이었다.

인간의 유적 본질은 역사적으로 형성되어 가는 과정이다. 마르크스는 인간의 발전 과정을 다음과 같은 세 단계 형태의 교체로 서술했다.

첫 번째 단계는 '인간이 서로 의뢰관계'를 맺고 있는 형태, 두 번째 단계는 '물질의 의뢰에 기초한 인간의 독립성'이 형성된 형태, 세 번째 단계는 개인의 전면 발전에 기초한 '자유개성'과 연합체의 형태이다.[99] 이 세 단계의 교체는 인간 발전의 긍정, 부정, 부정의 부정으

---

99) 『마르크스엥겔스 전집』 제46권(상), 인민출판사, 1979, p. 104.

로 가는 논리를 표현하고 있는 것이고, 인간의 유적 본질과 주체성이 군체 본위로부터 시작하여 개체 본위를 경과하여 유 본위로 발전해 나가는 역사 과정을 표현하고 있다.

이런 이론적 맥락에서 오늘날 중국의 현실을 볼 때, 우리가 낙후한 것은 다만 경제, 사회, 기술 등 방면이 뒤떨어져 있다는 것뿐만 아니라, 더욱 근본적인 것은 인간의 발전이 뒤떨어져 있다는 것이다. 장기간의 자연경제와 봉건적 독재 통치로 인하여 우리 사회에서는 독립적인 인격을 지닌 개인 주체가 형성되지 못했다. 그래서 우리 사회는 다만 귀족, 관료와 백성의 신분만이 존재했을 따름이다. 독립적인 개인의 자주성과 창조성이 결핍된 상황, 이것이 우리나라 근대 사회가 낙후하게 된 근본 원인이다. 내가 보기에 현재 우리나라가 사회주의 시장경제 체제를 확립한 진정한 의미는 바로 독립적인 개인의 주체성을 키워 나가기 위한 것이다. 사회주의 발전의 현재 단계에서 생산력을 발전시키기 위해서라면 우선 개인을 해방시켜야 하는데, 이것이 시장경제 발전의 전제조건이다.

그러나 개인을 주체로 한 오늘날 세계 문명의 시대는 많은 사회문제와 전 지구적인 문제들을 야기하고 있다. 이는 인간이 개인 본위의 시대로부터 유 본위의 시대로 진입해야 함을 시사해 주고 있다. 이것이 바로 20세기에 사회주의가 흥성하게 된 주요 원인이다. 만약 유 본위의 실현이 마르크스의 시대에는 이상에 불과했다면, 20세기의 발전을 거친 오늘에는 현실적인 문제들을 해결하기 위해 꼭 추구해야 할 목표로 세워져 있다. 현재 우리는 모든 일들을 처리하고 모든 문제를 해결함에 있어서 인간이 나가고 있는 본질적인 통합, 즉 유 주체의 형성을 고려하지 않으면 안 된다. 우리는 응당히 인류의 아름다운 미래를 열어가기 위해 적극적인 노력을 해야 한다.

인간은 미래로 향해 나가고 있고, 철학도 미래로 향해 나가고 있다. 미래가 현실을 이끌어 나가고 있다는 말은 인간이 자유롭고 자각적인 본질을 구성해 나간다는 의미이다. 인간이 자각적인 유적 존재로 구성되어 가면서 철학도 유적 주체의 이론으로 등장하게 될 것이다. 유철학은 하나의 사상경지와 사유방식으로서 인류 미래 발전에 어울리는 철학이고 성숙된 이론의 형태이다.

6

나는 오랜 경험에서 "학문함과 사람됨은 하나의 도이다."라는 점을 깊이 느꼈다. 특히 철학 학문을 하자면 더욱 그러하다고 생각된다. 큰 학문을 하자면, 반드시 넓은 마음, 큰 도량, 넓은 시야와 큰 지혜가 있어야 한다. 사실 모든 문제는 다 모종의 경지에서 나오는 것인데, 정신적 경지가 높고 낮음에 따라 제기되는 문제도 깊이가 다를 수밖에 없다. 철학자의 작용은 어떤 문제를 해결하는 것이 아니라 보통 사람들이 문제가 없다고 생각하는 곳에서 미래 지향적인 문제를 발견하는 것이다.

철학에서 제일 귀한 것은 사상이다. 철학은 창조적인 학문이기에 공장에서 상품을 생산하는 것과 같은 고정된 틀과 프로그램이 있을 수 없다. 그러므로 철학자는 자아의식이 있어야 함과 동시에 개인으로서의 자아를 초월해 있어야 하고, 또 현실 생활에 깊이 들어가야 함과 동시에 현실 생활을 초월해 있어야 한다. 오랫동안 우리 사회에서 철학자가 창출되지 못한 주요한 원인은 철학이 자신의 집을 잃었고, 철학전공자들이 자아를 상실했기 때문이었다. 우리에게 결핍되어 있는 것은 이론이 아니라 사상이다. 현재 우리의 철학에는 이론은 많으나 사상은 적다.

비판성은 철학의 영혼이다. 비록 많은 사람들이 비판을 즐기지 않지만 결국 그것은 철학의 참된 가치를 표현하고 있다. 만약 현실에 만족하고 현실에 부응하게 된다면, 철학자는 창조성과 초월성이라는 자신의 생명을 잃게 될 것이다. 그러므로 많은 철학자들은 현실 생활에서 고난을 겪고 후세들에게서 영광을 받는다. 이것이 철학의 본성에 대한 나의 이해이다.

지은이

가오칭하이(高淸海)

1930년 중국 헤이룽장 성(黑龍江省) 후린 현(虎林縣)에서 출생하였다. 1952년 중국인민대학 대학원 졸업 후 2004년까지 줄곧 지린(吉林)대학 철학과 교수로 지냈다. 지린대학 철학과 학과장, 현대철학연구소 소장, 지린대학 부총장, 지린대학 인문사회과학 학술위원회 주임, 국무원 학위위원회 철학분과위원회 위원 등의 직무를 역임하였다.

철학저서 10여 권을 출판하였고 학술논문 100여 편을 발표했으며, 대부분 저술들이 『高淸海哲學文存』(6권)과 『高淸海哲學文存·續編』(3권)에 수록되어 있다.

전국사회과학분야 우수저작 일등상, 국가우수교과서상, 국가도서상, 국가우수논문상 등의 상을 수여받았다.

마르크스주의 철학교과서 체계를 비판하고, 마르크스철학을 실천철학으로 재해석했으며, 만년에는 '유철학' 체계를 구축해 냈다. '지린대학철학학과'의 창시자이고, 진정한 사상가, 철학가로 평가받고 있으며, 2004년에 조용히 세상을 떠났다.

옮긴이

원영호(元永浩)

1962년 중국 헤이룽장 성(黑龍江省) 퉁허 현(通河縣)에서 출생하였다. 2000년 지린대학에서 철학과 박사학위를 받았으며 2000년부터 현재까지 지린대학 철학과 부교수로 재직 중이다. 2007년 9월부터 2008년 8월까지 서울대학교 사회학과 사회발전연구소 객원교수로 있었으며, 2010년 3월부터 2012년 2월까지는 경원대학교 글로벌교양대학 초빙교수로 지냈다.

주요 저서로는 『천인합일의 생존경지: 서양의 형이상학으로부터 중국의 형이상적 경지로』가 있으며, 논문으로는 「도연명의 인격과 사상 경지」, 「천인합일에 대한 탈현대적 해석」 등이 있다.

김월선(金月善)

1963년 중국 헤이룽장 성(黑龍江省) 톄리 현(鐵力縣)에서 출생하였고 1987년 옌볜(延邊)대학 경제법률학과를 졸업하였다. 1997년부터 2004년까지 하얼빈조선족사범대학교 강사 및 부교수로 있었으며, 현재는 지린대학 도서관 부연구관원으로 재직 중이다.

유철학과
인간의 미래

초 판 인 쇄 │ 2012년 7월 13일
초 판 발 행 │ 2012년 7월 13일

지 은 이 │ 가오칭하이
옮 긴 이 │ 원영호 · 김월선
펴 낸 이 │ 채종준
펴 낸 곳 │ 한국학술정보㈜
주   소 │ 경기도 파주시 문발동 파주출판문화정보산업단지 513-5
전   화 │ 031) 908-3181(대표)
팩   스 │ 031) 908-3189
홈 페 이 지 │ http://ebook.kstudy.com
E - m a i l │ 출판사업부 publish@kstudy.com
등   록 │ 제일산-115호(2000. 6. 19)

ISBN   978-89-268-3480-0 93150 (Paper Book)
               978-89-268-3481-7 95150 (e-Book)